西南政法大学新闻传播学系列丛书

电视法治新闻类
节目中的女性形象
呈现研究

陈丽丹———— 著

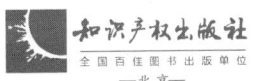

知识产权出版社
全国百佳图书出版单位
—北 京—

图书在版编目（CIP）数据

电视法治新闻类节目中的女性形象呈现研究/陈丽丹著. —北京：知识产权出版社，2020.7
（西南政法大学新闻传播学系列丛书）

ISBN 978-7-5130-7034-8

Ⅰ.①电… Ⅱ.①陈… Ⅲ.①法治—电视节目—女性—人物形象—研究—中国
Ⅳ.①G229.2

中国版本图书馆 CIP 数据核字（2020）第 119206 号

内容提要

本书集中对电视法治新闻类节目中的女性形象呈现进行研究，从《今日说法》《法治在线》《法治进行时》等节目中抽样并针对其所呈现的女性形象进行分析，从宏观、中观和微观框架进行考察，分析女性形象呈现的特征以及受众的解读情况，并分析其背后的深层原因。

责任编辑：栾晓航	责任校对：谷　洋
封面设计：博华创意·张冀	责任印制：刘译文

电视法治新闻类节目中的女性形象呈现研究

陈丽丹　著

出版发行：知识产权出版社 有限责任公司	网　　址：http://www.ipph.cn
社　　址：北京市海淀区气象路 50 号院	邮　　编：100081
责编电话：010-82000860 转 8382	责编邮箱：luanxiaohang@cnipr.com
发行电话：010-82000860 转 8101/8102	发行传真：010-82000893/82005070/82000270
印　　刷：天津嘉恒印务有限公司	经　　销：各大网上书店、新华书店及相关专业书店
开　　本：720mm×1000mm　1/16	印　　张：17.75
版　　次：2020 年 7 月第 1 版	印　　次：2020 年 7 月第 1 次印刷
字　　数：280 千字	定　　价：76.00 元

ISBN 978-7-5130-7034-8

前　言

　　新闻媒体深受社会意识形态影响，是现实社会的"影子"。媒体所营造的"拟态环境"又反作用于现实社会，两者裹挟着共同营造人们的意识空间。媒体呈现的女性形象是媒体对女性群体观点和态度的投射，代表着社会的声音，这种观点和态度又通过媒介传播去影响受众，进而循环往复。媒体中的女性形象如同被媒体"描摹"的"画像"，其呈现带有一定的主观性。这些形象在表现手法上是否"变形"以及在多大程度上能够反映现实中的女性，直接与女性形象的呈现方式和呈现内容相关。这个"画像"的像与不像、"描摹"的手法是否得当、受众的反馈如何以及"描摹"过程中受到哪些重要因素影响，都是本书所要探讨的问题。

　　女性形象的呈现是关乎性别公正的问题，在男女平等观念日渐深入人心的今天，如果媒体呈现被歪曲的女性形象，对男女平等而言是一种尴尬的社会存在，不仅会引起性别冲突，而且会影响人们对社会公正的评价。无论从理论方面还是从实践方面来看，女性形象的呈现问题都是重要的社会议题。本书主张不同性别的和谐相处，女性主义只是本书研究的一个宏观理论视角和思考路径。立足于女性主义视角的研究有助于进一步了解女性的生存状况，对社会现实中的性别偏见和其他不合理的性别现象提出质疑，进而关注女性群体合法权益的实现。

目前对女性形象的研究多集中在广告、影视剧领域及节目主持人方面，电视新闻领域的女性形象研究还不是主流，对电视法治新闻类节目的性别研究更是少见。这种类型的节目被赋予了传递法治信息、解析法律和监督法治环境的功能，常反映冲突性较强的社会矛盾，对民间舆论有巨大的影响，掌握着法治信息的主流话语，其所呈现的女性形象在一定程度上代表了更为普遍意义的真实女性，她们有不同的身份、不同的年龄，来自不同的家庭背景，但是都不约而同地与法律事件交织。相比于影视剧和广告中的女性，她们的身份更加真实，媒介形象更加可信，身份更加多元。

本书集中对电视法治新闻类节目中的女性形象呈现进行研究，试图为电视法治节目的研究寻找新的维度和认知路径。立足于法治宣传、追求客观公正的电视法治新闻类节目，对女性地位和女性权利的关注程度代表了我国主流媒体的态度和立场，具有研究意义，有助于电视法治新闻类节目制作者反思当前的电视生产模式，丰富女性形象，客观反映现实生活，避免受众对法律环境的错误判断。并且，对电视法治新闻类节目的研究经验还可以推而广之，对其他新闻类节目的生产提供参考。

为研究电视法治新闻类节目对女性形象呈现的方式和态度，本书以框架理论为研究视角，从微观、中观、宏观的角度加以思考。选取了播放时间均在 10 年以上的三个知名法治节目——《今日说法》《法治在线》《法治进行时》为样本，抽取了它们近 10 年的 342 期节目加以分析，主要使用了描述性统计和文本分析的研究方法。为了使结论更加可信，本研究还走访了电视法治新闻类节目所在的媒体，并对多个节目制作主体发放调查问卷，从媒体的角度来思考女性形象呈现中的问题，避免一家之言。

研究首先从电视法治新闻类节目女性形象的呈现角度展开分析，具体包括案件选择、涉案角色、人口统计、出镜方式、声音呈现等角度。通过相关数据发现，电视法治新闻类节目对案件题材有意识的筛选和特殊的表达方式，从中观层面确定了节目中女性形象的基本面貌。

然后，研究通过微观层面的文本分析剖析了不同角色的女性形象及其特征。

在对这些形象的呈现上，节目生产有着类型化和标签化的处理方式，基本采用二分法进行分类，女性角色有着固定的呈现模式。

因为媒体的立场和观点会渗透到女性形象中去，决定着女性形象呈现的宏观框架，所以本研究在强弱、正负两个维度探讨了女性形象的呈现倾向，从而完成了对女性形象的整体勾勒。通过研究发现，节目对女性当事人具有贬抑的倾向，弱势形象突出，女性当事人多为受害者角色。从时间维度上看，近10年女性形象呈现存在一定的变化规律，弱势形象、负面形象递增，在一定程度上偏离了客观中立的轨道。

在此基础上，本书探讨了受众对电视法治新闻类节目中女性形象的认知情况，从而确定框架效果。具体采用了访谈和问卷调查的研究方法，以了解受众对节目文本的三种解读方式。同时也发现，因为媒体的影响力和不间断的刺激，受众的解读多与节目相近。

在新闻真实性追求和媒体市场化追求的夹缝中，电视法治新闻类节目在女性形象呈现方式上目前尚存在一些问题。节目制作者将女性形象刻板化，并且在拍摄方式上存在各种"变形"处理，通过对案件题材有意识的筛选和电视技术的运用，节目设置了女性"受害者""弱者"等议题，这是一种"选择、放大、强调"的过程，不利于客观真实地再现女性群体。

以上问题的产生有诸多方面的成因，有外在因素，也有内在因素。一定程度上，父权文化和男权中心意识形态还潜移默化地影响人们的思维方式和行为方式，男性主权文化和性别成见是最为深层次的原因，加上当前市场竞争以及娱乐化的热潮，刺激了媒体生产的偏离。另外，女性自身话语权缺失以及精英媒体从业者的启蒙者姿态，也共同导致了节目在女性形象呈现中的问题。

作为国家法治宣传的主要力量、法治环境的监督者，电视法治节目制作主体可对节目所呈现的女性形象加以反思，觉察自身的性别立场，避免持有性别偏见，在节目制作中完善法治话语，进而充分利用媒介话语权展现客观平衡的女性形象，以避免性别冲突，推动性别平等，营造两性和谐关系。虽然电视法治新闻类节目在女性形象呈现上还存在一定的不足，但还要客观看待女性地位得以提升的社会现实。近些年，无论国家、社会还是媒体，都源源不断地为两性平等提供政策支持、舆论支持，避免产生激烈的性别冲突，产生消极的社会效应。电视法治新闻类节目在制作和传播方面已有长足的进步，对于呈现女性当事人的屏幕形象越来越慎重，不轻易曝光隐私，体现出对女性的尊重。

目录 Contents

Contents 目录

Contents 目录

绪　论

绪 论

一、研究背景、目的与意义

(一) 研究背景

1. 基于电视法治节目的发展状况

电视法治节目适应于普法宣传的需要，与国家法治建设关系重大，在一定程度上体现了我国的立法、执法、司法情况，并体现了我国主流媒体的舆论导向。上海电视台的《法律与道德》是我国第一个电视法治栏目，于 1985 年 5 月试播，开启了电视法治节目的先河，从 1985 年到 2018 年，电视法治节目经历了兴起、高速发展、繁荣和竞争分化的历史时期。在依法治国的大语境下，电视法治节目更是起到了主力军的作用，影响着大批受众，时至今日仍是我国公民了解法律知识、熟悉社会法治环境的主要渠道。

电视法治节目传播的内容社会关注度高，与生活息息相关，涉及的受众群体广泛，对受众法律观念的形成和对社会矛盾的解决有着重要的指导作用。发展至今，电视法治节目的形态日益丰富，节目主题也在不断拓展，从之前的法律知识宣讲、法律案例分析，发展到模拟案发现场、追踪法治热点案件等，如"郭美美案""中传媒女生被杀案""范冰冰名誉侵权案""女大学生坠亡案""如家酒店女子遇袭案"等，都有电视法治节目的身影，给受众提供了权威的法律解读。虽然网络媒体的崛起造成了电视受众一定程度的流失，但是电视受众的广度、受众黏性仍存在优势，● 其收视平台也逐渐向多元化发展。电视法治节目仍然是最为重要的节目形态之一，影响力和公信力俱佳，在节目内容、节目形态、技术运用以及传播方式上都占有绝对优势。传播学者李普曼在"拟态环境"理论中指出，现代社会人们高度依赖大众传媒来形成"主观现实"。电视法治节目所营造的屏幕空间，呈现了大量法治案件和法治人物，反映当前我国社会的法律问题和道德困境，无论从传播效果，还是从社会效益来看，都发挥着重要的作用。

电视法治节目按其功能不同，可以分为新闻类、教育类、娱乐类等节目类型，新闻性的电视法治节目相比教育类和娱乐类的电视法治节目，更贴近新近的社会现实，反映了冲突性较强的社会关系，在一定程度上影响了受众对一些焦点案件的看法，从而影响社会舆论，所以有必要对这种类型的电视法治节目加以关注，探索其制作理念和制作方式。

2. 基于女性主义研究的需要

在西方，女性主义研究受到了广泛的关注，而在我国没有形成主流的社会研究领域和学派。在我国对女性形象的研究范围还有待拓展，现主要停留在广告、家庭伦理电视剧、爱情电影等领域，没有细化到每个研究分支，尚存在较大的研究空间，有待于寻找新的研究视角。

从现实基础来看，1954 年男女平等就被写入《中华人民共和国宪法》（以下简称《宪法》）。2012 年党的十八大首次将男女平等作为基本国策。60 多年来，党和国家大力推动男女平等的观念，使一系列促进男女平等的法律、政策出台。时至今日，不管在生活中还是媒体上，我们看到了越来越多独立向上的现代女性的身影，女性形象日渐多元化。两性关系和女性生存模式、价值追求是当代社会最为热门的议题之一，因此，有必要对新时代的女性形象进行研究，侧面反映我国社会理念、管理制度等方面的变迁。

与此同时，还要继续关注和提升女性权利。传统观念对女性的定位、对女性

● 姜涛. 中国传媒市场趋势：电视受众规模最大　互联网增长疲缓［DB/OL］.（2018-03-07）［2017-09-12］. http://www.law-tv.cn/htm/gongzuodongtai/20170912/7708.html.

角色的期待还在潜移默化地影响着今天的人们。世界经济论坛发布的《2018 年全球性别差距报告》指出，过去 10 年全球的性别差距呈现缓慢缩小趋势，中国性别差距也有轻微缩窄，女性步入职场的比例仍低于男性，助力女性进入和回归职场的育儿、养老等基础设施还不够完善，照顾子女、赡养老人等无偿工作仍主要由女性承担。❶

因此，从理论发展和现实基础两方面看，对女性主义相关的研究还有迫切的需要。本书以此为背景，探讨电视法治新闻类节目中的女性形象，这是对女性主义研究领域的细化，也是对当前女性群体媒体生存状况的评估，具有重要意义。

（二）研究目的与意义

本书以电视法治新闻类节目中的女性形象呈现为切入点，深入分析电视法治新闻类节目呈现女性形象的角度、呈现的具体形象以及呈现中的主观倾向，并探析受众对节目中女性形象的解读，立足于女性主义视角，对电视法治新闻类节目女性形象呈现中的问题加以探讨，思考问题背后的社会、文化、经济等原因，促使媒体更为公平、客观地反映女性，致力于推动男女平等，构建性别和谐社会，并为电视法治新闻类节目的生产实践和女性主义视角的研究提供重要的科学参考。

本书研究意义如下。

1. 正确引导受众，为节目生产提供参考

电视法治新闻类节目不但讲究时效性，而且追求客观真实。虽然法治新闻专题节目比法治新闻资讯节目的时效性弱一些，但是也大都围绕新近热点事件进行法律探讨。电视法治新闻类节目往往反映较为复杂的甚至激化了的社会矛盾，展现冲突下的法律与道德，所以在特殊语境下人性会暴露得更为彻底，也更能看清楚人物的真实面貌，人物形象的展示力度会更直接、更强烈，使人印象深刻。节目中的人物不同于影视剧中的虚构人物，不同于广告中各种摆拍的模特，不同于综艺节目中具有表演性质的明星、"素人"，电视法治新闻类节目中的女性带着她们的真实故事走向电视荧屏，因为是真实的人和事，所以更容易让受众将她们与现实中的女性产生

❶　WORLD ECONOMIC FORUM. Global Gender Gap Report, Country Profile ［DB/OL］. （2019-01-05）［2018-12-18］. http://reports.weforum.org/global-gender-gap-report-2018/data-explorer/.

关联，有助于受众对人性的判断、对法律制度以及社会环境的评价。

本书有助于电视法治新闻类节目制作主体调整当前的节目生产模式，避免将女性形象片面化、标签化的，更加细致地进行节目制作，丰富女性形象，客观反映现实生活，避免受众对法律环境的错误判断。并且，电视法治新闻类节目的研究经验还可以推而广之，对其他新闻类节目的生产提供参考。

2. 丰富女性形象研究范畴，与法治视角相结合

虽然对电视广告、电视剧、电视综艺等节目中的女性形象研究已经很丰富，但是针对电视媒介真实题材的女性形象研究并不多见。电视法治新闻类节目是一种写实的节目形态，贴近现实，展现的矛盾非常集中，对人性的展露也较为充分，对其女性形象呈现进行研究，可以丰富女性形象研究的范畴，并且有助于将媒介与女性的研究和法学领域相结合，从法治的视角来检视当今的女性形象问题，同时促进法治话语的完善，这对女性主义研究和法治研究具有理论意义和现实意义。

3. 引发受众共鸣，增强法治宣传效果

研究电视法治新闻类节目的女性形象呈现，有助于我们反思当前女性的困境，推动电视法治新闻类节目扩大案件的选择范围，并精准、客观、全面地剖析案件中的女性形象特征，引导受众在观看节目的过程中产生"同理心"，换位思考，深入了解涉案女性的思想动态和心路历程，进而深层次了解当下女性的思想问题。同时，可以促使受众尤其是女性受众，认真学习法律知识，规避不必要的法律风险，达到普法宣传的目的。

综上，将电视法治新闻类节目与女性形象的呈现研究相结合，既有利于电视法治新闻类节目的完善，也有利于女性主义研究视角的拓展，更是满足我国普法宣传的需要，具有重要的研究意义。

二、国内外相关研究综述

国内外在本领域的研究主要围绕电视法治节目、女性主义、女性与媒介研究、电视与女性等相关内容展开，下面对国外及国内的相关研究现状进行综合分析。

（一）对电视法治节目的研究现状

1. 国外电视法治节目的研究现状

国外没有"电视法治节目"这一概念，所以更多的时候用法律节目、法庭节目这些类似的概念进行替代。国外法律类节目非常注重娱乐性，除了我们日常接触的新闻专题类、访谈类法律节目，还有法律类电视剧、法律真人秀、法律游戏等节目形态，这些节目的参与感较强。在美国，法律类电视剧一直都是最受欢迎的节目之一，如《金装律师》《识骨追凶》《CSI 犯罪现场调查》等，曾持续多年热播；《贝蒂法官》《警察故事》等法律真人秀、《我，侦探》等法律游戏节目也较有知名度。在英国，除了有以上法律节目类型，还有法律类纪录片节目，如备受推崇的《英国最高法院》等。在日本，没有专门的法律类新闻栏目，法律信息主要放在综合新闻中播出，也有与法律相关的综艺节目。基于以上情况，国外对电视法治节目的研究成果多集中于对法律类电视剧、法律真人秀等节目的分析上。

（1）对流行的法律类电视节目进行解析和比较

分析的节目既包括法律类真人秀节目，还包括一些法律类电视剧，如《电视法律系列节目论文集》——《朱迪法官》《马西斯法官》《人民法庭》《乔·布朗法官》《米尔斯·雷法官》《律师的力量》（Books，2011）、《皇家法庭》（Miller，2011）、《夜间法庭》（Surhone，2013）等。

（2）对法庭审判节目的研究

自从电视审判可以进行直播之后，受众在电视上就可以看到法律和正义的实现，这对社会问题和政治问题产生了直接的、巨大的影响。相关研究着重分析电视法庭审判节目的内涵、影响、法庭上摄像机的使用以及电视审判倾向等问题（Rapping，2003；Goldfarb，2000；Thaler，1994）。

（3）电视法律新闻报道相关问题研究

电视新闻行业的特点是严重依赖故事情节和视觉效果，法律案件的侦破和审判都有既定的规则，这使得电视法律新闻报道非常有限，在很多情况下可能出现错误的报道。在互联网时代，技术的发展使电视法律新闻报道面临更多的挑战，电视法律新闻的传播效果无法得到证实（Slotnick & Segal，1998；Lambert，2015）。

2. 国内电视法治新闻类节目的研究现状

我国对电视法治新闻类节目的研究主要包括四个方面：节目发展、性质与功能的基础性研究（胡智锋等，2003；游洁，郑蔚，2007；苏媛，2012）；节目制作、传播方面的研究（赵欣等，2010；吴玉玲，2012；丁龙江，2010）；节目存在的问题及对策研究（徐寿松，2001）；电视法治栏目个案研究（张健，2015；尹鸿，2008；李岩，2015；贺艳，祝光明，2009；朱清河，2012；龚俊，2013；杨玲，沈建，2013）。

针对以上四个研究方面，目前研究的主要问题有：电视法治新闻类节目的现状及创新路径研究（龚俊，2013；王秀珍，2015）；电视法治节目普法效果研究（马道全，2007；张春丽，2010；邹佼等，2013；张亚玲，2016）；电视法治节目法律特性研究（陈丽丹，2013；侯立峰，王劲松，2016；杨得兵，2015）；优秀电视法治节目个案研究（田秋丽，2014；李和，2017）。

目前我国学者对电视法治新闻类节目的相关研究已经取得了较为丰富的成果，研究主要集中在电视法治新闻类节目现状、创新路径、普法效果、法治理念、法律思考和优秀法治新闻类节目个案研究等方面，积极思变、进行节目改革是主要的研究方向。这些研究为本书提供了研究基础，笔者选择从女性形象呈现的角度加以研究。

（二）女性主义研究

媒介文化研究将女性主义研究作为其重要的研究视域（於红梅，2011）。我国对该领域的探讨多引用西方学术理论，相关研究虽逐渐增多，但尚存较大的发展空间。

1. 国外对女性主义的研究

国外对女性主义的研究较早，研究范围颇为广泛，涉及哲学、文化、文学、传媒、政治、法律、教育、经济、人类学等诸多领域，对女性主义理论、女性身份、女性与政治、女性心理等研究成果较为突出，关注不同种族的女性研究，善于使用多维视角。

西方女性主义研究的早期代表成果有 M. 沃斯通克拉夫特的《为女权辩护》

（1792）、波伏娃的《第二性》（1949）、傅瑞丹的《女性的奥秘》（1963）等。
21 世纪之后研究更加多元化，除了对女性身份的关注（Miller & Vandome，2010；
Wonderly，2003），以美国为代表的女性研究学者还关注女性与肤色、女性与种
族交织的问题（Miller & Vandome，2011），也关注不同国家的女性形象研究
（Bai，2012；Yarova，2010），尤其对东方女性和阿拉伯地区的女性的研究。国
外的女性主义研究不乏较为激进的观点，有学者倡导推翻性别观念，彻底实现无
差别平等（Peters & Chavis，2004；Hall，2011；Cortez，2009）。

2. 国内对女性主义的研究

我国女性主义研究始于 1994 年，2001 年以后逐渐丰富，2005 年到 2009 年
成为一个潮流，但 2010 年至今发展又进入平缓阶段。研究涉及文学、女性学、
哲学等多个领域，除了对中国女性问题的研究，还有一部分研究关注国外女性主
义发展情况（刘霓，2007；李建群，2004）。

其中在文学领域、女性学领域、文化学领域的研究成果最为丰富（荒林，
2004—2011；李银河，2005；张春田，2014；夏国美、刘潼福，2015；李小江，
2016 等）。女性主义被引进新闻传播学领域之后，作为一个理论视角产生了大批
的研究成果，学者较多采用女性主义哲学视角，关注女性的话语权（陈晨，
2010；任珏，2014；赵婷婷，2015；马秋枫，2000）和进行女性主义媒介批评
（李丽，2017）。基于社会性别理论以及两性关系理论视角（彭兰，2011；柳志
鹏，熊程，2013）的研究也在同时开展。

通过现有文献分析，笔者发现关于女性主义的研究问题主要有以下几方面：

（1）大众媒介话语体系下的女性主义发展研究

学者们从女性主义视角对大众媒介领域（电视传播及媒体报道）中的性别
歧视和刻板印象加以揭示和批评。电视由于其传播的影响力在无形中强化着男权
中心文化下的性别秩序，在塑造女性形象问题上走进了刻板印象的误区，大众传
媒会将女性对象化、物化，女性无法摆脱被他者化的固有形象、女性话语权永远
是第二性，性别歧视和刻板印象有深层的原因，应当减少大众传媒对传统性别的
建构和影响，从根本上解决男女两性内涵的界定问题，以促进构建两性平等的和

谐媒介空间（陈菁菁，杨丽娇，2011；常昕，2011；张恒军，2012）。

（2）对影视作品、综艺节目及经典著作的女性形象研究

研究揭示了新媒体时代女性主义的新发展。随着越来越多的女性上网使用新媒体资源，她们有望更多地影响互联网环境以及大众传播，使媒介环境成为一个中立平等的环境。女性主义媒介研究广泛吸收了后现代理论、文化研究以及心理分析、符号学等相关理论，分析探讨媒介中的女性形象、女性话语、女性身体及其日常生活经验，指出建立女性自己的话语体系是摆脱依附走向独立的一条出路。呼吁女性主体意识觉醒增强自我认同感，揭示社会存在的性别差异（常江，李思雪，2014；尹雅彬，2017；任珏，2014；胡泳，2014）。

（3）在当前娱乐化媒介环境下对女性主义发展困境研究

当下互联网环境中出现性别模糊的现象，许多广告综艺以女性作为消费主体来吸引大众，甚至违背社会伦理推动商品营销。学者们通过对传统文化价值标准和现今大众传播策略的解读，发现所谓女性文化繁荣表象的显现实际上是资本主义市场经济中媒介机构的利益竞争使然，体现了商业资本和男性权力对女性身体的规制。新媒体导致女性自我意识与主体性的高度迷失，应有效警惕不合理的商业炒作与猎奇，提供了新世纪女性主义发展的另一种路径（任盼盼，2010；彭兰，2011；杨柳，2017；李梅丽，2017）。❶

我国关于女性主义的研究多数采用文本分析的方法进行典型形象分析，也多使用内容分析、文献研究、民族志研究、实地观察、深度访谈和问查调卷等研究方法。

综上所述，我国学者对于女性主义的研究已经取得了一定的成就。目前学界对女性主义的研究主要集中在对大众传媒刻板思维的批评、对不同时期女性形象的变化的透视、对女性追求自由解放与面临困境之间矛盾的反思，以及对当前社会女性身份、女性社会功能重建等方面的案例研究，这些研究对本研究具有非常大的借鉴意义。新媒体时代给予了女性更多的话语权，但是社会对女性形象的刻板思维仍然存在，在娱乐环境下女性更多地沦为男性统治的护旗手。所以学者们

---

❶ 贺建平. 女性视角下的大众传媒——西方女性主义媒介批判综述［J］. 西南政法大学学报，2003（3）：30-39.

提出新时期女性主义发展要善于结合自身优势，呼吁女性主体意识觉醒，同时增强社会认同感，真正做到两性平等。本研究是建立在这些研究基础之上的。

（三）　媒介与女性研究

1. 国外关于媒介与女性的研究

（1）国外媒介与女性的研究阶段

深受女性主义浪潮影响，欧美国家对女性与传媒的研究较为成熟。现有大量的代表性著作已经被翻译成中文或其他文字被广泛传播，如《女性主义媒介研究》（祖伦，2007）、《传播语境中的女性与环保》（莫斯科索，2006）、《杂志封面女郎》（凯奇，2006）、《观文化，看政治：印度后殖民时代的电视、女性和国家》（卡尔，2015）等。这些研究成果对各个国家的女性主义理论发展情况、大众传播中妇女形象的发展情况和历史轨迹、各国文化中社会性别刻板形象的起源和发展状况进行总结和分析，对我国女性与传媒研究有重要的启示。西方女性主义媒体研究大致经历过形象分析、文本分析、文化研究三个阶段：

第一阶段，形象分析阶段。女性形象表现出类型化的特征。媒体极力说服女性专心做"快乐的家庭主妇"（佛里丹，1963），女性被琐碎化并伴有被类型化、刻板化，缺少客观的媒介呈现，女性作为"被看的对象"（塔奇曼，1978）。第一阶段对女性形象的分析还过于表面化，停留在词语和形象上，没有深入挖掘其背后的意义。

第二阶段，文本分析阶段。文本分析阶段是对媒介文本进行剖析，解读其编码背后的深层原因，揭示父权制意识形态，不过这个阶段的研究对文本过度依赖，而且对意识形态过度关注（麦克洛比，1982；麦克唐纳德，1995；费斯克，1990）。

第三阶段，文化研究阶段。这一阶段的研究关注点是女性受众，尤其是占最大群体的电视受众，关注媒体的生产、传播情况，在观点上更为平和，激进的政治批评减少，为媒体提供了方向和方法。代表性的研究主要有玛丽·艾伦·布朗和艾米·尔德曼·法瑞尔等学者的肥皂剧研究。

（2）国外媒介与女性的研究主题

2000年以后，国外传媒与女性的研究成果日渐丰富，大量著作涌现，笔者将相关成果概括为以下几个研究主题：

第一，媒介与女性主义理论、女性权利探讨。2000 年以后国外的媒介与女性主义理论研究主要是对早期的经典理论进一步探讨，或选取新的维度加以研究（Thornham & Alia，2007；Gill，2007；Byerly & Ross，2006；Carilli & Campbell，2005；Andrews & McNamara，2014）。

对女性权利主要围绕女性经济权利、政治权利、文化权利等方面加以分析（Meshesha，2009；Ackson & Gordy，2017；Ross，2013；Maija，2015；Miller，2011），还有一些研究关注局部地区的女性自我表达权和男女平等的实现程度（Sakr，2004）。部分研究把对女性权利的研究延伸到社交媒体中去（Hall & Edwards，2015；Givens & Tassie，2015），并对女性在社会媒体中的赋权与社会交往展开研究。

第二，女性形象研究。女性形象相关研究成果主要集中在两个方面：一是对影视作品的女性形象的分析，二是对女性形象的地域研究。受好莱坞的影响和电影行业的热潮带动，最为常见的研究是电影作品中的女性形象研究（Williams，2017；Kamir，2006；Hentges，2005；Jacey，2017）。对影视作品中与女性相关的社会规范、惯例、法律进行探讨，尤其是"性别犯罪"问题加以探讨，形成了女性主义电影批评的规则。还有部分西方学者倾向于研究亚洲女性的媒介形象（Frith & Karan，2008；Munshi，2001）。

大众文化对女性形象塑造有重要的作用，所以有学者对文化变化中的女性形象变化展开研究，文化变化打破了女性形象的刻板模式，女性的媒介表达则更为自由，消费文化发展对女性影响深远（Roberts，2017；Goodwill，2011；Forster，2015；Moeran & Skov，2016）。

与我国的研究相比，国外女性与媒介研究对女性身体的媒介呈现更为关注（Clarabelle，2014；Bale，2011）。以美国为代表的女性媒介研究，非常关注体育领域中的女性形象，所以近些年关于媒介中的女性运动员的研究成果较多（Katiambo，2010；Daljeet，2013；Creedon，1994）。

第三，女性身份认同研究。媒体市场被细分后，以性别认同不和谐为主题的杂志广告获得了经济利益。媒介对女性矛盾的呈现和女性发展、女性个人身份管理之间存在一个内在联系，进而衍生出女性身份认同问题。已有研究提出了性别同一性失调的理论，从批判性和文化理论的角度来考察性别认同不一致的方式，探索媒体在生产、再生产和管理身份方面的作用，扩展了利昂·费斯廷格（1957）的认知失调理论（Crymble，2010；Kim，2012；Sato，2003）。

国外传媒与女性的研究为后续的研究拓展了视野，尤其是女性形象的研究角度较为丰富，对本研究具有启发作用。

2. 国内媒介与女性的研究

国内的媒介与女性研究始于 1995 年在北京召开的第四次世界妇女大会，会议呼吁大众传媒树立性别意识、提高妇女地位、推进男女平等，并通过《行动纲领》关注媒体在消除性别歧视和推进妇女发展方面的重要作用。该会议直接推动了我国大众传媒对女性形象的研究。目前，我国媒体与女性的研究还处于发展之中，时至 2018 年 1 月，以女性、媒体为主题的国内文献样本有 3567 篇，以女性、媒介为主题的国内文献样本有 2681 篇。媒介与女性研究涉及的学科门类丰富而全面，包括新闻与传媒、社会学及统计学、戏剧电影与电视艺术、中国文学、中国政治与国际政治等。随着经济和技术的发展，国内女性与媒介的研究还处于上升阶段，涌现出《中国媒介与女性发展报告》蓝皮书系列（刘利群，2013—2017）、《媒介与性别——女性新视野丛书》（卜卫，2001）、《女性主义视野下的媒介批评》（张艳红，2009）等诸多著作。

（1）国内媒介与女性的研究视角

国内媒介与女性的研究视角从具体研究内容来说，包括了话语、媒介形象、社会性别、女性主义、性别意识、消费文化、国际研究等角度（张文鸳，2014；晏青，敖涛，2016；王小璐，2014；胡珊，2015；杨凤娇等，2017；张艺，2014）。现将其归纳为以下五个方面加以概括：

第一，女性形象的研究视角，以媒介广告中的女性形象研究最具代表性。广告中的女性被否认了独立的人格地位，大众传媒向男性文化倾斜（卜卫，1997；刘伯红，卜卫，1997）。近几年还有学者对一些被"标签化"的女性群体进行专门研究，与刻板印象的研究视角相结合，相关研究已经逐渐延伸到新媒体（王璐瑶，2014；韩杰，2015；张恒军，2012；王昱卉，燕晓春，2012）。互联网媒介中的女性形象与传统媒介中的女性形象相比，具有多样性和主动性的倾向，但总体上仍然是刻板且被动的（卢敏，2019）。

第二，社会性别研究视角。媒介再现了男、女两性形象，这个过程被注入了社会、政治、经济、文化等方面的内容，性别被社会化，以适应时代和社会❶（刘利群，2013；曹晋，2015；皮埃尔，刘霞，2014；黄顺铭，刘娜，2016）。其中，《中国媒介与女性发展报告》系列报告运用社会性别研究的视角与范式，从媒介与女性研究的综合视角梳理了多种媒介类型呈现的性别议题和性别关系，考察了媒介与女性发展的语境、生产过程、传播过程与接受过程，丰富了我国媒介与女性研究内容。

第三，女性主义研究视角。对经典女性主义理论进行解读，并与我国新闻传播学发展结合（杨珍，2010；张钗等，2015；李敏，2005；张雯，2003）。

第四，女性意识、消费文化等研究视角。以性别意识为视角关注现代社会女性的生存状态与自我发展，关注婚恋、消费、就业等议题（李卓，2012；吴梦舟，2015；穆金富，曾云霞，2013；同心，2014；刘雪珺，2017）。

第五，国际研究视角。关注境外的媒体与女性话题，探讨境外媒体的中国女性形象（李敏，2015；杨静，2012；刘利群，张敬婕，2014；刘利群等，2011）。

（2）国内媒介与女性的研究问题

通过文献的统计和分析，可以总结出最近国内新闻传播领域中关于媒介与女性的主要研究问题：

第一，对新媒体语境下女性媒介话语权缺失原因的探究。新媒体为性别平等下的传播带来契机，但其话语建构依然受到传统话语风格的影响，还没有真正实现性别平等的话语方式（杨霞，2017）。目前国内新媒体语境下话语平台虽多样，女性媒介话语权仍存在缺失，女性话语领域局促；女性表达虽活跃，但多以"他

---

❶ 曹晋. 媒介与社会性别研究：理论与实例［M］. 北京：清华大学出版社，2015：37.

者"姿态呈现；议程设置虽多元，但未改男性主宰局面（张文莺，2014）。

第二，对新闻媒介中女权意识薄弱现象的研究。原本女性就长期处于被边缘化的角色，而新闻报道又进一步忽略女性，关于女性的正面报道数量少，对女性形象的定位常常存在歧视，并宣扬落后的贞操观，因此，女性在新闻报道中得不到应有的尊重，女权意识薄弱的现象还比较严重（王媛媛，2017）。

第三，新媒体传播对女性消费行为的影响研究。因为独立的经济地位以及意见领袖的带动，女性的消费行为不断增长，同时网络的便利性和时间的碎片化使女性的消费行为更加便利，现代信息的快速流动也促使消费行为频率的增加（雷思齐，2016）。社交媒体刺激了女性的感官感受，在社交媒体上，女性"网络红人"对女性消费者有引导作用，女性与品牌的互动多于男性，媒体的变革促进了消费需求和消费行为（刘雪珺，2017）。

以上，是国内外媒介与女性研究的现状，总体上来说，研究的内容较为丰富，大部分研究具有可操作性和实用性，与新闻传播实践结合较为紧密，为本书提供了宝贵的参考资料。

（四）电视与女性研究

1. 国外电视与女性研究

20 世纪七八十年代，电视行业发展繁荣，开始有电视研究的学者关注电视中的女性呈现，代表性的作品有盖耶·塔奇曼的《大众媒介对妇女采取的符号灭绝》、安德烈·普雷斯的《霸权过程中的阶级与性别：女性理解电视现实和认同电视人物中的阶级差别》、布朗的《女权主义文化电视批评——文化、理论与实践》、卡普兰的《女性主义批评与电视》、戴维·莫力的《电视与性别》等，这些作品也逐渐被翻译传到中国，其中关于电视剧中的女性形象研究最为丰富（Romanko，2016；Desjardins，2015；Goodwill，2011；Nochimson，1993）。

国外电视与女性研究的研究视角和传媒与女性研究视角基本相契合，在此不再赘述。

2. 国内电视与女性研究

国内在电视与女性方面的研究以电视剧中的女性研究为主要研究方向（华

昊，2014；李庚，2011）。还有对女性电视节目的研究，包括节目制作、定位、营销策略、现状及其创新、发展状况研究（刘利群，张敬婕，2014）。学者们从社会学、传播学、社会性别研究、女性主义媒介研究为基本理论视角，研究了中外女性电视节目的发展历程和发展特色，对中国的女性电视节目进行系统的梳理（赵坤雨，2010；唐芬，2007；傅宁，2007；王永亮，傅宁，2007；陈肖利，庄海刚，2011）。2010 年以后文化产业发展迅速，电视行业迎来了发展的新阶段。媒介成为文化生产的驱动力，并且引领文化消费，电视节目遂转向分众化发展，盯紧女性市场。❶ 电视文化传播范围和影响力对女性的思想观念和审美范式都带来改变，相关研究也逐渐开展起来。

（1）国内电视与女性研究视角

电视与女性方面的研究视角，基本上同媒介与女性的研究视角一致，包括从女性主义、女性形象、媒介文化、性别身份、话语研究等方面展开，其中以女性主义为研究视角的最多。电视与女性研究还较为凸显女性主持人的研究视角，分析主持人的媒介形象、主持风格、语言特点等（吴真真，2007；刘婷婷，2008；曹莉，2010）。

在研究所使用的理论上，大量运用了女性主义批评理论和传播学理论，涉及社会学、新闻学、传播学、美学、语言学、心理学、文艺学等各个学科，视角较为开阔，多学科融合创新。

（2）国内电视与女性研究问题

经过对电视与女性相关文献的分析，笔者归纳的研究问题主要涉及以下几个方面：

第一，研究者关注各类电视节目中的女性主义倾向。如电视谈话节目中对女性身份和女性生活的关注，研究性别平等原则与精品栏目的结合（张艳红，2009），批判异化女性形象的现象，倡导女性主义与电视节目的融合（程金玲，景金，2011；赵婷婷，2015）。

---

❶ 包相杰. 国内女性电视节目的创新发展方式解析［J］. 科技传播，2014（23）：196-197.

第二，探讨电视节目中的女性形象建构问题。女性看似被赋予更高的主动权及话语权，实则在节目话语中仍处弱势地位。节目对女性存在商品化消费，这种消费不仅停留在对女性外貌的表象消费，更深入进节目的方方面面（汪伶俐，2010；李解，2012；郭莹莹，2013）。

第三，分析和探讨了我国女性电视节目发展历史和现状，具体包括其诞生、发展、发展面临的困境和对策，对当下我国女性电视节目类型存在结构失衡的系列问题，并提供各方面的解决对策（刘丹凌，刘涛，2006；王永亮，傅宁，2007；栗惠珍，2008；李赢，王黎燕，2009；王雪梅，张博璠，2008）。

第四，聚焦女性主持人的相关研究，包括其媒介形象、主持风格、角色定位、性别意识、话语权、语用特点等。知名女主持人家喻户晓，其形象特点值得解读，我国知名女主持人的形象变化的背后隐藏着受众期待的转变、传统观念的变化及受众审美需求的变化（吴真真，2007；刘婷婷，2008；曹莉，2010；孙媛媛，曾涵琪，2016）。

电视与女性研究已取得一定成果，研究涉及电视节目与女性主义、女性主持人、女性节目等方面。不过，该领域对女性节目外的其他节目以及其他女性形象的研究较少。通过文献整理，本书寻找了与以往研究相区别的电视节目类型，在已有研究的基础上扩展电视与女性研究的内容。

三、理论视角、方法与创新

（一）研究的理论视角

1. 框架理论

戈夫曼（1974）是框架理论的奠基者，其著有《框架分析：关于经验组织的一篇论文》，定义"框架是人们用来认识和阐释外在客观世界的认知结构，人们对现实生活经验的归纳都依赖一定的框架，框架使人们定位、理解众多信息"。❶ 即人们根据框架来认识客观世界，框架的形成来自人们过去的经验，

---

❶　E. GOFFMAN. Framing Analysis: An Essay on the Organization of Experience [M]. New York: Harper and Row, 1974: 21.

不同的文化和社会经验会造就不同的认知框架，因此不同的人对事物的认识存在着不同的解释图示。框架有助于分类，也就使人们在认知客体世界时有了一些清晰的界限。❶ J. M. 坦卡德（1976）把新闻框架定义为"采集集中的组织思路，通过选择、强调、排除等方式精心处理新闻内容，并提出中心议题"。❷这里的"中心议题"，实际上也就是新闻生产的中心思想。美国传播学者吉特林的框架定义更强调框架的筛选，在他看来框架不仅是生产意义的场所，更是对现实的有目的选择，"框架是一个持续不变的认知、解释和陈述框式，也是选择、强调和遗漏的稳定不变范式。通过这样的框架，符号的处理者按常规来组织话语"。❸ 美国文化研究学者约翰·费斯克认为框架是指对社会知识与经验所进行的建构，在大众媒介中，媒介的框架是强调、解释与表述的符码，媒介生产者用其建构包括文字或图像的媒介产品与话语。在这种背景下，媒介框架能使新闻记者将大量信息进行迅速加工。因此，在对大众媒介的文本加以编码的过程中，这些框架就成为一个重要的制度化环节，而且在形成受众的解码活动上还可能发挥某种关键性作用。❹ 当代美国学者吉姆森用"界限"和"架构"来界定框架，具有动词和名词两个维度。潘忠党（1993）等人认为框架理论主要来源于社会学和心理学，尤其是前者❺，因此多数学者倾向于把框架理论视为建构理论在媒介研究领域的进一步发展。

框架理论的应用更多具有批判意味。20 世纪 80 年代起框架理论被新闻传播领域应用，研究媒介框架和新闻框架，并不断发展开来，在大众传播研究中，框架理论的涵盖意义不仅包括媒介建构事实和世界的过程，还包括受众参与建构的心理模式，强调一种互动建构过程。

---

❶ 马琳. 电视剧传播框架中的女性形象建构与身份认同 [D]. 上海：华东师范大学，2008：12-14.

❷ 沃纳·塞弗林，小詹姆斯·坦卡德. 传播理论：起源、方法与应用 [M]. 郭镇之，译. 北京：华夏出版社，2000：312.

❸ 黄旦. 传者图像：新闻专业主义的建构与消解 [M]. 上海：复旦大学出版社，2005：231.

❹ 约翰·费斯克，等. 关键概念传播与文化研究辞典 [M]. 李彬，译. 北京：新华出版社，2004：111.

❺ ZHONGDONG PAN, GERALD KOSICKI. Framing analysis：An approach to news discourse [J]. Political Communication, 1993, 10 (1)：55-75.

框架理论在媒介生产、媒介文本和媒介效果等方面都可以反映出客观现实、媒介现实和受众现实三者之间的互动关系。首先在媒介生产层面上，媒介生产者遵照常规和惯例对社会现实进行裁选，媒体将社会事实整合为若干框架，并通过这些固有的规范所形成的框架来传播社会生活中所发生的新闻事件。而在媒介内容领域，框架成为媒介内容的物化形式，人们透过框架来了解具体的信息，框架在人与社会之间建立起联系的桥梁。但框架必然带着一定的意识形态，传播者在强调和排除的筛选过程中，是对现实的主观判断，并希望将这种判断传达给受众。在媒介效果研究层面，框架用以判断受众对传播内容的接受程度。

本书以框架理论为基础，探讨电视法治新闻类节目中的女性形象呈现问题，研究者对电视法治新闻类节目的案件类型、案件主题、案发原因、涉案角色、画面与声音呈现等角度进行中观分析，然后对不同角色的女性形象从文本进行解读，结合两者并通过具体的观察和统计归纳出节目呈现女性形象倾向的宏观框架，并对受众进行调查和访谈来确定其对女性形象的解读情况，这样可以较为系统地对本书主题加以阐述，并且得出核心结论。

2. 媒介再现理论

早期受德国旧唯物主义哲学家费尔巴哈反映论（Perceptual Theory of Reflection）的影响，媒介被认为是一面镜子，媒介能直接地反映社会现实。20 世纪初德国犹太哲学家胡塞尔现象主义哲学兴起，海德格尔将现象主义彻底化，因反映论过于直接、简单，现象主义哲学派别推翻了反映论，提出了再现论（Representationalism）。"再现论"不同于早期"反映论"，大众媒介不会事无巨细地报道社会事件，社会事件常常是纷乱海量的，媒介要根据其需要进行挑选、重组和加工，再根据其自身的符号系统呈现方式表达出来，使受众可以接受和理解。❶ 沃尔特·李普曼在其代表作《公众舆论》中也提出了社会现实与媒介再现的观点，"主观现实"不能"镜子式"地直接反映客观现实，因而会产生一定的偏移，成为"拟态"现实。

---

❶ 林芳玫. 女性与媒体再现：女性主义与社会建构论的观点［M］. 台北：巨流图书出版公司，2003：9.

再现论相对于反映论体现了一定的进步性，能够更为深入地反映复杂的社会现实，但是其也有一定的弊端。"再现论"使媒介面对社会事件有自己的判断和加工，但也在一定程度上可能无法合理还原现实，导致一定程度上的不公平的情况。其关注的重点不在于真实本身是什么，而在于媒体重组的社会事实是否对受众本身产生影响。世界上并不存在绝对客观中立的经验，无论在影像方面还是语言方面，媒体工作者或多或少会赋予新闻作品特有的文化价值（张锦华，1994）。"社会建构论"是以再现论为基础发展而来的。后来又有人提出"类像论"试图来替代再现论，类像论非常虚幻和理想化，打破实体与影像之间的区隔，认为媒介本身对真实的仿真已成为一种拟真实，该理论并未成为主流理论。❶

媒介再现理论是本研究的起点和终点，贯穿全文。本书分析节目中女性形象的呈现，"呈现"一词具有显露、展现的意思，在本书中呈现指电视媒体终端显现出来具体的事物。呈现是一种可以被直接观察的客观存在，包括了展现的动作，也包括了展现的结果。电视法治新闻类节目中女性形象的呈现，是节目呈现女性形象的行为，也是受众在电视媒体终端所观察到的最终结果，此时的女性形象是由一系列的视听符号所构成。

对媒介所呈现的女性形象研究是女性主义研究最为关心的领域之一，而电视法治新闻类节目未曾系统地做过这方面的分析和尝试。就本书而言，作者认为身处现代社会的电视法治新闻类节目不得不在已有的框架下"再现"法律案件，节目有着各种模板和预先判断，在其报道框架之下再现女性掩藏了不平等的社会关系，节目呈现的女性形象对受众的思想、感情和行为都有重要的影响。

3. 刻板印象理论

刻板印象（Stereotype）是人们对某类人群或成员的概括而固定的看法。在相同地域生活的人或者来自相同文化背景中的人对事物的看法较为相似，从中可以看到人们对世界的认识是具有固化倾向的。例如，按照性别、种族、年龄或职业群体中成员的共同点，人们可以大体进行分类，并归纳每个类别大体的印

---

❶ 张锦华. 媒介文化、意识形态与女性理论与实务［M］. 台北：正中书局，1994：6-7.

象，这些印象是较为固定的，但是还比较笼统，分类依据主要根据个人的经验以及对方的某些特征和行为特点。刻板印象与人对某个人类群体的知识、观念与预期的认知结构相关（夏倩芳，张明新，2007）。刻板印象是企图在过去有限认知的基础上对他人作结论，常见的情形是在看到某人时把他划归到某一群体中去。

1922 年沃尔特·李普曼（Walter Lippmann）通过他的著作《公众舆论》（*Public Opinion*）将刻板印象引入社会科学研究领域之后，刻板印象就受到了众多学者的关注，尤其是心理学界，试图对刻板印象进行多方面的理论解释。李普曼发现个体"头脑中的图像"，即已有的成见影响个体对于他人与群体的知觉。人们这些"头脑中的图像"就是有些相像且区别不太明显的群体成员的轮廓特点，李普曼借用印刷术语铅版来表示这种现象并予以分析，他认为刻板印象可以用来代表和解释人们认识世界所形成的观念中的错误和偏见，因此刻板印象也就是那些事实不完全相符合的不正确的、非理性的或刻板的一般性认知结构及态度特征。

在李普曼之后，很多研究者开始将群体这一主题引入刻板印象的研究中，特别是关于种族群体态度的众多研究，留下了很多有价值的结论。与此同时，一些研究者将刻板印象的研究运用到文化的审视中，将刻板印象与歧视相结合，赋予其新的内涵并慢慢发展成为一般的偏见态度的表现。刻板印象研究最早只限于概念界定以及评估不同群体刻板印象的内容（伍艳，丁道群，2007）。美国普林斯顿大学是刻板印象研究的中心，具有代表性的开创性研究来自卡茨和布雷利 1933 年对 100 名普林斯顿大学的学生进行国民刻板印象的调查。在经历了多年的持续研究之后，在 20 世纪六七十年代，刻板印象的研究陷入低谷，研究者只是偶有一些关于群际等内容的零散研究。不过，新兴的认知心理学很快为刻板印象的研究提供了新的生机。刻板印象研究的重心不再是内容特征，而是其如何产生的，这种认知结构其作用的原理以及其如何影响后继的信息加工，这种认知在群体成员之间怎样造成知觉和行为的一致（伍艳，丁道群，2007）。到 20 世纪 80 年代，认知视角开始被广泛地应用于社会心理学研究中，考察人们如何知觉、记忆和思考他人和社会事件，产生了社会认知这一新的研究领域。社会认知的角度并没有像以往一样过多地关注刻板印象的内容，而更多地将兴趣集中在包含在刻板印象过程中的认知过程。社会认知在处理关于他人信息时特别强调抽象认知结构（如图式、原型）的作用。人类的认知结构直接关系到刻板印象的形成，并且认知结构和刻板印象都是可以被建构起来的（连淑芳，2003）。

本研究的目的之一就是发掘电视法治节目在内容生产和传播中是否有对女性的刻板印象，以及受众在当前文化继承、社会环境中是否倾向于对女性进行刻板印象解读。

4. 女性主义理论

女性主义产生于19世纪末期的法国，后逐渐在英美国家和全世界流行，在新文化运动时期流入中国。女性主义理论涉及政治方面、实践方面和理论方面，倡导妇女解放，男女平等，妇女可以自由选择自己的生活方式和事业（倪志娟，2005）。女性主义对全球妇女的解放做出了不可磨灭的贡献，作用于社会、文化、政治、经济、历史等领域。

女性主义发展经历了三个浪潮：1840—1925年为第一次浪潮，20世纪60年代—80年代末为第二次浪潮，20世纪90年代初至今为第三次浪潮。尽管女性主义的分类比较复杂，无法严格从年代的标志来划分，但是根据女性主义的发展和演变过程，大致分为三个主要发展阶段：女权主义阶段、女性主义阶段和后现代女性主义阶段。从历史的角度看，女性主义从19世纪中叶发展至今，其理论已比较成熟，学科观点也较为明确，不同流派已经形成，发展至今，已经有20多个流派，比较著名的有自由主义女性主义、马克思主义女性主义、激进女性主义、生态女性主义、后现代女性主义等流派（刘翠玉，2007），理论运用也日趋模式化。传统的女性主义研究的关注点在于消灭两性之间不平等的关系（李霞，2001），后现代女性主义思想对传统的女权主义思想进行了消解。

20世纪末出现的性别分析研究把性别作为一种谈论社会关系的方式。美国社会历史学家琼·W. 斯科特（1988）认为性别是社会权力的一种分配手段。[1]

---

[1] JOAN W. SCOTT. Gender: A Useful Category of Historical Analysis [J]. American Historical Review, 1986, 12: 91.

美国女性主义哲学家桑德拉·哈丁（1986）用性别来解释社会行为，社会性别的差异会造成社会等级制度内部的差异。❶法国社会学家福柯·马歇尔（1980）主张，社会性别建构了权力的关系，形成一种复杂的政治机制。❷性别分析研究极大地丰富了对女性群体的研究。现如今女性主义流派众多，观点多样，未来的女性主义向何处走去，这似乎是一个谜。

本书并不刻意探讨众多女性主义观点孰优孰劣，也不坚决从女权主义去批判现有的所有媒介现象。女性主义只是本书的一个宏观理论视角和思考路径，研究的出发点是女性主义立场，对性别偏见、刻板印象和其他不合理的性别现象提出质疑，进而关注女性群体合法权益的实现。

（二）研究的核心概念

1. 电视法治节目与电视法制节目

1985 年 5 月我国第一个正式的电视法治栏目——上海电视台的《法律与道德》试播，开启了电视法治节目的先河。从此，各种电视法治节目被大众所喜闻乐见，并涌现了一大批优秀的知名电视法治节目。1985 年至今，中国电视法治节目经历了萌生期（1980—1993 年）、发展期（1994—2003 年）、繁荣期（2004—2010 年）和转型期（2011 年至今）四个阶段，也经历了从"电视法制节目"到"电视法治节目"的转换过程。

所以，对电视法治节目进行研究先要厘清一组概念，明确电视法制节目与电视法治节目有何区别。

要分清两者的关系，要先辨析"法制"和"法治"的区别。

法制是法律和制度的总称。与政治制度、经济制度等平行，侧重在法律的使用上。法治是相对于人治的治国理论、原则和方法。亚里士多德最早提出了法治理论，包含良法被民众普遍遵守的含义。柏拉图《理想国》"法律篇"中认为法治优先于人治。洛克在《政府论》中提出以法治国的理念，"个人可以做任何事

---

❶　SANDRA HARDING. The Science Question in Feminism, Ithaca［M］. New York：Cornell University Press, 1986：89.

❷　MICHEL FOUCAULT. The History of Sexuality, Translated by Robert Hurley［M］. New York：Vintage, 1980：127.

情，除非法律禁止；政府不能做任何事情，除非法律许可。法治，是给公民以最充分的自由，是给政府以尽可能小的权力。法治社会的真谛在于：公民的权利必须保护，政府的权力必须限制，与此背离的就不是法治社会"。❶

法制主要适用于制度层面，关注制定法并加以实施的过程，侧重于形式，但并不关注法律所蕴含的精神内核和价值。而法治则"内外兼修"，既强调形式意义的制度设计与应用，又强调法治内涵与实质意义。法治是良法与守法的结合，是法治思维的普及和应用。法治明确了法律在社会生活中的最高权威，广泛深入到社会生活的方方面面，是现代社会的一个基本框架，包括了依法治国的理论、原则、制度和方法。

1997 年之前，无论是电视实务界还是电视研究学界都较为习惯地使用电视法制节目的概念。1997 年我国召开了中国共产党第十五次全国代表大会，第一次明确提出了"依法治国，建设社会主义法治国家"。"法治"一词开始逐渐代替"法制"。所以，电视法治节目比电视法制节目的提法更为准确。很多节目在命名时就使用了"法治"二字，如《法治在线》《法治中国 60 分》等，使法治理念、法治精神的意味更浓厚。

不过在实际运用中，由于历史原因电视法制节目的提法还在一定范围内存在，"电视法制节目"和"电视法治节目"的界限并不十分清晰，混用现象仍然很突出，但由"电视法制节目"过渡到"电视法治节目"的趋势日益明显。对于这两种说法，本书都会有所涉及，不过主要采用"电视法治节目"的说法，并保留一些"电视法制节目"的案例和说法，使研究样本和分析对象更加全面和充分。

2. 电视法治新闻类节目

我国的电视法治新闻类节目最开始是法律知识、法律条文讲座，而后随着法治纪实类、庭审类、以案说法类节目的兴起，节目形态日益多元化。从节目播出方式进行分类，电视法治新闻类节目可分为直播类和录播类；从节目形态上看，电视法治新闻类节目不拘泥于电视法治资讯类节目和电视法治专题类节目，还可

❶ 约翰·洛克. 政府论［M］. 瞿菊农，叶启芳，译. 北京：商务印书馆，1982：34.

通过以案说法、庭审实录、法治纪实、法律咨询、法律援助和调解等多种节目形态加以呈现。电视法治新闻类节目的核心功能是提供法治资讯、开展法律服务和进行舆论监督，同时起到丰富受众精神文化生活的效果。

电视法治资讯类节目是电视法治新闻类节目中时效性最强的节目，传播法治新闻，让受众了解最新法治案件，侧重于节目的准确性、客观性、简洁性和动态性。法治资讯常常散见于综合新闻节目中或者存在于法治专题节目的资讯板块中，不过目前也有大量的独立的电视法治资讯节目，进行新闻细分和专业化发展，而且发展比较迅速，如中央电视台的《法治在线》、长沙政法频道的《政法报道》、上海电视台《东方110》、北京电视台等联办的《法治中国60分》等。这类节目与公安机关配合紧密，多报道警务信息，发动受众提供破案线索，方便警民沟通等。北京电视台《法治进行时》节目中的"现场目击""法治热线""现场交锋""现场提示"等板块主要采用第一现场报道的方式，可以放到法治资讯这个类别，"法治纪事""法网追踪"等个别板块时效性要弱一些，更强调纪实性，所以也有学者将其放在法治纪实类节目之中。

电视法治专题类节目是比较常见的节目类型，其范围要宽泛一些。这种节目类型围绕新近发生的某一重大而典型的法治案件、法律纠纷等予以报道，展开并深入挖掘案件、纠纷的整个过程和深层原因、背景，并以法律的角度进行评判。❶ 随着电视法治专题节目"新闻化"改革的进行，电视法治专题类节目的时效性越来越强，多围绕最新的新闻热点展开讨论，甚至可以和新闻热点同步，导致节目的纪实风格突出。同时，电视法治专题节目还有情节深入的特点，比较细致地展现案件，具有故事性，多为案件侦破题材，对人物的行为过程和心理刻画较多，从而吸引受众观赏。

在电视法治专题节目中，以案说法类节目是各电视台采用最多的节目形态，一般由两个板块构成：对案件或事件进行回顾和采访报道；主持人与法律专家在演播室对新近发生的案件进行评述，案件呈现探讨状态，开展平等的话语交流，

---

❶ 苏媛. 中国电视法制节目现状与发展研究［M］. 北京：中国社会科学出版社，2012：140.

有利于启发受众进行思考，体现了法治民主。这类节目以中央电视台的《今日说法》节目为主要代表，很多地方电视台进行了模仿，如山东电视台的《道德与法制》、天津电视台的《案与法》、重庆电视台的《拍案说法》等。电视法治专题类节目也用于国际禁毒日、消费者权益保护日等一些特定节日和一些特殊的大案要案，以便进行深入剖析和充分展现，如中央电视台的《一线》、上海电视台的《案件聚焦》等节目。

3. 媒介形象

商务印书馆 1993 年出版的《现代汉语词典》中指出，"形象"从物化来说，是一种具体形态和姿态，能引起人的思想或感情；在文学领域上，形象是各种文艺作品所创造出来能激发人们思想感情的生活图景，包括作品中人物的精神面貌和性格特征。形象可理解为两个层次：一是现实中的真实外在具象，是可以被人直接感受到的；二是在一种内在的素质和外在表现内化的心理，如认知、态度等。形象既可以是真相，也可以显示为一定程度的假象（张晓莺，2008）。

当前，越来越多形象的创造依赖大众媒介，通过大众媒介活跃在公众的视野中并为公众所熟知，形象所蕴含的丰富意义和情感通过媒介得以传递和分享。通过大众媒介来传递的形象便是媒介形象。媒介形象分为大众传播者、组织机构自身的形象和被传播者的形象两种类型。

本书中的媒介形象特指被传播者形象，即被媒介呈现的形象，其关系到社会公众对媒体呈现的形象的看法和印象。对于被传播者形象，严亚（2015）在博士论文中指出目前学术界对媒介形象的概念界定不明确，没有统一的定论。他将被传播者媒介形象定义为："在特定意识形态的支配下，大众传媒机构利用媒介资源，通过大众传播媒介对特定群体进行再现、建构的定型化形象，并引导社会大众对这些群体产生预期的感受和反应。"❶ 这一定义说明了媒介"再现"现实来建构媒介"形象"的过程，并影响人们的"认知结果"，表述较为明确。

20 世纪 20 年代，李普曼在"拟态环境"假说中论述了"现实""媒介"

---

❶ 严亚. 新媒体时代大学生媒介形象自我建构研究 [D]. 重庆：西南大学，2015：204.

"认知结果"三者之间的关系，成为最早对"媒介形象"加以研究的学者。[1] 20世纪60年代，"媒介形象"作为一个学术概念开始出现，当时的研究主要是针对特定时期的社会组织形象和政治人物形象展开，媒介形象的研究与政治系统联系紧密，如约瑟夫·特雷纳曼（1961）和丹尼斯·麦奎尔（1961）对特定群体的媒介形象加以研究。加姆森（1992）、克罗图（1992）、乔姆斯基（2002）等学者将研究扩展到政治经济学领域，研究媒介形象产生的原因和效果，媒介形象和现实之间存在的关系。[2] 2000年以后，针对个体和群体大众媒介形象的描述性研究逐渐增多（墨菲特，2001；鲍恩，2002）。

我国对媒介形象概念的研究始于20世纪末，卢惠民（1999）最早提出传播者形象一词。此后，我国学者对媒介形象的研究呈井喷式增长，对媒介形象的生产特征、媒介形象系统、特定群体的媒介形象展开了大量研究（吴予敏，2007；麦尚文，2006；栾轶玫，2007；宣宝剑，2009；郑春晔，2014；董小玉，2014）。陈瑛（2017）还对媒介女性身体形象的视觉传播进行了研究。

（三）研究问题与方法

1. 研究问题

存在主义女性主义和自由主义女性认为，女性是一种社会性别，应与男性一样有充分和平等的机会来实现个人价值。虽然女性主义天然的批判性视角，可能会引起人们矫枉过正的顾虑与风险，造成对男性群体的不公平对待，但是这种担忧还不具备充分的现实基础。而且女性主义理论有多个流派和观点，如生态女性主义相比激进女性主义更倾向男女的和谐相处。立足于女性主义视角的研究有助于进一步了解女性的生存状况，去发现社会现实中还存在哪些不足，有则改之，无则加勉，以促进性别和谐的实现。

因此，本书为女性研究寻找了一个新的研究视角，探讨电视法治新闻类节目中的女性形象呈现。研究从媒介生产的角度分析女性形象呈现的框架，从受众认

---

[1] 王朋进.《媒介形象》研究的理论背景、历史脉络和发展趋势 [J]. 国际新闻界，2010（6）：123-128.

[2] 麦克切斯尼. 富媒体 穷民主：不确定时代的传播政治 [M]. 谢岳，译. 北京：新华出版社，2004：96.

知的角度探讨框架的效果，反映了客观现实、媒介现实和受众现实三者之间的互动关系。本书主要采用描述性统计和文本分析的研究方法，通过对电视法治新闻类节目中的女性形象呈现角度、呈现内容、呈现倾向的整理，对女性形象的呈现方式进行批判性反思，剖析节目生产中存在的问题，进而进行成因分析和对策探讨。具体的研究问题如下：

第一，电视法治新闻类节目呈现女性形象的角度是什么？

第二，电视法治新闻类节目呈现了哪些不同角色的女性形象？

第三，电视法治新闻类节目呈现女性形象的倾向是什么？

第四，受众如何解读电视法治新闻类节目所呈现的女性形象？

第五，电视法治新闻类节目中女性形象的呈现方式存在哪些问题？

第六，电视法治新闻类节目女性形象呈现行为失范的原因是什么？对此有何建议？

2. 研究方法

在研究方法上，本书避免单一的研究方法，既有对节目数据的描述性统计，也有诠释性的文本分析，并运用了质化研究的访谈方法，力图客观地分析电视法治新闻类节目对女性形象呈现的角度，从数据和分析中找答案，在此基础上对电视法治新闻类节目女性形象的呈现方式、呈现内容、呈现倾向、呈现效果以及相应的问题、成因进行探析。具体方法如下：

第一，对电视法治新闻类节目中女性形象呈现的角度进行描述性统计，以期数作为分析单位，统计节目在案件类别、涉案主题、案件原因、涉案角色、人口统计和电视表现方式等方面的数据，还对节目呈现倾向和近十年发展情况进行描述性统计，为后续展开批判分析做好铺垫。

第二，对电视法治新闻类节目所呈现的不同女性形象进行视听符号文本分析，来描述其呈现的具体形象和呈现中存在的问题。

第三，运用问卷调查和访谈的研究方法，来了解受众对电视法治新闻类节目中的女性形象的认知和解读情况；同时，为了解节目制作主体对女性形象的主观态度，走访了中央电视台、重庆电视台，并对北京电视台、贵州电视台等多家电视台的电视法治节目工作人员进行了问卷调查和深度访谈，以了解节目制作者在案件选择、节目制作和传播过程对女性所持的立场。

（四）研究的创新点

大众传媒与女性的研究在 21 世纪以后，研究逐渐增多，研究队伍日益壮大，但是作为交叉研究，还没有进入主流学术研究范畴。在此背景下，女性主义的媒介研究总体上缺乏一定的系统性，期刊论文居多，著作较少，研究的空间仍然广阔。本研究认为随着女性的经济地位、社会地位的急速变化，大众传媒与女性研究将从更为丰富的角度展开研究。本研究的创新点如下：

1. 研究对象创新

目前我国对电视媒介的女性研究，多集中在广告、影视剧、综艺节目领域和主持人形象分析方面，对电视法治新闻类节目并未从性别议题角度进行过系统、深入的讨论，有少数研究者对犯罪新闻中的女性形象、电视法治节目的女大学生形象进行分析，如黄心悦（2016）曾对纸媒犯罪新闻报道中的女性进行分析，但只研究犯罪新闻，而且报纸研究与电视研究的角度存在较大不同，样本形态区别较大。赵晓燕（2008）曾对犯罪新闻进行分析，研究对象只设定为被害女性。目前相关研究没有专门针对电视法治新闻类节目，且研究对象都较为单一，需要拓展和深入。

本书对电视法治新闻类节目进行专门研究，通过抽取近十年的节目样本来分析其呈现的角度、内容和倾向，并从时间维度梳理出节目中女性形象呈现的变化规律，反映一个动态的发展过程。本书针对性强，数据资料丰富，不仅仅研究女性受害者，还要研究女性施害者以及其他女性形象，范围更广，基本上涵盖节目中主要的女性形象。

2. 研究角度创新

本书采用跨学科视角，侧重法治研究视角，将女性形象呈现与国家法治建设、电视节目法治思维结合起来。电视法治新闻类节目是我国法治宣传的主力，具有法律启蒙的功能，从电视法治新闻类节目所呈现的女性身上，受众可以看到当今女性所面临的法律问题和困惑，以及她们的生活状况和精神面貌。如果电视法治新闻类节目自身存在法治话语缺失、法治理念不到位的情况，那么其呈现的女性形象也可能是违背法治精神的，也会对受众形成误导。所以，本书提倡电视法治新闻类节目规范使用法治话语，用法治的镜头语言来呈现女性形象。

第一章
电视法治新闻类节目中女性形象的呈现角度

第一章
电视法治新闻类节目中女性形象的呈现角度

因为电视法治新闻类节目所关注的问题和现象，常常也是受众关注的问题和现象，所以媒体通过何种角度来讲述女性、呈现女性都至关重要。本章以框架理论为视角，剖析电视法治新闻类节目呈现女性形象的角度。

"框架是个体构建意义的基础。个体对事物的感知不是直接的，而是借助于框架进行的，有了纷繁复杂的框架，个体形成了对事物的各式认识"。❶

恩特曼认为："框架是在传播文本中更突出选择所示感知的某些方面，以此促成一个特定问题的界定、因果解释以及如何处置的忠告。媒介从业人员对事实的选择和凸显会对受众的理解产生影响。"❷ 目前的框架研究主要从媒介框架、新闻框架、受众框架、框架效果等方面进行研究。本书是对电视新闻类节目的研究，所以选择了新闻框架的相关理论。"新闻框架"与特定群体的"媒介形象"相通，新闻文本所采取的框架直接影响受众所能感知到的形象（夏倩芳，张明新，2007）。媒体呈现什么、怎样呈现都对受众的认知塑造起着重要的作用。同样的事件，媒体可以选择不同的关注点、不同的呈现方式、不同的呈现角度、不同的呈现侧面、不同的表述，这实际上隐藏着媒体不同的态度。

坦卡德提出研究新闻框架要分析的 11 个类目，包括标题、副标题、照片、

---

❶　GAMSON W. A. News Framing [J]. American Behavioral Scientist, 1989, 33 (2): 157-161.

❷　彼得斯. 交流的无奈：传播思想史 [M]. 何道宽，译. 北京：华夏出版社，2003：1.

照片描述、导语、信源、消息来源、引文、数据和图片、结语。● 但是因为本研究的对象电视法治新闻类节目，这种节目形态与报纸媒体在形式和内容上都存在较大不同，并没有可参考的分析类目，所以本研究结合电视法治新闻类节目的特点，对以上 11 个类目进行了调整，建构了 9 个类目来分析电视法治新闻类节目，以考察节目中女性形象的呈现方式。

我国台湾地区学者臧国仁等将框架的内在结构划分为三个层次：高层次结构框架、中层次结构框架、低层次结构框架。高层次结构框架对事件进行定性并指认报道主题；中层次结构框架包括主要事件、先前事件、历史、结果、影响、归因、评估等多个范畴；低层次结构是指具体的语言或符号表达。❷ 通过特定的题材、拍摄手法、人物刻画方式，乃至字词的使用，媒体就能将其自身的态度传递给受众。本章通过案件类型、案发原因、案件主题、女性涉案角色、女性年龄和职业、出镜方式和声音呈现方式的分析，来确定电视法治新闻类节目呈现女性形象所使用中层的结构框架，为后面微观层次的视听符号分析和宏观层次的节目定性分析奠定基础。

第一节　女性形象与女性媒介形象界定

一、女性形象界定

女性是一个丰富的概念，包含了很多层次和种类，具有多元性和相对性。对待女性，不同人有不同的观念和看法，期望和要求也存在不同。从理论意义来说，女性的公共形象应与公众的意愿和价值观念相一致，如果不一致，公众难免会在评价和认同上对其形成一些成见。但是现在公众的意愿和价值观念是多元的，所以女性的形象也更加多元。广义的女性是生物学上的性别划分，相对于雄

● TANKARD J W. The Empirical Approach to the Study of Media Framing [J]. Framing Public Life：Perspectives on Media and Our Understanding of the Social World，2001：95-106.

❷ 臧国仁. 新闻媒体与消息来源：媒介框架与真实建构之论述 [M]. 台北：三民书局，1999：33-71.

性人类的雌性人类，以雌性性器官为主要标志，与男性相对应，在人类社会发展到一定程度后，女性也是社会文化中的性别角色。在日常生活中，人们较广泛地采用女性这一广义的用法。狭义的女性是指具体到某一个群体或个体。在本文中特指出现在电视法治新闻类节目中的女性。

女性形象是女性在社会实践过程中发出的信息被社会公众映像后所形成的形象。建构主义观点认为，在层次复杂的社会大框架下，主体的行为与社会个体、群体间的交往互动形成和造就共有文化，而这些文化因素又进一步内在构成性地界定了主体的行为属性和身份认同，从而塑造出其具体的形象。❶那么女性形象即为社会发展长期形成了特有的关于女性的文化或看法，这些文化和看法渐渐模式化，制约着女性群体，无论是行为模式还是自我定位方面，都向其靠拢，最终确立了女性形象，不同的社会发展阶段和地域，这些文化和看法是存在差异的，具有多元性，所以女性形象也是多元的，而且会发生变化。

对女性形象的探讨可以从文学作品、社会习俗、服装首饰等众多角度展开，而本研究特别探讨电视节目中的女性形象，她们被媒介塑造成何种形象，以及社会公众对媒体呈现的女性形象持何种看法和印象。女性形象的形成是社会化的结果，没有天然和固有的女性形象，这是人与人在长期的社会生活中进行的总结，人类自觉建构了这一形象。

女性形象在呈现中具有一定的基本属性：

第一，形象的持续性。女性形象是社会生活长期积累的结果，虽具有多元性和差异性，但是还不至于频频改变，有的时候甚至超越时空的变换，持续性是其基本属性。人们会在心目中形成一定的思维定式，并不断得到强化和印证，这样的思维模式或思维定式导致了女性形象的相对稳定性和持久性，也许与现实的情况有所不同，但是也不妨碍人们的看法，在某些程度上这也是刻板印象的成因。

第二，形象的同一性。女性形象可以与男性形象、儿童形象等形象相区别，是因为其内核具有一致性，成为辨别其实质的主要标准。形象之所以能够获得同

---

❶　胡西伟. 当代中国大学形象的媒介呈现与重建 [D]. 武汉：武汉大学，2013：113.

一性，需要一个心理学的转变，即"认同"。认同同时包含着自我认同和社会认同，两者往往相辅相成。经过认同环节，形象就形成了固定的特质，具有同一性或者同质性。认同是一个社会化的过程，是个人与集体博弈后的结果，形成后就非常稳定。❶ 因此，女性形象一旦建构起来就不再是主体性的，不完全由自身决定，这就导致了女性形象并没有反映主体差异，具有同一性。形象的优劣评判也不由个人所决定，而是个人认同与社会认同相互作用的结果。要树立良好的女性形象，就要获得正面的社会认同。

第三，演变性。女性形象的持续性和同一性并不是绝对的，随着时空的变换，也会逐步演变和发展。女性在社会中地位的变化和自身的多元化发展，会使女性形象有所改变，即使其原本已经较为稳固。这种改变有正向的改变，也可能是负向的改变，是进步还是倒退并没有一定的规律，这种改变引起女性形象的演变，女性形象在社会发展进程中被重新建构。女性的自我认同与社会认同在不断博弈中发展变化，不同文化的冲击以及巨大的社会事件都会加速这个进程，女性在社会的前行中保留或变换其形象。如今，中西文化相互渗透，媒介技术快速发展，这个演变的过程会被加剧和加速，女性形象的变换也出现了越来越多的可能性。

二、女性媒介形象界定

女性的"媒介形象"，即社会公众对媒体呈现的女性的看法和印象。

麦克卢汉认为媒介是"人的延伸"。大众媒介代为社会进行了女性的社会认同。大众媒介高度发展的今天，人们对媒体产生了严重的依赖，在日常的工作和生活中，媒体的影响力加剧，所以不难产生媒介的认同即为社会认同的结果。人们的思维方式、行为方式严重受到媒体的影响，就是因为这个原因，广告才有巨大的市场。而且媒介自身也是社会发展的产物，其反映了社会价值观念与立场。所以，大众媒介对女性形象的建构实质上就是女性与社会之间通过大众媒介的互动，大众媒介促进实现了女性的集体身份认同。围绕与女性形象

---

❶ 胡西伟. 当代中国大学形象的媒介呈现与重建 [D]. 武汉：武汉大学，2013：113.

密切关联的主题和信息，大众媒体进行传播，吸引那些关注女性的受众，通过传播、反馈等多个环节，进行信息流动与确认，同时，女性形象还通过人际传播等其他方式在社会公众之间传播，通过不断的反复，传播的结果与大众传播的结果相类似，最后形成了相对统一的女性信息与内容，即对女性持共识下的总体评价和印象。❶

媒介形象的形成和呈现机制是一个动态的、持续修正的、不断反馈和补充的过程。男女两性关系在社会性别理论研究范畴是最基本的社会学关系，反映了本质的社会关系，从分析两性关系入手可以发现社会关系和社会制度的根源和本质，从而将社会性别理论变成强有力的政治经济和社会文化的分析工具。❷

女性作为与"男性"相对应的性别群体，其具有多元的面貌，对其进行媒介分析可以在一定程度上剖析"现实"中的男女分工、社会地位的差异，折射出大众对女性的普遍看法，"媒介"将"现实"中的女性和"认知"过程中的女性连接起来，大众传媒传递、重组和输送出的海量信息，为我们展现和建构了一个虚拟现实环境，而社会公众通常是依赖这样一个拟态的现实环境，作为了解现实、作出判断的重要参照系。这个参照系必然是具有自身局限性的，大众传媒建构的拟态现实环境和真实世界的同构或反差程度必将严重影响我们的认识，在公众心目中造成现实与拟态间的巨大心理落差。

女性形象传播的媒介呈现元素是非常丰富多元的，诸如女性的年龄、身份、职业、外貌、语言、行为动作、人生经历等都属于媒介形象所涵盖的信息内容。女性的媒介呈现元素一般分为基本信息形象、语言形象和视觉形象。

"在特定意识形态的支配下，大众传媒机构利用媒介资源，通过大众传播媒介对特定群体进行再现、建构的定型化形象，并引导社会大众对这些群体产生预期的感受和反应"（严亚，2015）。媒介"再现"女性现实形成了女性的媒介"形象"。在本书中，电视法治新闻类节目这种节目形态，"再现"了法律世界的女性现实，形成了该节目形态下定型化的女性形象。

---

❶ 胡西伟. 当代中国大学形象的媒介呈现与重建 [D]. 武汉：武汉大学，2013：114.
❷ 杨小青. 社会性别视野下的现代文学教学 [J]. 重庆教育学院学报，2012（7）：132-134.

第二节　样本选择与类目建构

一、样本与分析单位

本研究需要选择具有代表性的电视法治新闻类节目，根据节目的知名度、收视率、播出历史以及发展现状进行筛选，要求是播放时间在 10 年以上、在全国有一定知名度且目前收视率比较稳定的节目。具体标准包括：

第一，播放历史和知名度相结合。设定为近 10 年的电视法治新闻类节目，所以播放时间必须超过 10 年，而且是收视率较高、获奖较多并为全国受众所熟悉的节目。

从播放历史来看，中央电视台播放 10 年以上的电视法治节目共有 10 档：《今日说法》（1999 年）、《经济与法》（2003 年）、《法治在线》（2003 年）、《见证》（2003 年）、《忏悔录》（2004 年）、《庭审现场》（2003 年）、《法律讲堂（生活版）》（2004 年）、《天网》（2004 年）、《法治视界》（2004 年）、《中国法治报道》（2004 年）。其中《法治视界》《中国法治报道》已分别于 2011 年、2010 年停播。其余 8 档节目以《今日说法》《经济与法》《法治在线》《见证》《庭审现场》播放历史较长。地方台播放 10 年以上又有一定知名度的节目如北京电视台的《法治进行时》（1999 年）、上海电视台的《法律与道德》（1985）、《东方 110》（1993）、《案件聚焦》（1994 年）、重庆电视台的《拍案说法》（2000 年）、天津电视台的《现在开庭》（2006 年）、山东电视台的《说事拉理》（2009 年，现改版为《围观》）、贵州电视台的《法治第一线》（2009 年）、吉林电视台的《法律在行动》（1999 年）、杭州电视台的《警界 41》（1994 年）等。

在这些节目中，本研究选择了《今日说法》《法治在线》《法治进行时》作为研究样本。《今日说法》《法治在线》《法治进行时》三个节目的开播时间分别为 1999 年、2003 年和 1999 年，都是播放历史超过 15 年的知名电视法治新闻类节目。

《今日说法》是中国电视法治新闻类节目的老牌节目，是以案说法类节目形态的开拓者和典型代表，从 1999 年成立到现在已近 20 年。节目定位准确，特色明显，背靠中央电视台，在资源、受众等方面都占有优势。1999 年一经推出，就吸引了大批受众，开拓了央视日间收视的黄金时段，在全国午间时段的收视率排名中长期处于第一位，并多次入选中广联合会法制节目工作委员会评出的全国十佳法制栏目、全国电视法制节目一等奖等。虽然后续有许多电视法治节目都对《今日说法》中"说法"的方式进行模仿，但都很难超越其高度。在秉持其以案说法的主体风格下，面对激烈的市场竞争，《今日说法》也在不断调整，开展"新闻化"运动，努力提高节目质量，《今日说法》在央视的收视率排名仍位于前列。

《法治在线》是法治新闻资讯类节目，是中国报道重大法治新闻事件、开展重大法治宣传报道活动的最权威法治节目。2003 年 5 月 1 日中央电视台新闻频道的《法治在线》节目开播，作为一档法治新闻资讯类节目，该节目具有鲜明的现场感和新闻性，成为新闻频道法治类型的"专业性"节目，体现了法治节目的新闻化。经过 15 年的发展，《法治在线》多次获得观众投票评选的央视新闻频道最受欢迎节目，观众最喜爱的电视节目奖等奖项。"马家爵案""邱兴华杀人案"等重大法治案件都是《法治在线》在第一时间进行独家专题报道的。

北京电视台的《法治进行时》是北京地区的收视冠军，并且在全国也曾获得收视率前三名的佳绩。2014 年之前，该节目的平均收视率为 8%，创造了午间时段广告收入过亿元的惊人成绩，是地方台新闻专题节目打破央视垄断收视前十名的首例，居全国所有电视台、所有频道、所有新闻专题类栏目收视率的前列，是北京地区乃至全国最为知名的电视法治节目之一。《法治进行时》于 1999 年12 月 27 日开播，每天中午 12 点准时播出，距今已近 30 年，多次获得中国新闻奖、金剑奖、全国省市电视台优秀栏目的一等奖，中国广播电视学会法制一等奖、十佳法治栏目奖等，已经在全国树立了节目的品牌。该节目与社会治安紧密结合起来，北京警方通过该节目发出的通缉令，百人以上的犯罪嫌疑人或自首，或被观众举报出来，产生了巨大的社会影响。

可见，三个节目的全国知名度和收视率都位于电视法治节目的前列，也多次获得各种奖项，在全国有较大影响范围和知名度。

第二，节目总体风格较为稳定，分析具有可持续性价值。《法治在线》《法治进行时》是典型的法治新闻资讯节目，《今日说法》也围绕热点法治事件进行探讨，具有新闻专题节目的属性，三个节目都是日播节目。总体风格比较稳定，具有一定的历史持续性，使研究具有系统性，并有后续价值。

第三，节目库充足，没有遗漏，图像和数据方便查阅。三个节目的视频资料都可以在央视网中进行查阅，样本库充足，数据翔实、准确，方便集中研究和分析。在资料收集过程中，笔者走访了中央电视台、重庆电视台等进行了调研，了解视频资料的获取方式，根据调研获知，20世纪末期到21世纪初期，由于技术和设备的限制，拍摄的视频主要通过磁带保存，已经归档，所以1999年至2008年的视频资料无法拷贝。但近10年的视频资料较为完整，尤其是央视的资料。这也是电视研究与报纸研究不同的地方，报纸研究所需的历史档案更容易被长期保存和查阅，而电视的保存技术以及电视制作技术不断升级换代，使视频资料的保存具有一定的年限。2008年以后的视频资料已经传送到网络，向公众免费开放。

最后，样本选择考虑到适当兼顾中央电视台和地方电视台，所以除了选择央视的知名法治节目，还选择了地方电视台中知名度较高的《法治进行时》节目。

本书主要选取2009年1月1日至2018年6月30日近10年的样本。实际上，研究的样本收集工作进行了几次，最初设定的抽样时间为2008年1月1日至2016年12月31日，但是在样本收集中发现，2008年及之前的节目视频资料缺失较为严重，抽样方法无法做到与年份统一。而随着电视技术的发展，近10年的视频资料则保存得较为完整，可以进行系统的观看和分析。所以，把抽样时间后移，不断补充新近样本进去，并对之前的收集的数据和写作内容进行调整，最后确定了2009年1月1日至2018年6月30日的研究时段。调整后的抽样时间接近10年，可以对电视法治新闻类节目中的女性形象呈现进行一个阶段的研究。

对《今日说法》《法治在线》《法治进行时》三个电视法治新闻类节目的样本的抽取都采取了数据库搜索的采样方式。央视网（http://www.cctv.com/）的节目数据库收录了2009年以来中国重要的电视法治节目，包括中央电视台的电视法治节目和一些地方台优秀的电视法治节目，其内容连续动态更新，能够按照节目名称和播放时间限定直接搜索或者通过主题、关键词等分类标准的限定进行搜索，内容全面，数据搜索便捷。

2009年1月1日至2018年6月30日，《今日说法》《法治进行时》各自播放了3468期节目，《法治在线》（周一至周五）播放了2282期节目，节目数量总计9218期。考虑到样本量的科学性和视频分析的特殊性，本研究对节目进行抽样。每月选择一期节目，2009年1月1日至2017年12月31日各抽取12期节目，2018年1月1日至6月30日各抽取6期节目。因为本文所讨论的是女性形象的媒介表现，因此节目内容中涉及女性特别是报道题材重点关于女性的都列为抽取对象，只要涉及和女性相关的内容如女性犯罪嫌疑人、受害人、近亲属、证人、民事案件当事人等都进行了收集和分析。对于一些节目内容涉及女性，但只是一带而过或者与主要报道对象、内容没有密切相关的部分不作考虑，对于节目采访、评论部分过于宽泛难以辨别性别因素的，也无法进行分析，不作为抽样对象。节目样本的抽取和筛选以女性形象的媒介表现为依据。最终，在指定时间内，从《今日说法》《法治在线》《法治进行时》三个节目中各抽取样本114个，共抽取符合条件的样本342个。对342个样本，先以节目为单位进行统计，再以时间为序进行排列，一期为一个分析单位。具体到对每期节目进行分析时，再进行人工筛选，在每期节目中找到核心法治新闻事件、核心画面、核心人物等，确保分析具有针对性。

二、类目建构

在对样本进行分析和编码后，笔者制定了编码表（见表1-1）和编码指南（见附录）。根据媒介形象的相关文献，搜集和研究电视法治新闻类节目，根据本研究的目的与需要，选定类目共包括样本来源、涉案类型、案件主题、案发原因、女性年龄、女性职业、涉案角色、出镜方式（核心画面）、声音呈现9个部分，编码表如表1-1所示。

表1-1　编码表

序号	编码类别	编码内容
1	样本来源	1=《今日说法》，2=《法治在线》，3=《法治进行时》
2	涉案类型	1=刑事案件（社会治安），2=民事案件，3=行政案件，4=其他
3	案件主题	1=故意杀伤，2=性侵，3=毒品犯罪，4=抢劫，5=拐卖妇女儿童，6=盗窃，7=诈骗，8=家庭纠纷，9=经济纠纷，10=自杀，11=其他（交通事故、意外、卖淫、整容、侵权等）
4	案发原因	1=经济，2=情感，3=生理，4=意外，5=其他
5	涉案角色	1=施害者，2=受害者，3=其他
6	女性年龄	1=18岁及以下，2=18~40岁，3=41~65岁，4=66岁以上
7	女性职业	1=公职人员，2=专业技术人员，3=企业人员，4=商业服务人员，5=自由职业，6=农村务农人员，7=学生，8=无业，9=其他，10=没有说明
8	出镜方式（核心画面）	1=本人正面出镜，2=本人面部遮挡出镜，3=照片、个人生前录像，4=监控录像，5=其他
9	声音呈现	1=原声，2=变声，3=无声音

三、信度检验

由笔者进行编码工作，编码时间持续较长，2016年7月—2017年12月进行了第一次编码工作，在此基础上，2018年又增加了半年的样本量进行第二次编码。随机抽取样本中约十分之一（34期）的节目，进行了信度检验。利用 Holsti 的信度公式❶而得的统计结果显示，所有变量的信度系数都在 0.90 以上。

第三节　女性形象常见的呈现角度

本书对以上抽取的 342 期样本根据类目进行分类，从案件选择、涉案角色、人口统计、出镜方式、声音呈现五个角度进行分析和整理，以研究电视法治新闻类节目中的女性形象常见的呈现角度。

---

❶ Ole R. Holsti. Content Analysis for the Social Sciences and Humanities ［M］. Don Mills：Addison-Wesley Publishing Company，1969：281.

一、案件选择的角度

（一）涉案类型

在不同类型的案件中，女性的角色和地位可能会存在差异，对此，有必要对女性的涉案类型进行研究，有助于判断其女性形象。

1. 相关数据

由表1-2可知，342个节目样本中，案件类型有刑事案件、民事案件、行政案件和其他类型。其中刑事案件（包括社会治安案件），高达233期，占比68.1%；其次是民事案件，有86期，占比25.1%；行政案件和其他案件数量较少，分别有11期、12期，占比分别是3.2%、3.5%。

表1-2　《今日说法》《法治在线》《法治进行时》的案件类型列表（N=342）

案件类型	频率	百分比（%）	有效百分比（%）
刑事案件	233	68.1	68.1
民事案件	86	25.1	25.1
行政案件	11	3.2	3.2
其他	12	3.5	3.5
合计	342	100.0	100.0

电视法治新闻类节目最倾向于播出的案件类型是刑事案件（包括社会治安案件）。刑事案件是指犯罪嫌疑人或者被告人涉嫌违反了《中华人民共和国刑法》的规定，由国家追究其刑事责任而进行立案侦查、审判并给予刑事处罚的案件。刑事案件有具体的立案标准，违法但是没有达到刑事立案标准的，以治安行政处罚处理。因此，本书把社会治安事件与刑事案件归入同一个类型之中，两者主要是在程度上有所区别。作为刑事犯罪本身就具有极大的社会危害性，侵害了社会整体利益，有严重的社会后果，体现了人性"恶"的一面，给周围的社会环境带来不安定因素，对刑事案件进行报道本身也是媒体监视环境功能的体现。往往犯罪嫌疑人或者被告在实施犯罪时可能还实施了一些残酷的手段或者较为巧妙的设计，这被人

们所广泛关注。事实证明，历史上发生的重要刑事案件都成为全民关注的焦点，如清末四大名案的"杨乃武小白菜案""名伶杨月楼冤案""太原奇案""张汶祥刺马案"，这些案件时至今日还被人们所讨论并搬到影视作品中。近几年发生了"白银连环杀人案""于欢案""李天一案"等都被媒体大规模报道并且家喻户晓。样本包含的相关案例有《最黑暗的梦境》（《今日说法》2014 年 6 月 14 日）、《女大学生之死》（《法治在线》2015 年 8 月 14 日）、《单身女深夜回家，遭抢劫噩梦惊魂》（《法治进行时》2015 年 6 月 16 日）等，多为女性被性侵的刑事案件。

居于第二位的是民事案件。民事案件是指具有平等法律地位的民事主体之间的争议，当当事人无法协商解决时就请求国家司法机关进行受理，对民事权利和义务进行判断，常见的有合同纠纷、债权纠纷、物权纠纷、婚姻家庭方面的案件。民事案件的报道和传播有利于关注获取基本的法律知识和对日常生活进行指导，有极高的实用价值。电视法治新闻类节目本身就是因为普法工作而开始设立，尤其是《今日说法》《法治在线》《法治进行时》这三个节目，把传播法律咨询、提供法律服务作为主要的节目宗旨，所以民事案件的报道也较为常见。不过民事案件还是无法与刑事案件的眼球效应相抗衡，所以报道比例略低。样本包含的相关案例有《金老太的借条》（《今日说法》2017 年 1 月 9 日）、《投资"房财"两空，债主登门叫骂》（《法治进行时》2017 年 2 月 12 日）、《养女的困局》（《法治在线》2012 年 1 月 9 日）等。

行政案件的比例最小。根据《中华人民共和国行政诉讼法》的规定，行政案件是指公民、法人或者其他组织认为国家行政机关的具体行政行为侵犯其合法权利所提起的诉讼。就是平时所说的"民告官"案件，对化解"官"民的矛盾有重要的作用。依法行政是依法治国的重要组成部分，我国正在开展全面推进依法行政工作，建设职责明确、依法行政的政府治理体系。行政案件在样本中比例较小，只有《我怎么成了"钉子户"》（《今日说法》2016 年 4 月 19 日）等 9 个案例。

其他类案件是不能归类到上述三类的案件，包括法律公益行动、慈善活动、见义勇为、对警务工作人员进行表彰、对法官的专访、对法医等职业工作的介绍等。样本包含的相关案例有《被堵塞的生命通道》（《法治在线》2012 年 12 月

11日)、《铁警高铁上支招，讲解旅途七问题》(《法治进行时》2015年2月11日)、《女法医》(《法治进行时》2011年6月7日)等。对这类案件的报道是《法治进行时》的特色报道内容，对工作在公检法机关第一线的女性工作人员进行报道，可以了解她们的业务工作和人格魅力，进行法治人物宣传，除此之外，还有一些社会公益活动及好人好事的宣传，形式较为灵活。在342期样本中，《法治进行时》中对其他类型案件的报道有6期，而《今日说法》没有，《法治在线》仅有1期。

综上，电视法治新闻类节目关注的案件以刑事案件为最多，其次是民事案件，再次是行政案件，最后是其他案例。对行政案件和其他案件的报道比例偏小，明显与刑事案件的报道不均衡。

2. 不同节目之间案例类型的差异

除了总体上选择的案件类型，各个电视法治新闻类节目还有自己的节目特色和定位。

表1-3　《今日说法》《法治在线》《法治进行时》与案件类型交叉表（N=342)

样本来源		案件类型				
		刑事案件	民事案件	行政案件	其他	合计
《今日说法》	计数	87	25	1	1	114
	样本来源百分比	76.3%	21.9%	0.9%	0.9%	100.0%
	案件类型百分比	37.3%	29.1%	9.1%	8.3%	33.3%
	总百分比	25.4%	7.3%	0.3%	0.3%	33.3%
《法治进行时》	计数	55	48	5	6	114
	样本来源百分比	48.2%	42.1%	4.4%	5.3%	100.0%
	案件类型百分比	23.6%	55.8%	45.5%	50.0%	33.3%
	总百分比	16.1%	14.0%	1.5%	1.8%	33.4%
《法治在线》	计数	91	13	5	5	114
	样本来源百分比	79.8%	11.4%	4.4%	4.4%	100.0%
	案件类型百分比	39.1%	15.1%	45.5%	41.7%	33.3%
	总百分比	26.6%	3.8%	1.5%	1.5%	33.4%

续表

样本来源		案件类型				合计
		刑事案件	民事案件	行政案件	其他	
合计	计数	233	86	11	12	342
	样本来源百分比	68.1%	25.1%	3.2%	3.5%	100.0%
	案件类型百分比	100.0%	100.0%	100.0%	100.0%	100.0%
	总百分比	68.1%	25.1%	3.2%	3.5%	100.0%

如表 1-3 所示，涉及刑事案件的，《今日说法》有 87 期，占其所有案件的 25.4%；《法治进行时》有 55 期，占 16.1%；《法治在线》有 91 期，占 26.6%。三者涉及的刑事案件比例都是在所有案件类型里最高的。涉及民事案件的，《今日说法》民事案件有 25 期，占 7.3%；《法治进行时》的民事案件有 48 期，占 14.0%；《法治在线》民事案件有 13 期，占 3.8%。涉及行政案件和其他案件的，《今日说法》都只有 1 期，各占 0.3%；《法治进行时》对行政案件的报道有 5 期，占 1.5%，其他案件的报道有 6 期，占 1.8%；《法治在线》对行政案件的报道和其他案件的报道各 5 期，各占 1.5%。《今日说法》《法治进行时》《法治在线》都对行政案件和其他案件的报道比例偏小，明显与刑事案件的报道不均衡。

《今日说法》《法治进行时》《法治在线》的差异主要体现在刑事案件报道与民事案件报道的比例差异，两者比例最高的是《法治在线》，比例高达 7 : 1，然后是《今日说法》，比例为 3.5 : 1，最后是《法治进行时》，比例为 1.1 : 1，选择案件比例最为均衡。

（二）案件主题

案件主题与女性形象有着重要的相关性。电视法治新闻类节目中不同主题的案件，从根本上就给女性当事人的形象带来定位效应。案件主题决定着案件的性质，是暴力犯罪还是智力犯罪，是女性犯罪还是男性犯罪，是家务事还是经济纠纷，社会危害的程度大小又如何？在不同案件主题中，答案不同，呈现的女性形象也存在不同。

表1-4　《今日说法》《法治在线》《法治进行时》样本的案件主题列表（N=342）

案件主题	频率	百分比（%）	有效百分比（%）
故意杀伤	84	24.6	24.6
性侵	14	4.1	4.1
毒品犯罪	16	4.7	4.7
抢劫	14	4.1	4.1
拐卖妇女儿童	15	4.4	4.4
盗窃	24	7.0	7.0
诈骗	56	16.4	16.4
家庭纠纷	35	10.2	10.2
经济纠纷	22	6.4	6.4
自杀	7	2.0	2.0
其他（交通事故、意外、卖淫、整容、侵权）	55	16.1	16.1
合计	342	100.0	100.0

由表1-4可知，将从《今日说法》《法治在线》《法治进行时》中抽取的342期节目的案件主题进行归类，根据常见的案件主题划分了11大类：故意杀伤（包括故意杀人、故意伤害）、性侵、毒品犯罪、抢劫、拐卖妇女儿童、盗窃、诈骗、家庭纠纷、经济纠纷、自杀、其他（交通事故、卖淫、意外、整容、侵权）。[1] 经统计分析发现：故意杀伤类有84期，占24.6%；性侵类（性骚扰）有14期，占4.1%；毒品犯罪有16期，占4.7%；抢劫类有14期，占4.1%；拐卖儿童类有15期，占4.4%；盗窃类有24期，占7.0%；诈骗类有56期，占16.4%；家庭纠纷类有35期，占10.2%；经济纠纷类有22期，占6.4%；自杀类有7期，占2%；除了以上常见的种类，还有交通事故、意外、卖淫嫖娼、整容纠纷、侵权等其他类型，主题较为庞杂，合计55期，占16.1%。

根据以上数据可知，节目中的案件主题主要集中在故意杀伤类和诈骗类，

---

[1] 陈丽丹，等. 电视法治节目中女大学生媒介形象的特点、问题与改进 [J]. 中国记者，2018（3）：59-61.

分别占比 24.6% 和 16.4%。除此以外是家庭纠纷类，占 10.2%。家庭纠纷内容比较复杂，常包括离婚诉讼纠纷、遗产继承纠纷、遗赠扶养纠纷、房屋产权纠纷等。而家庭纠纷中比较突出的主题是关于婚外情的案件。女性在这一主题中呈现为被包养、当情妇、当"小三"的状态。样本中关于婚外情类的案件有 11 期，占 3.2%。经济纠纷类排第五，经济纠纷是指市场经济主体之间因经济权利和经济义务的矛盾而引起的权益争议，包括平等主体之间涉及经济内容的纠纷和公民、法人或者其他组织作为行政管理相对人与行政机关之间因行政管理所发生的涉及经济内容的纠纷，节目中常见的有民事合同、民间借贷等方面的纠纷。性侵类（性骚扰）、毒品犯罪类、抢劫类、拐卖妇女儿童类的比重大体相同，也比较典型。自杀类案件也是常见的主题，多引起受众的关注。其他类主题是指不能归划到上述 10 类的案件主题，其内容较为纷杂，合并在一起比重也较大，占了 16.1%，因此，这三档电视法治新闻类节目的案件主题是较为丰富的。

故意杀伤主题的如《不能不说的秘密》（《今日说法》2016 年 5 月 24 日）；性侵主题的如《少女的厄运》（《法治在线》2015 年 6 月 8 日）；毒品犯罪主题的如《情侣贩毒，梦想成空》（《法治进行时》2010 年 11 月 12 日）；抢劫主题的如《单身女夜半惊魂　神秘人尾随作案》（《法治进行时》2012 年 1 月 4 日）；拐卖妇女儿童主题的如《狠心的母亲》（《今日说法》2016 年 7 月 14 日）；盗窃主题的如《美女盗窃　自毁前程》（《法治进行时》2010 年 5 月 18 日）；诈骗主题的如《男子编造多重身份，专门诱骗女孩》（《今日说法》2014 年 12 月 1 日）；家庭纠纷的如《女大学生的创业之路》（《法治在线》2015 年 8 月 20 日）；经济纠纷的如《金老太的借条》（《今日说法》2017 年 1 月 9 日）；自杀主题有《欲跳楼险象丛生　历经生死道原委》（《法治在线》2011 年 5 月 14 日）；其他主题有《"外围女"落网记》（《法治在线》2016 年 1 月 6 日）等。值得研究的是，节目中诈骗类、盗窃类的比重比抢劫类的比重更高，这与国家公安机关公布的现代犯罪的基本趋势一致，暴力型犯罪在减少，而非暴力、智力型、技术性犯罪在增多，尤其是非接触性的、通过互联网进行的侵犯财产犯罪逐步增加。

不同案件的主题与案件犯罪嫌疑人、受害人或者当事人的性别有一定关联。以往我们从"犯罪"一词想到的常常是谋杀、抢劫、伤人、贩毒、强奸等严重的刑事行为，而一般来说，犯罪主体多为男性，而女性作为犯罪的受害人则屡见不鲜。从传统文化和生理学角度来看，这也解释得通，男刚女柔，男女分别扮演不同的社会角色，男性常被期待为勇敢、强壮，因为男性荷尔蒙的驱使，其更容易情绪失控及产生暴力行为，而女性常被期待为温柔、贤惠，其身体较男性柔弱，常常是软弱的代名词。暴力型犯罪多以女性为受害人居多，女性处于弱者地位比较常见。近几年我们常常在各媒体看到以"女大学生""女教师""少妇"等字眼为噱头的新闻，彰显受害女性形象，以此吸引受众的注意。

不过女性这个社会群体也逐渐发生了一些变化，如女性犯罪的情况在不断增加，犯罪的种类也不断在丰富，涉及的经济类犯罪逐渐增多。根据上海、北京等地检察院的统计，近些年女性犯罪的增长率远远高于男性，且仍有逐年上升的趋势。女性犯罪行为所触犯的罪名十分广泛，共涉及 50 余个罪名。但在传统观念中，人们仍认为女性犯罪尤其是恶性犯罪还是比较少见，一旦出现一反常态的案情，媒体必然大肆渲染，吸引眼球。

对电视法治新闻类节目来说，重大刑事案件仍然是炙手可热的选题，案件主题偏向暴力犯罪和智力犯罪，家庭纠纷案件，尤其是涉及婚外情的案件是比较热门的选题。这两类选题都具有眼球效应，是电视法治新闻类节目占领受众市场的重要法宝。女性从生理层面决定着其往往是暴力犯罪的受害者，如果女性有犯罪行为，常常采用一些特殊手段，如欺诈、偷窃等方式进行。随着互联网技术的发展，非接触性犯罪增多，也使诈骗的成本降低，所以女性犯罪的比重有所增加，在节目样本统计中也有所体现。

（三）案发原因

案发原因影响着对案件中人物形象深层次的剖析。通过对样本中的案发原因的总结划分为五类：经济原因、情感原因、生理原因、意外原因和其他原因。

在此，经济原因是指通过合法或者非法的途径获得金钱和财富的动因，或者人们之间的金钱和财物往来出现了矛盾等情况，结果产生盗窃、抢劫、卖淫、销售假冒伪劣产品等行为，如《美女盗窃　自毁前程》（《法治进行时》2010 年 5 月 18 日）中的年轻女性的行为。

情感是人在活动中对人和客观事物好恶倾向的内在心理反应，样本中的情感原因多指人和人相处时的一系列正负心理感受，以负面感受为主，如失恋心理、矛盾心理、嫉妒心理、复仇心理、戏谑心理、好奇心理等，男女两性情感矛盾比较常见，如《欲跳楼险象丛生　历经生死道原委》（《法治在线》2011 年 5 月 14 日）案中所述。

生理原因是指应客观的身体原因所导致的法律纠纷，如精神病人引发的案件，或者因为性变态而引发的强奸或性骚扰行为等。常见的有精神病人侵权、强奸、性骚扰等，《女子歌厅被打　醉汉撒野被拘》（《法治进行时》2012 年 10 月 24 日）这期节目中醉汉的行为就是因为喝酒过量，产生不当的言行而被拘留的。

意外原因包括突然的疾病去世、意外行为、自然灾害、社会异常事件等。如《平安 119，小小香烟头暗藏大隐患》（《法治在线》2016 年 11 月 28 日）这一期节目中因为一个烟头所引发的火灾，造成了居民人身和财产受到严重的损失。

不能归属到上述四种原因的就列入其他原因之中，将与不常见的、没有穷尽的原因包含进去，如在国家法律、政策的变化、市场秩序调整等特别情况下引发的案件。

经过统计分析发现，金钱和情感纠葛是案件发生的主要原因（见表 1-5）。样本中有 174 期是因为财物而产生的犯罪或纠纷，占了全部案件的 50.9%；然后依次是情感原因，有 68 期，占比 19.9%；其他原因 52 期，占比 15.2%；意外原因 26 期，占比 7.6%；生理原因 22 期，占比 6.4%。经济原因成为首要原因，尤其是在社会主义市场经济转型期，法律仍存在一些漏洞、公民的规则意识和诚信观念也有待加强、经济因素处理不妥的情况下容易引发各种法律纠纷，产生社会矛盾。

表1-5　样本的案件发生原因列表（N=342）

案发原因	频率	百分比（%）	有效百分比（%）
经济	174	50.9	50.9
情感	68	19.9	19.9
生理	22	6.4	6.4
意外	26	7.6	7.6
其他	52	15.2	15.2
合计	342	100.0	100.0

　　情感原因主要存在于家庭纠纷和自杀案件中。情感因素在家庭关系、恋爱关系中的比重较大，一直都是社会关系中非常重要的一环，当人们的价值观出现冲突、家庭观念发生变化时，或者面对一些人生变故无法正常处理时，不和谐的情感体验和情感关系就会出现，进而给当事人带来伤害，这也是社会科学研究的重要命题。电视法治新闻类节目对家庭、恋爱关系进行了关注，而在这些关系中，女性是必不可少的一方当事人，其面临的生活压力、家庭矛盾或恋爱风波都会对其行为带来干扰。关注这个动因，对我们了解现代女性情感、生活，与男性的关系有重要意义。节目的呈现会反映现实，展现出现代女性的情感生活，其爱恨纠葛、面对冲突时的行为和语言都会被受众看到并产生影响。

　　因此，情感原因是电视法治新闻类节目在呈现女性形象时考虑的重要因素，不过相比而言，金钱原因才是最重要的因素，法律事件的发生多与金钱相关，情感原因更多是吸引受众的噱头。

二、涉案角色的角度

（一）涉案角色的分类

　　电视法治新闻类节目的女性共有四类：第一类是女性当事人，是案件的主要涉事主体；第二类是当事人的女性朋友、亲属、女证人、女市民等对案件起补充作用的女性；第三类是女性警察、法官、律师、心理医生等专业人士；第四类是节目女记者、女主持人。在电视法治新闻性节目中，刑事诉讼、民事诉讼和行政诉讼的女性当事人，常见的有刑事案件的女性被害人、犯罪嫌疑人、被告，民事案件的女性受害人、加害人，行政案件女性受害人等，是案件的关键人物。为了方便说明，把第一类女性概括为案件女性当事人（以下简称女性当事人），把第二类女性限定为女性当事人之外的"其他女性"（以下简称其他女性），第三类概括为女性专业人士，第四类女性为女记者、女主持人。

女性当事人在重要性和数量上占了绝对的优势，是电视法治新闻类节目呈现女性形象的主体内容，而其他女性也起到重要的辅助作用，少数情况下，其他女性也会成为节目的中心人物。

有时节目可能会同时呈现两个或两个以上的女性形象，对此在进行样本的数据采集时，按照重要次要的顺序进行排列，优先采集最为重要的女性形象作为代表进行分析。因为与案件的关系不同，本研究将女性当事人和其他女性按照不同类别分别进行选择、分析。一期节目只选一个女性当事人和一个其他女性作为分析对象。既可完成对女性形象样本的采集，选择有代表性的人物，又摒除了造成分析混乱的干扰项。

1. 女性当事人的涉案角色

根据样本的内容，本文将女性当事人涉案角色进一步概括并抽象化，从主动和被动的角度进行重新划分，分为施害者、受害者和其他三类，主要根据女性在法治节目报道的案件中，是否受到伤害以及是否对他人造成伤害来进行判定。其中，施害者包括刑事案件的犯罪嫌疑人、被告，民事案件的侵权人等，如《狠心的母亲》（《今日说法》2016 年 7 月 14 日）中贩卖亲儿子的母亲。受害者包括刑事案件的被害人、民事案件的被侵权人、被害人近亲属等，如《女大学生之死》（《法治在线》2015 年 8 月 14 日）中的女学生。其他女性当事人角色即在案件中并没有处于施害或受害的位置，但是却成为案件的核心人物，如民事纠纷中的女性当事人、见义勇为行为中的女性当事人等。

表 1-6　样本中女性在节目中的角色统计（N＝342）

女性当事人角色	频率	百分比（%）	有效百分比（%）
施害者	112	32.7	32.7
受害者	197	57.6	57.6
其他	33	9.6	9.6
合计	342	100.0	100.0

由表 1-6 可知，在所选的 342 期案件中，女性当事人的角色倾向为受害者角色，相关案件高达 197 例，比例占样本总数的 57.6%；而有施害者角色的案件有 112 例，占 32.7%，超过本研究对女性犯罪数量的预期，不过这与近些年女性犯罪率增加、经济类犯罪增多的情况比较接近；其他女性当事人角色有 33 例，占 9.6%，占较小的比例。

总体上，女性作为受害者角色的比例接近作为施害者角色所占的比例 2 倍，这个差距较大，说明电视法治新闻类节目中女性为受害者的形象居多，女性常常是弱势、易受侵害的一方，这与中国传统文化和生理学男强女弱的观点一致。

2. 其他女性的涉案角色

对其他女性进行分析发现（见表 1-7），样本中出现频率最高的是女性朋友、女亲属、女证人、女市民等第二类女性，有 112 位，占比 32.7%，其次是第四类女性——女记者、女主持人，有 105 位，占比 30.7%，二者的数量差距不大，然后是第三类女性专业人士，合计 42 位，占比 12.3%，其中，法官和警察有 21 人，律师 4 人，学者 12 人，心理专家 5 人，另外还有 83 期节目并没有出现任何其他女性。

表 1-7　《今日说法》《法治进行时》《法治在线》中的其他女性分布情况（N＝342）

其他女性的角色	今日说法（位）	法治进行时（位）	法治在线（位）	合计
女记者、女主持人	15	21	69	105
女警察、女法官	11	6	4	21
女律师	2	1	1	4
女学者	11	0	1	12

续表

其他女性的角色	今日说法（位）	法治进行时（位）	法治在线（位）	合计
女心理专家	2	0	2	4
女性朋友、女亲属、女证人、女市民等	12	67	33	112
没有其他女性	60	19	4	83

在《今日说法》《法治进行时》《法治在线》三个不同节目中，其他女性的分布不同，《今日说法》节目中女法官和女学者的出镜率较高，主要以访谈的形式进行交流。《法治在线》节目中女记者和女主持人的出镜率最高，主要因为其新闻时效性较强，需要大量的现场采访环节。《今日说法》较少拍摄女性当事人的家人、朋友、证人等第二类女性。《法治进行时》非常善于捕捉第二类女性的信息。

3. 案件主题对涉案角色的影响

在不同案件主题中，女性的涉案身份也有所不同。根据样本统计，女性在暴力型的案件中，以受害者为主，如在故意杀伤案件中，女性作为施害者的有 20 名，受害者的有 60 名；在性侵、性骚扰案件中，施害者的有 1 名，受害者的有 13 名；在抢劫案件中，没有施害者，而受害者有 13 名。可见，在身体对抗类型的犯罪里，女性的弱势还是非常明显的。

而在隐蔽性作案的案件中，女性反而更容易成为施害者，如在毒品犯罪中，女性施害者有 12 名，受害者有 2 名；在盗窃案件中，施害者有 19 名，受害者有 4 名。明显施害者角色高于受害者角色。这也反映了女性犯罪的不同特点。

部分女性还会利用人们对女性防范心理较弱的特点进行作案。如近些年，女性诈骗案明显增多。在本书研究的样本中，诈骗案女性施害者有 27 名，受害者有 29 名，基本持平；另外在拐卖妇女儿童案件中也出现同样的情况，女性施害者有 7 名，受害者有 8 名。

其他类型的案件，如经济纠纷、家庭纠纷、侵权等，女性作为受害者的比例高于作为施害者的比例，相差并没有暴力犯罪那么明显。如经济纠纷中，施害者有 6 名，受害者有 13 名；在家庭纠纷中，施害者的有 9 名，受害者有 18 名，施害者和受害者比例大致为 1：2，与样本总数据的比例一致。

总体来说，在暴力型案件中，样本中女性受害人比例最高，而智力型、隐蔽性的案件，女性施害人多于受害人，或者两者大致持平。其他案件的施害者和受害者与样本总体情况一致，大致为 1：2，仍以受害者为主。

4. 不同节目之间的涉案角色差异

除了总体上对样本的涉案角色进行分析，还有必要对不同节目进行一些对比审视，不同的节目定位是否决定着在涉案角色的选择上也存在差异，是否会造成女性形象呈现上的差异？

如表 1-8 所示，涉案女性共计 342 人，三个节目均为 114 人，其中女性作为施害者的案件，《今日说法》有 38 期，占所有案件的 11.1%，《法治进行时》有 41 期，占 12.0%，《法治在线》有 33 期，占 9.6%。数值差异不大，基本持平。作为受害者，《今日说法》有 69 期，占 20.2%，《法治进行时》有 53 期，占 15.5%，《法治在线》有 75 期，占 21.9%。作为其他角色，《今日说法》有 7 期，占比 2.0%，《法治进行时》有 20 期，占比 5.8%，《法治在线》只有 6 期，占比 1.8%。

表 1-8　《今日说法》《法治在线》《法治进行时》涉案角色的比例（N=342）

涉案角色		样本来源			
		今日说法	法治进行时	法治在线	合计
施害者	计数（人）	38	41	33	112
	占比	11.1%	12.0%	9.6%	32.7%
受害者	计数（人）	69	53	75	197
	占比	20.2%	15.5%	21.9%	57.6%
其他	计数（人）	7	20	6	33
	占比	2.0%	5.8%	1.8%	9.6%
合计	计数（人）	114	114	114	342
	占比	33.3%	33.3%	33.3%	100.0%

三档电视法治新闻类节目针对不同涉案角色的报道存在差异。差异主要体现

在《法治在线》比《法治进行时》更倾向选择受害者角色。而《法治进行时》比《法治在线》和《今日说法》更倾向选择女性当事人其他类的涉案角色，如见义勇为行为中的女性当事人等，宣传其先进事迹。

另外，《法治进行时》较为关注第三类女性形象，这与节目的制作风格相关，其定期推出一些法治人物专题，对依法履行公务的女性国家工作人员、其他法律工作者进行正面宣传。例如，其警花专题《民警故事：警花关爱空巢老人》（2013 年 11 月 9 日）、《警花日记：波斯菊——李雅南》（2014 年 3 月 12 日）、《警花勇者无畏　巾帼不让须眉》（2014 年 11 月 6 日）、《警花救助轻生孕妇　服务社区护佑平安》（2015 年 3 月 11 日）、《交通队里的警花：北辛安大队管锦玉》（2018 年 3 月 15 日），另外还有女法医专题、女执行官专题等。

三、人口统计的角度

根据节目提供的信息，对电视法治新闻类节目中的女性进行人口统计上的拆分，可分为女性年龄和女性职业，对于居住地、收入、受教育程度等信息因节目没有完整交代，所以无法进行系统统计。

通过样本的概括性观察，女性专业人士、女记者和女主持人主要集中在中青年阶段，职业是限定的，而女性的证人、朋友、亲属等身份过于庞杂，大多数节目也没有进行交代，人口统计分析意义不大，所以根据研究需要，只采集女性当事人的年龄和职业信息。

（一）女性当事人的年龄

由表 1-9 可知，本书对于样本中女性年龄分为四个年龄段：第一，18 岁以下的未成年女性；第二，18 岁至 40 岁的青年女性；第三，41 岁至 65 岁的中年女性；第四，66 岁及以上的老年女性。经过统计分析发现：342 期样本节目中，女性的年龄主要集中在第二段，即 18 岁至 40 岁，高达 241 期，占比 70.5%，第三段次之，有 58 期，占比 17.0%，第一段再次之，有 27 期，占比 7.9%，年龄为第四段的数量最少，只有 16 期，占比 4.7%。

表1-9　样本中女性当事人年龄列表（N＝342）

年龄	频率	百分比（%）	有效百分比（%）
18 岁以下	27	7.9	7.9
18~40 岁	241	70.5	70.5
41~65 岁	58	17.0	17.0
66 岁及以上	16	4.7	4.7
合计	342	100.0	100.0

因此，样本中女性当事人的年龄阶段主要集中在青年时期，其次是中年时期，再次是未成年时期，最后才是老年时期。这与不同年龄阶段的女性生活、工作范围有一定程度的关系。相比老年和未成年女性而言，中青年女性经济上有更大的压力，大量面临着升学、买房、子女教育等方面的经济压力，流动就业的情况也较多。而且这个阶段可能正处于恋爱或家庭关系，情感生活较为丰富，而此阶段有的女性的社会经验和情绪的把控能力还不一定成熟，生理因素干扰也较大，会遇到较多的情感挫折。另外，社会活动较为活跃，处于工作状态的比例会更高，与未成年女性和老年女性相比，她们在职场中可能会遇到更多的矛盾和冲突。中青年女性正处于人生黄金时期，外形条件是最佳时期，因此被不法分子性攻击的可能性也较高，尤其是单身青年女性。这一系列因素决定了中青年女性是卷入法律纠纷的高发人群，而其样本量高达87.5%的比例也证明了这个原因是成立的。

由图1-1可知，18岁以下女性未成年人，作为施害者有2人，受害者23人；18~40岁的青年女性，施害者有88人，受害者133人；41~65岁的中年女性，施害者有22人，受害者29人；66岁及以上的老年女性没有施害者，受害者12人。未成年女性和老年女性作为受害者的可能性更高，而从青年女性到中年女性这个年龄段，施害者和受害者比例逐渐缩小。把这个数据与女性犯罪结合起来，从未成年阶段到老年阶段，体现了逐渐递增然后再递减的状况。不过，近些年未成年人女性的犯罪比例也在持续上升，青少年女性罪犯中，家庭成员中有劣迹或因违法犯罪被追究法律责任的占 13.3%，所占比重高于青少年男性罪犯的 4.7%。❶ 而未成年女性也越来越多是被性侵的高发群体，尤其是农村留守儿童，被侵害的案件屡见不鲜。老年女性自身犯罪率低、犯罪类型单一，该群体是被诈骗的高危群体，其卷入经济纠纷和家庭遗产纠纷的情况频发。老年女性群体是电视法治节目的主要收视群体之一，样本中老年女性的案件比例还比较小，如果增加其年龄阶段的案件，有利于她们提高法律意识和学习法律知识，应用到自身的生活之中。

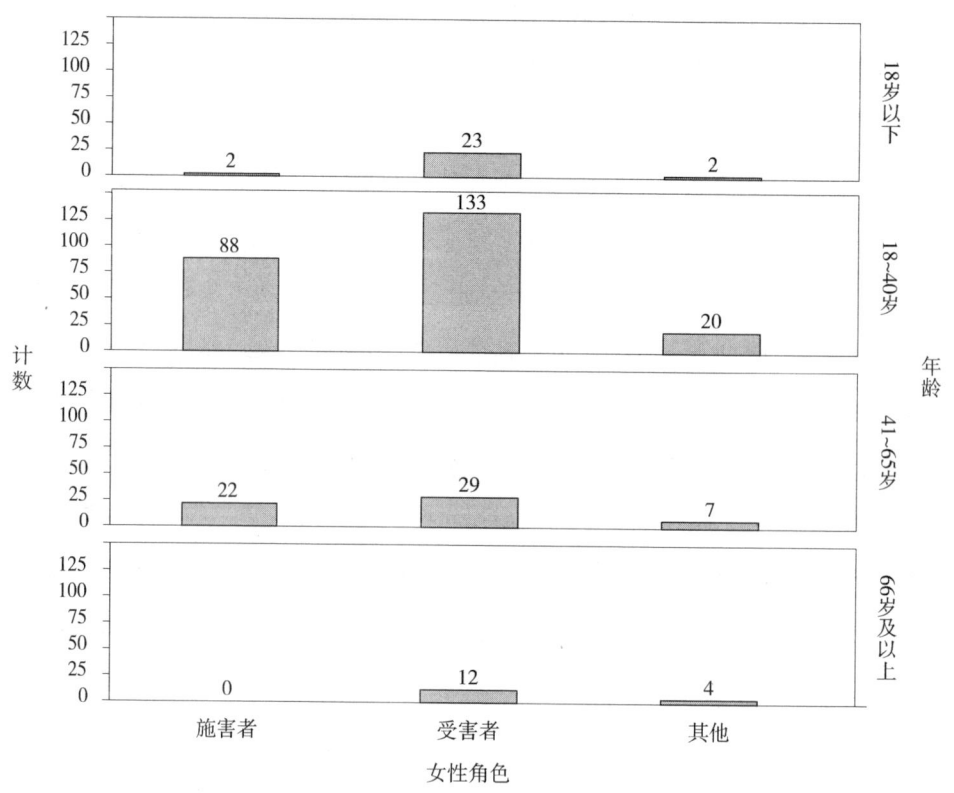

图 1-1　样本中不同年龄阶段的涉案角色分布（N=342）

综上，18~40 岁是电视法治新闻类节目最为关注的女性年龄段。

---

❶ 丛梅. 犯罪主体性别构成调查报告［J］. 中国刑事法杂志，2004（3）：92-101.

（二）女性当事人的职业

342 期节目样本中，女性来自不同的职业领域，因此本书将女性职业分为 10 类，分别为：国家公职人员、专业技术人员、企业人员、商业服务人员、自由职业、农村务农人员、学生、无业、其他以及没有职业说明。经过统计分析发现，播出的 342 期节目中，有 109 期（占比 31.9%）倾向于不对女性的职业做具体的说明，女性职业为无业的有 48 期（占比 14.0%），女性职业为自由职业的有 46 期（占比 13.5%），女性职业属于商业服务行业的有 41 期（占比 12.0%），女性职业为其他的有 32 期（占比 9.4%），女性职业为学生的有 24 期（占比 7.0%），女性职业为企业人员的有 20 期（占比 5.8%），女性职业为专业技术人员的有 8 期（占比 2.3%），女性职业为国家公职人员和农村务农人员的分别有 7 期，各占比 2.0%。有三分之一的样本没有对女性的职业进行说明。

在样本中女性的职业，如图 1-2 所示，除没有说明的外，最高比例是无业，其次是自由职业，再次是商业服务人员、其他职业、学生、企业员工、专业技术人员，最后是农村务农人员和公职人员。总体上，电视法治新闻类节目中社会精英的白领女性数量偏低，而以无业或职业层级较低的女性为主，电视法治新闻类节目在呈现女性形象时倾向于职业层级较低的女性。这大体与我国女性就业的分布情况正相关。

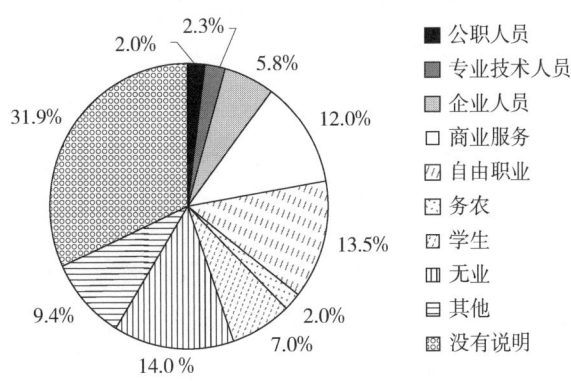

图 1-2　样本中女性职业比例（N=342）

对样本中不同职业的女性进行角色划分，其中：公职人员没有施害者，作为受害者的有 4 人；专业技术人员没有施害者，作为受害者的有 6 人；企业人员作为施害者的有 7 人，受害者 11 人；商业服务人员作为施害者的有 13 人，受害者 27 人；自由职业作为施害者的有 18 人，受害者 27 人；务农女性作为施害者的有 1 人，受害者 5 人；学生作为施害者的有 2 人，受害者 22 人；无业人员作为施害者的有 26 人，受害者 20 人；其他作为施害者的有 8 人，受害者 14 人。可见，在电视法治新闻类节目中，女性的公职人员、专业技术人员、农村务农人员和大学生往往是比较被动卷入到相关案件，其形象总体是没有威胁性的。而女性无业人员恰恰表现出较强的攻击性，其作为施害者的情况比作为受害者多。商业服务人员介于两种情形之间。

　　节目中没有展示女性的工作形象和收入情况，在社会地位方面，没有进行特殊强调。据国家统计局测算，2016 年全国女性就业人员占全社会就业人员的比重为 43.1%，其中，城镇单位女性就业人员 6518 万人，比 2010 年增加 1656 万人。❶ 较 2010 年全国第六次人口普查女性就业率有所上升。不过女性职业层次总体偏低。从职业构成来看，党政机关、企事业单位主要负责人的女性占比低。专业技术人员的比例，2016 年，"公有制企事业单位中女性专业技术人员 1480 万人，比 2010 年增加 211 万人，所占比重达 47.8%，提高 2.8%；其中高级专业技术人员 161 万人，增加 59.3 万人，所占比重 38.3%，提高 3%。办事人员和有关人员占 3.2%"。所以，党政机关、企事业单位主要负责人、专业技术人员、办事人员和有关人员所构成的白领女性总共占从业人员的 12%，与男性相比是偏低的。女性的失业比例较大，20~24 岁的城镇女性失业率最高，高达 9.1%。❷

　　女性的受教育程度大多数无法从这三个节目中进行直接了解。只有女大学生这个身份，会有比较明确的受教育状况，本书后面将对女大学生的媒介形象呈现进行专门分析。国家统计局的数据显示，女性接受高等教育的比重稳步提高，"高等教育在校生中女研究生于 2016 年超过 100 万人，占全部研究生的比重首次

---

❶　国家统计局. 2016 年《中国妇女发展纲要》（2011—2020 年）统计监测报告［DB/OL］. 2018-03-06［2017-10-27］. http://www.stats.gov.cn/tjsj/zxfb/201710/t20171026_1546608.html.

❷　林嘉. 当前女性就业形势依然相当严峻［DB/OL］. 中国青年网，2017-10-08［2017-04-05］. http://news.youth.cn/jsxw/201704/t20170405_9414368.htm.

超过一半，达 50.6%，比 2010 年提高 2.8%；普通本专科女生 1416 万人，占 52.5%，提高 1.7%；成人本专科女生 338 万人，占 57.8%，提高 4.6%"。❶

四、出镜方式的角度

出镜是指案件中的女性出现在镜头面前，面对受众。根据案件的不同特点以及女性的不同状况，记者拍摄女性和节目播出时对女性个人采用不同呈现方式。一期节目中有多个画面，所以对出镜方式的分析只能集中在最核心的画面上，确定核心画面要从被拍摄主体、拍摄景别、拍摄角度、拍摄时间长度等方面进行考虑，选择其中最有代表性的画面，分析其出镜方式，对其他画面和辅助性的出镜方式进行排除。

（一）出镜方式的类型

出镜方式包括正面出镜，面部遮挡出镜，照片、个人生前录像展示，播放监控录像和其他方式。本人正面出镜是指女性正面面对镜头，长相、五官看得一清二楚，无任何遮挡。如《"外围女"落网记》（《法治在线》2016 年 1 月 6 日）等，就是采用这种出镜方式。

本人面部遮挡出镜是对女性的面部采取打马赛克、物体遮挡，或只拍摄其侧面、背影的方式隐去人物面貌特征，所以只能依稀看到其头发、胸部等非典型面部特征，或者只能看到人物姿态动作的某些特征。如《撞人，还是讹人》（《今日说法》2015 年 10 月 30 日）就对女性的面部特征进行遮蔽，以免其被辨认出。采用正面出镜还是面部遮挡的方式，有具体的考量。如果采用面部遮挡，一般都是出于对女性隐私的保护，如性侵被害人，或者出于法律程序的保护措施，如证人，这是对人格权表示尊重的一种方式。在《今日说法》2013 年 8 月 28 日的节目《绝望的主妇》中，记者采访到受害者妹妹以及受害者丈夫的情人时均采用了面部遮挡的方式，如图 1-3 所示。受害者妹妹进行斜侧面拍摄，如图 1-4 所示。受害者丈夫的情人用打马赛克的方式，受众无法看到她

---

❶ 国家统计局. 2016 年《中国妇女发展纲要》（2011—2020 年）统计监测报告［DB/OL］. 2018-03-06［2017-10-27］. http://www.stats.gov.cn/tjsj/zxfb/201710/t20171026_1546608.html.

们真实的面貌特征。

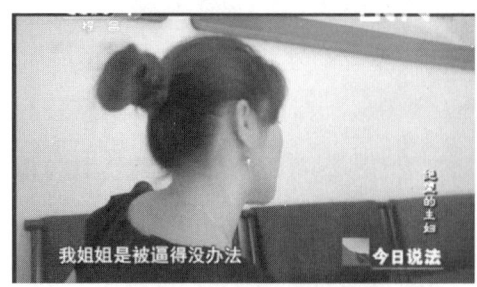 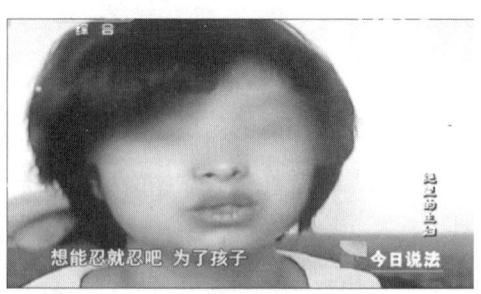

图1-3 《绝望的主妇》截图1　　　　　图1-4 《绝望的主妇》截图2

第三种出镜方式是使用照片，或者女性生前个人录像，主要原因是未采访到本人或者女性已死亡，节目只有播放女性的照片或个人生前录像，看到其本来面目。例如，《中传女生被害案始末细节》（《法治进行时》2016年12月31日）就采用了这种方式。是否对照片或生前录像进行面部遮挡，不同的栏目和不同的案例有不同的处理方式。

第四种方式是使用监控录像，当没有女性的个人面貌特征资料时，只有通过监控录像看到其大致的轮廓和行为。如《重庆搭错车女生遭司机杀害》（《法治进行时》2014年8月21日）中监控录像对女生搭车的瞬间进行了记录，可以大体看到这个女生的轮廓和行踪。

其他是指不能划归到上述五类的类型，如非正常拍摄的情况，或者是女性没有出镜的情况。

本人正面出镜和本人面部遮挡是互斥的。采用照片、个人生前录像一般是基于未采访到女性本人或者本人已死亡，所以用照片和录像进行代替。当没有女性任何个人面貌特征资料时，还可以采用监控录像。在节目中，这几种出镜方式可能还存在着交叉，如本人正面出镜后又展示一些其照片作为辅证，或者在使用照片、个人生前录像后又调取了监控录像。对此，本研究只在一个样本中选取一个主要的出镜方式，对辅助性的出镜方式进行排除。

（二）出镜的情况

1. 女性当事人的出镜方式

由表 1-10 可知，三个节目中，在出镜方式这一分类中，采用本人面部遮挡出镜的有 152 例，占 44.4%；女性本人正面出镜的有 99 例，占 28.9%；节目中只有女性照片或个人生前录像的形式有 46 例，占 13.5%；只有监控录像拍摄画面有 19 例，占 5.6%；其他情况有 26 例，占 7.6%。采用本人面部遮挡的方式占据主流，这对女性起到较好的保护作用。

表 1-10　样本中女性当事人出镜方式统计（N=342）

出镜方式	频率	百分比（%）	有效百分比（%）
本人面部遮挡出镜	152	44.4	44.4
正面出镜	99	28.9	28.9
照片、个人生前录像	46	13.5	13.5
监控录像	19	5.6	5.6
其他	26	7.6	7.6
合计	342	100.0	100.0

除了女性受害者，以面部遮挡方式出镜的女性施害者也不为鲜见。既然她们涉及违法犯罪，已经侵害他人利益，个人情况已不再与他人不相关，为何节目还要保护她们的隐私呢？这恰恰说明了我国法治观念的进步。节目能够将女性施害者的身份进行细分，是处于嫌疑阶段，还是定罪阶段，如果是前者，根据无罪推定原则，其个人信息的曝光有可能带来法律隐患，对当事人造成伤害；如果是后者，节目还是会让她们正面出镜。另外，节目中大量案例并非涉及严重的违法犯罪，可能这些女性只是违反治安管理相关的法律、行政法规、工作纪律或违背社会风俗。她们在承担完相应的责任后还要回归社会，过多的曝光可能会导致其担负过重的心理压力，从而影响其今后的工作和生活，导致仇视社会的后果。

所以，不管对于施害者、受害者还是其他角色，电视法治新闻类节目都理应尊重她们的人格权，这已经是各个电视法治新闻类节目的通用做法。

2. 其他女性的出镜方式

对于节目中其他女性而言，她们并不是案件的主体，出镜方式与女性当事人有较大差异。从表1-11可知，本人正面出镜的有182个，占53.2%；本人面部遮挡出镜的52个，占15.2%；照片、个人生前录像的有7个，占2.0%；监控录像的有12个，占3.5%；其他的89个，占26%。所以以正面出镜为主。如《今日说法》播出的《七楼跳下的女人》（2014年10月20日）、《坐月子的贼》（2015年1月30日）、《新娘去哪了》（2016年2月18日）、《破冰》（2017年2月20日）、《特殊的"礼物"》（2017年3月30日）、《"生子"协议》（2017年4月23日）等，这些女性的形象都是正面呈现。在《法治进行时》《法治在线》节目中，女性嘉宾、女性办案人的画面也基本是正面镜头，可以清晰地看到她们的面部特征。

表1-11　样本中其他女性出镜方式统计（N=342）

出镜方式	频率	百分比（%）	有效百分比（%）
本人面部遮挡出镜	52	15.2	15.2
本人正面出镜	182	53.2	53.2
照片、个人生前录像	7	2.0	2.0
监控录像	12	3.5	3.5
其他	89	26.0	26.0
合计	342	100.0	100.0

3. 女性当事人和其他女性的对比

由表1-12可知，与女性当事人相比，其他女性以本人正面出镜的方式为主，接近女性当事人的两倍，尤其是其中的女性专业人士、女主持人，全部是本人正面出镜，共有103例。女记者在采访中有10期节目没有正面出镜，背对镜头，遮挡了面部。作为女性当事人的朋友、亲属、证人或者普通市民，只有35人正面出镜，出于对自身的隐私保护，她们绝大多数选择了面部遮挡出镜，面部采取打马赛克、物体遮挡，或只拍摄其背影，与女性当事人的出镜方式类似。

表1-12 样本中女性当事人与其他女性出镜方式对比（N=342）

出镜方式		本人正面出镜	本人面部遮挡出镜	照片、个人生前录像	监控录像	其他
女性当事人	数量	99	152	46	19	26
	占比	28.9%	44.4%	13.5%	5.5%	7.6%
其他女性	数量	182	52	7	12	89
	占比	53.2%	15.2%	2.0%	3.5%	26%
两者比例		1:1.8	2.9:1	6.6:1	1.6:1	1:3.4

在照片、个人生前录像的使用上，因女性当事人有死亡的情况，所以使用的比例会更高，与其他女性相比，比例高达6.6:1。在监控录像的使用上，两者无太大差异。其他女性没有出镜的人数为89人，包括83期没有其他女性的情况，还有6期是采用了暗访等特殊拍摄手段。

因此，其他女性与女性当事人相反，以本人正面出镜为主，只有第二类女性中的证人身份、家属身份在特殊情况下需要进行保护，采用面部遮挡的方式。其他女性较少使用照片和个人生前录像，在节目中缺席的情况非常普遍。《今日说法》《法治进行时》《法治在线》三档节目在其他女性出镜方式的运用上无太大差异。

其他女性以正面出镜为主，与案件类型、案件主题、案件原因、年龄的关联不大，与其自身的身份相关，主持人、专业人士基本上是正面出镜。所以，对其他女性来说，特殊的出镜方式并不常用，与女性当事人相反。

4. 影响因素

样本来源、案件类型、案件主题以及涉案角色，都对出镜方式存在影响。

第一是样本来源的影响。《今日说法》《法治进行时》《法治在线》三档节目中本人面部遮挡出镜方式的数值和比例大体相当，主要区别在正面出镜和监控录像的使用上。《今日说法》正面出镜42个，占比12.3%，《法治在线》33个，占比9.6%，《法治进行时》24个，占比只有7.0%，相比《今日说法》，《法治进行时》并不热衷于正面出镜的方式，因其与公安机关的长期合作，监控录像的使用次数更多，远超过其他两个节目。

第二是案件类型的影响。不同案件类型对女性当事人出镜方式有一定影响，但影响没有其他因素明显。主要区别在于行政案件以及其他案件基本上不会使用照片、个人生前录像和监控录像的出镜方式，民事案件也较少使用，这主要是照片、个人生前录像和监控录像是公安机关在刑事案件和社会治安案件中提供的素材。

第三是案件主题的影响。案件主题与女性当事人出镜方式的关联性较强。经统计发现，在性侵、性骚扰案中，基本上所有的女性当事人都不会正面出镜，也较少采用照片、监控录像的方式，而是一边倒采用本人面部遮挡出镜。考虑到性侵、性骚扰对其自尊心和生活的影响，以及中国传统文化对女性的偏见，女性为维持自身的形象，基本上不敢公开被性侵害或被性骚扰的经历，能够在电视法治新闻类节目中掩饰身份而出镜，已经算是巨大的进步了。故意杀伤类案件是最常用照片、个人生前录像的，占了女性当事人出镜方式的56.5%的比例。监控录像常用于交通事故和盗窃案，而对家庭纠纷、毒品犯罪还较少起到作用。值得注意的是，家庭纠纷中的婚外情纠纷，女性当事人正面出镜的比例大于面部遮挡出镜，主要是因其是家庭矛盾的受害者，所以直面镜头更利于捍卫自己的利益。

第四是涉案角色的影响。具体来说，涉案角色为施害者的，本人面部遮挡出镜和正面出镜的情况大体相同，分别是54个和50个，占15.8%、14.6%。而女性作为受害者，这个数值差距就非常大，分别是84个和34个，占24.6%、9.9%。可见，作为受害者，更不愿意面向受众，而是选择了隐藏身份。这一点与中国传统文化以及这些女性的心理有密切的关系。作为受害者，还有人已经离世或者不知所踪，因此，照片、个人生前录像也主要应用在这种情况上，受害者样本中有44个，占12.9%，而施害者和其他角色分别只有1个，对比较鲜明。另外，随着天网监控视频用于监视道路安全、城市治安以及整顿和打击犯罪活动，公安机关对监控录像使用越来越多，所以节目中施害者和受害者在监控录像出镜的情况都很普遍。

五、声音呈现的角度

电视是视听相结合的媒体，声音语言"虽不具备视觉传播的直观性，却以更精练确切的文字语言体系为基础，对画面语言起到确定和补充作用"。[1]

（一）声音呈现的类型

此处的声音呈现是指选择女性最主要的声音呈现方式，一般来说，一个案件里同一女性的声音呈现方式是一致的。女性在节目中的声音呈现方式分为原声、变声和无声音三种情况。分析这一元素可以考察电视法治新闻类节目是否出于对当事人隐私的保护而对声音进行了处理。

原声采用女性本来的声音，展现最真实的人物语言，未作任何处理，如《"房虫"行骗　逃亡老挝》（《法治进行时》2011 年 4 月 8 日）里犯罪嫌疑人王俊英用沙哑的声音对其这两年行踪做交代，解决受众对其行踪的困惑以及观察到其生活状态。变声是对女性的声音采用后期处理的方式，与画面遮挡出镜的意义相似，都是为了对女性隐私进行保护，或者出于法律程序的保护证人等需要，如《半径 5 公里》（《今日说法》2016 年 4 月 11 日）中被性侵的女性对案件发生过程的陈述。变声处理与画面遮挡出镜往往是同时出现的。无声音是指因女性被害、没有接受采访或其他原因，节目中没有女性的声音片断。所以无声音的方式主要应用于被害者角色或者无法采集到声音资料的情况。如《重庆"大姐大"的覆亡之路》（《法治在线》2009 年 10 月 16 日），片中以解说词配合犯罪嫌疑人谢才萍被抓捕的画面和图片，没有女性具体的语言呈现。

正常情况下，声音的使用都用原声，而且出于对真实性的考虑，尽量采用同期声。但是在电视法治新闻类节目中，这个规律要被打破，主要是出于对法治案件的当事人的隐私保护和人身保护。在研究样本中，当女性并不愿意显示出其真实身份时，节目采用了变声的处理方式。

---

[1]　欧阳照. 电视新闻的叙事学研究 [M]. 重庆：重庆大学出版社，2010：34.

（二）声音呈现的情况

1. 女性当事人的声音呈现

由表 1-13 可知，三个节目的 342 期节目中，对女性当事人的声音呈现上，原声的案例有 234 个，占 68.4%，占有绝对优势。变声案例有 9 个，占 2.6%，比例很小。节目中没有声音的情况有 99 个，占 28.9%，也是一种常见的形式，其中《法治在线》没有采录声音的情况是其他两个节目的两倍，而变声处理用的比其他两个节目少。变声和无声音的方式主要应用于被害者角色，对于施害者和其他角色，原声的使用超过 80%。总之，原声的方式占据主流，电视法治新闻类节目还是以真实性为其主要价值追求，尽量还原人物本来的形象，只有在小部分例外情况下才进行变声处理。

表 1-13　女性当事人声音呈现方式统计（N＝342）

声音呈现方式	频率	百分比（%）	有效百分比（%）
原声	234	68.4	68.4
变声	9	2.6	2.6
无声音	99	28.9	28.9
合计	342	100.0	100.0

2. 其他女性的声音呈现

由表 1-14 可知，其他女性的声音呈现方式以原声为主，有 229 位采用原声，占 67.0%，变声只有两位，占 0.6%，而还有接近三分之一的其他女性没有在节目中呈现出她们的声音，这 111 个无声音的样本，其中有 83 个样本根本没有其他女性出现，剩下的 28 位女性出现在节目中但没有声音陈述。使用原声的，包括女记者、女主持人 103 例，女性朋友、女性亲属、女证人、女市民等 86 例，女法官 19 例，女学者 12 例，女心理专家 5 例，女律师 4 例，可见，在电视法治新闻类节目中，除女性当事人以外，女记者和女主持人是最主要的声音呈现群体。

表 1-14　其他女性与其声音呈现方式交叉表（N=342）

声音呈现方式	女记者女主持人	女法官	女律师	女学者	女心理专家	女性朋友女性亲属女证人女市民等	无其他女性	合计
原声	103	19	4	12	5	86	0	229
变声	1	0	0	0	0	1	0	2
无声音	1	2	0	0	0	25	83	111
合计	105	21	4	12	5	112	83	342

《法治进行时》《法治在线》两档节目在其他女性声音呈现方式上无太大差异，以原声为主。《今日说法》自身无声的情况略高于原声，主要是其主持人、专家的女性比例相对较低，影响了原声的数值。11 种案件主题中基本以原声为主。342 期样本中，只有经济纠纷和盗窃案里其他女性偶尔使用了变声处理，而且是以照片、监控录像出镜的情况下。无论是面部遮挡出镜，还是正面出镜都基本使用原声，以无声音为补充。

3. 两者的对比

其他女性的声音呈现方式与女性当事人相比差异不大。所以两组数值相比，可以得出以下结论，即女性当事人和其他女性的声音呈现都以原声为主，变声为例外。另外，其他女性的变声有 2 个，女性当事人的有 9 个，两者的无声音比例都较高，尤其是其他女性中的第二类女性，其本身的人物缺失值就较高，扩大了无声音的数据比例。

对其他女性进行声音呈现时，原声可以对其进行真实的语言呈现，增强现场感和可信度。在一些特殊的情况下，应做变声处理，以保护被拍摄对象或被采访对象的利益。

（三）出镜方式与声音呈现

将出镜方式与声音呈现两个类目进行联系，发现节目对大多数女性当事人进行了画面遮挡，而对声音进行处理的比例非常低。具体来说，本人面部遮挡出镜中还是有 81.6% 的比例使用了原声，只有 5.3% 使用了变声，两者比例相差悬殊，其余为无声音。正面出镜的 94.9% 使用了原声，无一项使用变声，5.1% 使用了无声音。照片、个人生前录像和监控录像基本上没有播放声音，即使有声音的，基本采用了原声。可能是基于声音的可识别性弱于画面的可识别性的考量，对声音的处理幅度还是偏小，所以电视法治新闻类节目把画面的处理放在优先地位，而把声音的处理放在其次的位置，基本上真实地还原了原声，在展现女性形象方面，与其他节目不存在较大的区别，没有大规模使用变声。

六、小结

通过以上分析，对电视法治新闻类节目呈现女性形象的角度有一个总体的把握，对其呈现的女性当事人的形象在此简单勾勒，对其总结如下。

（一）案件选择设定了节目女性当事人形象的基调

电视法治新闻类节目涉及女性当事人的案件以刑事案件为最多，其次是民事案件，再次是行政案件，最后是其他类型案例。这与实际生活中案件发生的比例不一致，节目对案件的选择具有倾向性。而刑事案件中女性当事人多处于弱势地位，对刑事案件的青睐设定了电视法治新闻类节目女性当事人媒介形象的基调，整体上较为突出弱势的女性形象。

不同案件主题所呈现的女性形象也会不同。电视法治新闻类节目中故意杀伤类、诈骗类、家庭纠纷类的主题较为显著，尤其是性质严重、社会危害大并且大量包含暴力、金钱和情感纠葛的案件出现频率较高。女性从生理层面决定着其常常是暴力犯罪的受害者。

案件原因影响着对案件中女性当事人深层次的剖析，可以深入挖掘女性当事人的性格、情感，对其形象的塑造至关重要。金钱和情感纠葛是案件发生的主要原因。重点表现案件中的女性追逐金钱时的不择手段和在复杂的感情生活中失常的心理状态，甚至成为暴力的受害对象，这无疑是在潜移默化地设定这些女性的媒介形象。

（二）涉案角色对节目中的女性形象进行定位

电视法治新闻类节目中的女性当事人以受害人角色为主，对其媒介形象带来定位效应。

电视法治新闻类节目突出了女性受害者当事人的角色，受害者数量占总数的一半以上，女性作为受害者角色的比例接近作为施害者角色所占比例的 2 倍。尤其在暴力型案件中女性受害人比例最高，在其他案件中也以受害者为主。电视法治新闻类节目中突出了女性的受害者角色，女性常常是弱势、易受侵害的一方。

（三）女性的人口统计特征固化了节目中的女性形象

从节目中能够获得的女性的人口统计数据主要包括年龄和职业，对于居住地、收入情况、受教育情况等，节目多没有交代，无法系统地进行统计。

电视法治新闻类节目中的女性当事人主要集中于中青年女性群体，职业分布低层级化。女性年龄集中在 18~40 岁，占七成以上。一系列的因素决定了中青年女性是卷入法律纠纷的高发人群。

女性当事人职业分布呈现低层级化的特点。除了三分之一未对女性职业进行具体说明外，最高的比例是无业，其次是自由职业，再次是商业服务人员。节目所选案例中作为社会精英的白领女性偏低，而以无业或职业层级较多的女性为主，从一定程度上折射出越是职位在底层的女性越有可能卷入法律事件，职位层级越高，越不可能成为案件的施害者或者受害者。这对职业层级较低的女性容易形成一定的偏见和刻板印象。女性无业人员恰作为施害者的情况比作为受害者多。

（四）在出镜方式和声音呈现上具有规律性

呈现女性形象的电视表达方式主要包括画面和声音的呈现，女性当事人的出镜方式和声音呈现方式具有一定的规律。女性当事人以画面遮挡为主，以女性照片、生前录像和监控录像、特殊拍摄为补充。

样本来源、案件类型、案件主题以及涉案角色，都对出镜方式存在影响。案件主题与女性当事人出镜方式的关联性比较强，在性侵、性骚扰案中，女性当事人基本上都不会正面出镜，而是使用面部遮挡出镜。故意杀伤类案件常用照片、个人生前录像，占了女性当事人出镜方式的 56.5%。监控录像常用于交通事故和盗窃案。值得注意的是，婚外情纠纷中作为妻子的女性当事人正面出镜的比例大于面部遮挡出镜。涉案角色为施害者的，本人面部遮挡出镜和正面出镜的情况大体相同。

女性当事人以呈现原声为主，其次是没有声音的情况，变声只占很小的比例。使用原声尤其是采用同期声，有助于体现节目的真实性。与出镜方式相比，画面遮挡的比例远远超过声音进行处理的比例。电视法治新闻类节目在制作中基于声音的可识别性弱于画面的考量，把画面的处理放在优先地位，而把声音的处理放在其次。

女性当事人形象呈现角度与其他女性形象相比存在共性也存在差异，以下用列表的方式对两者进行对比总结，见表1-15。

表1-15　电视法治新闻类节目呈现的女性当事人形象与其他女性形象对比

女性形象呈现角度		女性当事人	其他女性
案件选择角度	涉案类型	刑事案件最多	
	案件主题	故意杀伤类主题最多，其次是诈骗主题	
	案发原因	金钱和情感纠葛是案件发生的主要原因	
涉案角色角度		受害者角色过半	第二类女性角色较多
人口统计角度	女性年龄	18~40岁为主	第三类、第四类女性18~40岁为主，第二类女性无规律
	女性职业	无业或职业层级较低的女性为主	第三类、第四类女性职业被限定，第二类女性职业未交代
出镜方式角度		面部遮挡为主	正面出镜为主
声音呈现角度		原声为主	原声为主

《今日说法》《法治在线》和《法治进行时》三档节目在女性形象呈现角度在共性的基础上有一些内在的差异，三档节目都对行政案件和其他案件的报道比例偏小，与刑事案件的报道相比不均衡，但其中《法治在线》最为倾向报道刑事案件。《今日说法》节目中女法官和女学者的出镜率较高，注重节目的权威性解读，《法治在线》中女记者和女主持人的出镜率最高，与其新闻时效性较强相符。三档节目女性面部遮挡出镜方式的数值和比例大体相当，但《法治进行时》更为倾向使用监控录像。《法治在线》女性当事人无声呈现的情况是其他两个节

目的 2 倍，而《今日说法》并不倾向呈现其他女性的声音。

以上角度为电视法治新闻类节目呈现女性形象设定了出场的框架结构，在此基础上进行微观分析，有利于发现其具体的形象，并进一步判断节目对女性形象的主观倾向。

第二章
电视法治新闻类节目中
不同角色的女性形象

第二章

电视法治新闻类节目中不同角色的女性形象

电视法治新闻类节目中的女性形象，不仅有整体被勾勒的"面貌"，而且有具体的女性形象。女性涉案角色不同，其所呈现的女性形象也不同，这些女性形象存在差别。对节目中不同角色的女性形象进行研究，有利于更全面、更立体地了解电视法治新闻类节目对女性形象的呈现方式和规律。

前文对电视法治新闻类节目中的女性角色进行划分，主要分为四种类别：第一类是女性当事人；第二类是当事人朋友、案件证人、普通市民等对案件有补充作用的女性；第三类是女性的警察、法官、律师、心理医生等专业人士；第四类是节目女记者、女主持人，是节目节奏的把控者，与案件本身并无实质性关联。其中，案件女性当事人作为案件的参与者被纳入节目中，与案件有着最深的关联，她们多以受害人（已死亡的女性以其女性近亲属作为女性当事人而存在）、犯罪嫌疑人的形象出现。受众的聚焦点在这些人物身上。根据她们在电视法治新闻类节目中出现的频率、与案件的关联、播放时长所占的比例等方面的因素，女性当事人在重要性和数量上占了绝对的优势，是电视法治新闻类节目重点呈现的形象。其他三类女性本身都不是案件的参与主体，她们以特定的形象出现，主要作用是对当事人或者节目提供帮助，有利于节目的制作和播出。其中，第二类女性因为有女性当事人的存在，所以在节目中的存在感比较弱，在播放时间、播放频率和播放比重上都不占优势，且类型多元化，具有随机性，难以进行系统梳理，对她们形象的研究价值不大，本书不进行专门分析。所以本章将对女性当事人（包括受害者、施害者和其他女性当事人）、女性执法者、女性主持人和女性专家的媒介形象进行分析。

社会性别的研究离不开对文本中符号意义的探寻，也离不开对文本中话语表达场景的思考。"文本"最初只是书面文本，但格拉多尔（1994）将文本的外延进行拓展，"能够进行传播的所有人工制品"都是文本，❶ 所以文本分析也有必要对广播电视媒体的文本进行分析。与纸质媒介不同，电视是综合运用视听符号来表达的媒介，是声画结合一体的同步记录方式。电视的视听符号系统包括画面、声音和文字三个部分。电视的视听符号系统是相互补充、相互作用的有机整体，多种表达符号综合运用，向外多通道地实现信息的流动，传递出丰富而复杂的内容，人物、事件、情节和观点都通过电视画面、文字、声音进行呈现，从而表达一定的主观色彩，节目制作者的想法和感受。节目制作者秉持的性别意识形态，以及背后的社会关系和权力关系，都可以通过电视的符号文本寻找答案。文本分为符码层、叙述层和意蕴层。这三个方面与皮尔斯关于符号构成的三分法比较相似。❷ 皮尔斯将图像分为图像符号、标志符号和象征符号。符码层是文本的物质形态，一般由可被感知的语言符号表现出来，与人们的视听知觉联系起来。叙述层是指文本主题的陈述和言说结构，是主体对现实世界进行模仿和表现活动的产物，包括故事和话语。其中，故事是人物、事件和环境之间关系状态及其发展变化的过程。话语是对故事的表述方式，用来叙述故事。借用叙述层，叙述主体可以把外在现实世界内化为主观意识的对象。意蕴层是主题的陈述结构与文本的意义生产之间的关系特征。

电视法治新闻类节目所呈现的不同女性形象，依托于电视的视听符号系统，通过拍摄手法、声音呈现、字词的使用等加以呈现，这是微观层次下对女性形象的再现，画面、声音和文字的使用是节目呈现女性形象的低层级框架。因此，本章从具体的视听符号入手，用实例加以说明，对电视法治新闻类节目中不同女性形象进行总结，揭示节目对女性所持的立场，有利于对电视媒体的生产方式进行

---

❶ DAVID GRADDOL. Describing language [M]. Maidenhead: Open University Press, 1994: 41.

❷ 李彬. 符号透视：传播内容的本体诠释 [M]. 上海：复旦大学出版社，2003: 6.

反思，并探讨其社会成因。

第一节　女性受害者形象

在本书所选的 342 期节目中，女性当事人为受害者的有 197 例，占样本总数的 57.6%，是分量最重的女性涉案角色。

因为女性当事人面部多进行遮蔽处理，所以画面的功能就被降到最低，难以从外貌特征方面得出她们具体的形象特征，受众主要通过声音和字幕来获取信息。所以这也是电视法治新闻类节目文本呈现的女性形象的特殊所在。广告、影视作品和综艺节目中的女性往往是能被受众所仔细端详的，她们的外貌是其形象呈现的重要指标，我们很难想象女主持人被遮挡了面部与受众交流的场景。

虽然现实生活中女性作为受害者的情形千差万别，但是样本主要呈现了两种最为常见的女性受害人形象，一种是性格较为软弱、屈服忍让的女性受害者，另一种是做事比较草率、轻信他人的女性受害者。

一、柔弱的——忍让屈服的女性受害者形象

有的受害者本身在观念上认为女性是家庭的奉献者和牺牲者，对自身进行道德绑架，从而使悲剧发生。

本书以《受伤的女人》（《今日说法》2013 年 3 月 4 日）这期节目为例，结合画面、声音和文字三个角度，来研究女性受害者形象呈现的方式。

这期节目主要讲述了恶性家庭暴力案件。节目中关于第一个受害者的主要镜头依次为：镜头①节目主持人对案件进行基本介绍→②医生介绍伤者的病情→③女受害者敖某出镜讲述伤情→④敖某母亲出镜哭泣→⑤敖某出镜介绍被打过程穿插受害人家中画面（动态）→⑥邻居出镜作证→⑦街景（回忆两人结婚的过程，穿插受害人出镜画面）→⑧敖某出镜讲被打原因→⑨知情人出镜介绍施害人嗜酒赌博→⑩曾某姐夫出镜介绍曾某神经质的性格→⑪房主、证人出镜介绍敖某被丈夫监视、监禁及威胁→⑫抓获曾某→⑬主持人出镜评论。下面从景别、拍摄

角度、拍摄方向、色彩、同期声、解说词、主持人和嘉宾评论、音乐等方面进行分析。表2-1是十三个镜头由具体的画面和声音符号构成，通过逻辑连接，将女性受害者的故事呈现出来，通过对节目符号和话语的理解，进而衍生出女性当事人的形象特征。

表2-1是《受伤的女人》的声画符号和镜头组接列表。

表2-1　《受伤的女人》视听符号系统各元素具体内容

视听系统	具体元素	主要内容
画面	形象 景别 运动 拍摄角度 拍摄方向 光影 色彩 构图 镜头组接	①主持人；近景；固定镜头；正面拍摄，平摄；日常光影和色彩；黄金分割构图；静接静 ②医生；近景；固定镜头；正面拍摄，平摄；日常光影和色彩；黄金分割构图；静接静 ③受害人敖某；近景；固定镜头；俯摄；低调光影；冷色调；对角线构图；静接静 ④敖某的母亲；近景→特写；推镜头；侧面拍摄，平摄；日常光影和色彩；黄金分割构图；静接静 ⑤受害者、家；近景→中景→特写→近景；固定镜头→摇晃镜头→固定镜头；正面拍摄→俯摄→正面拍摄；低调光影；黑色基调；对角线构图→黄金分割构图→对角线构图；先后顺序，静接动 ⑥邻居；中景；固定镜头；斜侧面拍摄，平摄；日常光影和色彩；黄金分割构图；静接静 ⑦街景；远景；固定镜头；正面拍摄；俯摄；日常光影和色彩；水平构图；静接静 ⑧受害人敖某；近景；固定镜头；斜侧面拍摄，平摄；日常光影和色彩；黄金分割构图；静接静 ⑨知情人；中景；固定镜头；侧面拍摄，面部遮挡；平摄；日常光影和色彩；三分法构图；静接动，动作相接 ⑩曾某姐夫；近景；固定镜头；斜侧面拍摄，平摄；日常光影和色彩；黄金分割构图；静接静 ⑪房主；中景；跟镜头；正面拍摄，遮挡脸部，平摄；逆光；日常色彩；黄金分割构图；动接动，动作相接 ⑫施害人曾某；中景；固定镜头；正面拍摄，平摄；日常光影和色彩；井字构图；因果关系，静接动 ⑬主持人；近景；固定镜头；正面拍摄，平摄；日常光影和色彩；黄金分割构图；静接静

视听系统	具体元素	主要内容
声音	同期声 解说词 主持人评论 嘉宾评论 音乐	节目导视部分配以紧张的音乐，其他镜头无音乐 ①主持人介绍："一个被打得遍体鳞伤的女人被送到了医院""这个女人为什么会受伤？谁会下此毒手呢？" ②同期声："当时来病情还挺重的""给硬物打伤，全身多处烧伤""用铁器灼伤了双侧的乳房和会阴部""头肿胀得很厉害，眼睛都不能睁开" 被警方抬进医院的；当时接诊的梁宏伟医生见到她时被吓了一跳 ③同期声："很虚，很痛，头痛，眼睛看不见，牙齿也痛" 解说词：全身裹着纱布；微弱的声音 ④同期声：哭泣"他打完了就走，这不是犯罪吗？" 解说词："听说女儿被打伤后，立即从乡下赶到阳江；看到女儿躺在病床上奄奄一息，母亲悲痛欲绝" ⑤同期声："我在睡觉的时候，他拿那个棍子打我""打这个头，整个眼睛都打烂了""用开水有意地冲进我的口""用铁丝烧我的乳房，好吓人" 解说词："打伤她的不是别人，正是她的丈夫""突然觉得头上被重物猛砸了一下""没有知觉""看到了面容狰狞的丈夫，像发疯一样，用拳头和棍子对着她的头部和手脚使劲乱打""用开水往嘴里倒，她感到脸上和嘴里火辣辣的疼""烧红的铁往她身上烫""长达四个小时的折磨""昏死过去""爬到附近的小卖部报了警" ⑥同期声："全是血，肿了""看到头很大，不认得是她""肿得很大的""很多血的" 解说词："他们至今清晰地记得她当时的情况" ⑦同期声："第一感觉就不喜欢他的""他追我，以前我不喜欢他" 解说词："第一次见面敖仕党并没有看上曾昭达，但是曾昭达对敖仕党却情有独钟""她曾经有过一次失败的婚姻，因此她对再婚特别慎重""没有太多好感""婉拒了求爱""强烈的爱情攻势下，最终动心了""家人强烈反对""曾昭达家庭条件不好，没有一份稳定的工作，不应该是理想的结婚对象" ⑧同期声："他跟我要钱，我没有钱""他就想害我，我没有钱给他""他去赌博" 解说词："两个人都有一次失败的婚姻""为了一岁多的儿子，对于丈夫赌博的恶习，她总是忍气吞声""丈夫不仅不听劝，反而骂了她""时间长了更是对她大打出手" ⑨同期声："我叫他好好做人""他说打工没出路""要去赌博，天天喝酒""看到老婆与其他男人说话，就说老婆去勾引那个男人" 解说词："敖仕党的丈夫一直没有稳定工作""家里的生活也比较拮据""除了赌博喝酒，还总是对妻子的行为疑神疑鬼"

视听系统	具体元素	主要内容
声音	同期声 解说词 主持人评论 嘉宾评论 音乐	⑩同期声："他每次都跟踪，车都不开""他骗他老婆说：'我出去开车了'""他那个人就是乱说""你的老婆又不是那么漂亮，人家要你干啥，我这样说" 解说词："对自己妻子的怀疑已经到了神经质的地步""常常借故出门，然后偷偷溜回家跟踪敖仕党""姐夫劝过他不要妄加揣测，根本听不进去" ⑪同期声："用木板装了一扇门""门上钉满了钉子""这样，她就出不来""那女的在里面睡，他也在外面锁上""他说，这样离婚不让她家里人好过，就说杀掉她们全家人，这样威胁她嘛，她很怕嘛" 解说词："她提出离婚的要求，如果离婚，就杀了她全家""害怕报复，放弃了离婚" ⑫同期声："他拿那个刀打我""报了第一次警""又报了一次" 解说词："一次次忍耐，一次次等待，最终等来的是丈夫变本加厉的毒打""再一次令人发指的殴打""阳江警方将其抓获，阳江妇联也介入了这起恶行的家庭暴力事件" ⑬主持人评论："面对家庭暴力的时候选择了沉默""恐怕这是很多有家庭暴力遭遇的妇女们都曾经面临过的问题"
文字	标题 字幕	《受伤的女人》 标题字幕、同期声字幕、解说词字幕、人物身份、姓名字幕（略）

注：因篇幅较多，本研究仅选择一个案例进行视听系统全方位解读，其余案例选择主要符号进行分析。

《受伤的女人》这期节目对女性受害者形象进行刻画，包括人物表情、动作过程的展现和环境空间的描述，节目综合画面、声音和文字要素呈现出敖某遭受家庭暴力的真实故事，节目话语充满谴责与同情，表达了节目的情感倾向，呈现了一位受家庭暴力迫害的女性形象。

镜头③女受害者敖某出镜讲述伤情；镜头④敖某母亲出镜哭泣；镜头⑤敖某出镜介绍被打过程，穿插受害人家中画面（动态）；镜头⑧敖某出镜讲被打原因，这几组镜头，着重刻画了女性被欺凌的弱势形象；镜头④中，敖母赶到医院看望女儿的镜头，拍摄景别有意从近景推到特写，侧拍敖母哭泣的情景，通过由远及近的景别变化，强化对人物面部表情的关注，敖母单手撑头捂住眼睛的特写画面富有冲击力，表现受害人母亲悲痛欲绝、心疼懊悔的情感，也引发受众的同情。

在描述、呈现家暴发生过程的镜头⑤中，节目拍摄其受害场景，运用大量摇晃镜头的拍摄手法，制造紧张恐怖的效果。然而在采访躺在病床上的女受害人敖某时，镜头拍摄以俯拍为主，采用的是固定镜头和近景拍摄的方式，配以"打这个头，整个眼睛都打烂了"的同期声，有意让镜头捕捉到受害人敖某悲痛、难受的面部表情，以及明确的手势动作，使受众通过近景画面，关注女性受害人讲述不堪回首的血腥暴力场景时无比恐惧的内心活动，也暗示出女性无力反抗、受迫害的弱势人物形象。

《受伤的女人》这期节目中关于色彩的呈现与运用，给受众带来压抑的视觉感受和情感体验，尤其是镜头③和镜头⑤，呈现受害人形象时，采用了低调的光影和冷色调的颜色，以灰色调来渲染晦暗的情绪，刻画女受害人在病床上时虚弱、痛苦的身体状况。受害者脸部面目全非的"第一印象"打动受众。画面整体进行了黑灰色彩处理，通过从白色到灰色再到黑色的色彩变化，层层推动了故事的发展，使受众的心情随色彩的改变变得越来越沉重，演绎出女性在家暴演进过程中不断加深的忧伤心情与晦暗情绪。

在声音上对女性弱势形象的呈现占据主要位置，除了镜头①和⑬使用了主持人的陈述与评论，其他镜头主要使用同期声和解说词的叙事，给观众带来感同身受的效果，使整个案件的叙事感性化。在刻画女性受害人敖某时，大量运用了她的同期声：

> "（我）现在很虚，很痛，头痛，眼睛看不见，牙齿也很痛。"
> "打（我）这个（动作）头，整个眼睛都打烂了。"
> "（把我）放到小床撬牙齿，用那个开水有意地冲进我的口。"
> "用铁丝烧我的乳房，好吓人。"

这种语言叙事方式，一方面是增强了节目的真实感，让受众看到了一位家暴下被摧残的女性形象，另一方面，有利于拓宽不同地域受众的理解力，感同身受，制造一定的情感氛围。通过人物同期声，塑造出了敖某凄惨的经历与现状，以及了解她丈夫残暴背后的原因，给予女性受害人以同情。

女受害人敖某的家暴经历极具代入感和冲击感，故事呈现的文字语言故意凸显敖某遭遇的过程和细节，刻画出女性脆弱、易受伤害的生理特征。通过对句子"我在睡觉的时候，他拿那个铁棍打我"等表述，表露出无辜受害的女性形象。

解说词的补充和说明使人物形象的呈现更为立体，更深入人心。如镜头⑤中的解说词，让受众看到了被家暴的细节，残暴的肆虐过程，不禁让受众倒吸一口冷气。"面容狰狞""使劲""打伤""猛砸""乱打""发疯""大打出手"等词语均是对丈夫曾昭达暴力行为细节的描述，以丈夫的凶残性格和强势地位反映出妻子敖仕党的无奈情绪和弱势地位；"挣扎""忍着""疼""昏死""挣脱""忍气吞声"等词语都是对女性受害人受迫害状态的描写，表现出了女性面临家庭暴力侵害时消极逃避、忍气吞声、优柔寡断的解决方式，以及软弱和无力反抗的形象。

> "第一次见面敖仕党并没有看上曾昭达，但是曾昭达对敖仕党却情有独钟；强烈的爱情攻势下，最终动心了。"

> "家人强烈反对；曾昭达家庭条件不好，没有一份稳定的工作，不应该是理想的结婚对象。"

这些解说词的介绍让受众明白悲剧发生的前因后果，盲目的婚姻是导致这场悲剧的背景。

> "为了一岁多的儿子，对于丈夫赌博的恶习，她总是忍气吞声；丈夫不仅不听劝，反而骂了她；时间长了更是对她大打出手。"

以上解说词说明施害者在性格上的缺陷，而受害人却没有及时反抗，选择了忍让和退缩，导致了越来越悲惨的局面发生。

从文字标题来看，《受伤的女人》这个标题具有极强的故事性，节目在扑朔迷离的故事发展中首先明确了受害的主体为女性，故意渲染报道节目中的"女性"元素。可"女人"一词在标题中不单纯只是作为身份进行呈现，而是被动的、作为电视节目的消费文化产品被呈现出来。同时，标题中用形容词"受伤的"有意来加深受众对女性脆弱、单纯、易受伤害等弱势形象的认识。

在这个案件中节目除了呈现女性受害人的声画系统，还通过医生、邻居、知情人再现案件发生的过程以及对当事人的评价，从侧面刻画了女受害者的人物性格。医生说：

> "是给硬物打伤了，全身多处烧伤，用铁器灼伤了双侧的乳房和那个会阴部，当时头肿胀得很厉害，眼睛都睁不开。"

> "见过很多被打伤的患者，但像敖仕党这样受过多种器具伤害的还属罕见。"

节目仅通过采访医生的语言，一方面认定了女性受害人敖某受迫害的伤残事实，即用病情严重、全身烧伤等来表现女性受害人可怜的人物形象，另一方面印证了女性受害人受迫害的细节，即呈现铁器灼伤了双侧的乳房和会阴部、头肿胀、眼睛睁不开、嘴肿、被人用铁钳子撬开牙齿，来博取广大受众的眼球，引发广大受众对受害女性的怜悯之心，固化女性在家暴案中脆弱、受严重侵害而无力反抗的形象。

邻居再现了女性受害人敖仕党逃离受侵害现场的情景。

> "全是血，肿了，全是血，肿了，身上啊衣服通红。"
> "看到头很大，不认得是她，血一路说话一路流。"

邻居和知情人的同期声，以"平民叙事"视角对人物形象进行阐释与塑造。通过仔细观察可发现，这些文字简单朴实，浅显易懂，其中"血肿""衣服通红""头很大""血一路说话一路流"等描述是受众想象到受害人被施暴后的惨状，牢牢地抓住了公众同情的心理，让以上这些刺激型、暴力型的词汇和短语，不由自主地就能引发受众的"凝视"，最终在平民化的描述中，受害女性被凝视、被消费。知情人对受害者丈夫曾昭达加以描述。

> "我（知情人）叫他（曾昭达）好好做人，他说打工没有出路，要去赌博，天天喝酒，赌博。"

看似是节目在直接表现丈夫曾昭达赌博、喝酒、好吃懒做、不听劝告的恶劣品行，实际上是在侧面衬托女性受害人敖仕党日常的家庭生活状态，更是在为她悲惨不幸的遭遇起铺垫作用，勾起受众对接下来将会发生的故事的好奇心。而在房主对曾昭达的另外一些描述中深入刻画出丈夫在家中脾气暴躁、性格偏激、控制欲强的强势地位，比如：

> "他（曾昭达）在楼梯门口，用木板装了一扇门，门上钉满了钉子，这样她（敖仕党）就出不来。那个女的（敖仕党）在里面睡，他也在外面锁上。"

> "他说，这样离婚不让她家里人好过，就说杀掉她们全家人，这样威胁她嘛，她很怕嘛。"

节目通过对丈夫的性格特征和夫妻家庭状态的叙事，反映出女性受害人受限制的行动条件和无力反抗的能力，致使她不得不一次次面临受侵害的弱势局面。

这期节目明确突出了"受伤的"柔弱的女性形象，与标题《受伤的女人》达成内容和表现形式上的契合，节目给足了女性受害者形象的描述空间。

类似的案例还有很多。如2013年8月28日的节目《绝望的主妇》（《今日说法》）中，身患糖尿病、尿毒症的妻子小如起诉丈夫犯有重婚罪，她的同期声呈现了她的忍受和退让：

> "因为我比他大三岁，所以我没有指望过他。"
> "我的印象一直以来觉得我是姐姐，什么都要让着他一样。"
> "我只是想着我让位就好了，我想自由。"

对此，小如的妹妹补充了姐姐的柔弱：

> "哪有女人那么傻，硬把小三塞给自己的老公，本来就很爱这个男人。"
> "我姐姐是被逼的没办法，才接受这个女人进来。"

给受众呈现了一位身患疾病、忍字当头，被伤害时只能屈服的妻子形象，是一个被同情的弱者角色，见图 2-1。

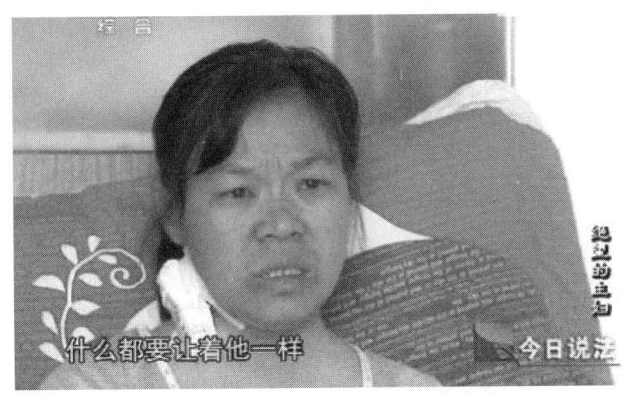

图 2-1　《绝望的主妇》截图

在《少女的厄运》（《法治在线》2015 年 6 月 8 日）这期节目中，两名未成年的少女不仅被迫与犯罪嫌疑人发生性关系，还被其用玻璃碎片划伤脸部。案发后，两名少女为受众还原了案发当时的场景：

"说我俩害他，我俩不承认就往我俩脸上划。"

"没有他力气大，无法反抗。"

展现出女性在暴力行为中柔弱的一面，以此来唤醒社会对女性所处弱势地位的一种同情与关爱。

《失联的女友》（《法治在线》2015 年 12 月 21 日）这期节目中，女性受害者为一个无辜的受害者。因半夜与男友吵架离家出走，就轻易被犯罪嫌疑人杀害。在《海上情人劫》（《法治在线》2015 年 9 月 15 日）这期节目中，女性受害者与情夫一直以海上作业为主谋生，在发了工资的当天，情夫前去赌博将工资输光，回家后因女子抱怨而将其失手打死，突出了女性"弱"的生理特征。

受害者形象较多从涉案角色来看，电视法治新闻类节目描述女性的话语多使用被动句，表示客体性，体现出无能为力感，如"被拐卖""被性侵""被强奸"等。通过法治节目的标题，也能说明这一问题，如《男子编造多重身份，专门诱骗女孩》（《今日说法》2014 年 12 月 1 日）、《女孩为何乘黑车，频频失联遭不测》（《法治进行时》2014 年 11 月 24 日）等。无一不呈现出女性的弱者姿态，这深受我国传统男强女弱观念的影响。

二、草率的——单纯轻信的女性受害者形象

在电视法治新闻类节目中，女性受害人多被描述为没有防范意识、轻信他人的女性，单纯轻信是她们的形象特征。她们大多没有正面出镜，主要以解说词和同期声呈现人物形象。

《法治进行时》2014 年 11 月 24 日播出的一期节目《女孩为何乘黑车，频频失联遭不测》，节目展现了女孩们通过感官印象来判断司机是好是坏。

> "我觉得这人面不善就不敢上了。"
> "开这么好的车应该不是坏人吧。"

通过同期声发现，女孩们对危险并没有敏感地察觉，在暗访中，记者有意在中途停了车，告诉这位女孩走错路了，可是这并没有引起女孩的警惕，她让记者"打开导航吧"，然后继续坐在车里玩手机。女孩们的语言和行为表现她们防范意识薄弱，易轻信他人的心理弱点，也因为这种疏忽和轻信，成为黑车失踪案件的受害人。

《情人的陷阱》（《法治在线》（2015 年 3 月 16 日）讲述了犯罪嫌疑人黄某对女性骗财骗色的案件。在节目中，一名被骗女性已经遇害，另外一名女性在医院，节目通过解说词讲述了女性受害人小丽的可怜遭遇，"身无分文""全骗走了""痛哭流涕""惨遭抛弃""流产的钱还是跟朋友借的"等语句刻画出她对施害人黄某毫无防备、心思单纯的心理。对于人物的具体形象，节目还通过公安局办案人员来描述，从侧面反映出女性的单纯与愚笨、习惯于依附他人、易受伤害的女性特质。

《失踪七年的女孩》（《今日说法》2013 年 1 月 23 日）中的女性受害人 16 岁离家出走，被打工时认识的朋友带到老家"游玩"，结果被拐卖至贵州山区，还

生了一个孩子。七年后她终于被解救出来，但是已经受到了很大的心灵伤害。如图2-2所示，虽然女孩出镜被遮挡了面部，但通过画面中人物的姿态以及解说词的强调，她被拐卖后的生活状态和精神状态都被呈现出来。

图2-2　《失踪七年的女孩》截图

"轻信"是节目中很多年轻女孩的特点。另外，在女孩被拐卖期间，她是有求助机会的，她与姐姐通话时，听到姐姐批评她好久都没有回家和打电话回来，决定放下电话。后来当事人解释了她为什么这么做的原因：

> "可能就是因为我的一点自尊心，太没面子了，太丢人了，另一个
> 原因是担心父亲责怪，要是我听我爸的话，就不会这个样子了。"

出于自尊心、怕责怪，她草率地放弃了自己被解救的机会。虽然这与受害者的家庭教育方式有着密切的关系，但是受众也看到了女孩局限于观念束缚、过于草率鲁莽的一面。

单纯轻信的女性受害者中有一个群体非常典型，就是女大学生形象。女大学生作为典型女性受害者形象，有以下原因：

第一，因为女大学生与其他没有受过高等教育的女性相比代表着年轻和有文化，社会对女大学生的评价标准一般高于其他女性，所以其学习面貌、精神风

貌、行为举止等往往会获得公众的关注，其形象如何影响到公众对高等教育水平以及年轻受教育群体的评价。

第二，作为有知识的、年轻的、"阳光"的女性群体，其媒介形象似乎与本身存在巨大的反差，因而女大学生群体具有新闻价值，常引起媒体对女大学生生活方式的过分关注。❶

第三，近年法治报道领域关于女大学生的报道很多，以女大学生被侵害的案件为主。在 2014—2015 年，我国先后发生多起女大学生失联受害事件，这些案件掀起一股媒体报道的热潮，公众对女大学生的关注度高涨，从此女大学生作为一种标签化的存在，与"遇害""失联""被骗"等字样息息相关。2017 年留学生章莹颖、江歌先后在海外遇害，成为 2017 年十大国际案件，媒体对这些案件排山倒海式地报道，不断加重了受众对女大学生受害者形象的刻板印象。以上案件，女大学生以受害者身份为主，她们本身没有威胁性，但是往往被动地卷入到一些重大案件中去，关于她们的报道往往备受关注。如《法治进行时》2015 年对中国传媒大学女生被害案的连续报道，《今日说法》《法治在线》关于女大学生裸贷被骗报道，都引起了较多的关注。

第四，是对女大学生社会现实的考虑。女大学生因年轻社会经验不足，生活环境单纯导致防卫意识较差，可能容易落入各种陷阱。

除了以上感性上的认识，还有客观的依据作为支持。为了充分了解女大学生作为典型受害者形象是否合理，本书增加了女大学生的节目样本，选取《今日说法》《法治进行时》《法治在线》三档节目 2009 年 1 月 1 日至 2018 年 6 月 30 日的女大学生样本，共获取研究样本 216 期。获取方式是分别使用关键词"女大学生""大学""年轻女子""校园""青春""宿舍"进行搜索，再根据节目内容进行人工筛选，在有的案件中，女大学生本身既是施害者，也是受害者，对此根据案件的主题和公安机关的立场，选取主要的一面进行认定。最后获得《今日说法》样本 78 期，《法治进行时》样本 57 期，《法治在线》样本 81 期。

---

❶ 郭婷. 女大学生的媒介形象塑造误区及对策 [J]. 新闻世界，2010（8）：188-189.

表 2-2　女大学生各角色数量及比例（N=216）

角色	频率	百分比（%）	有效百分比（%）
施害者	29	13.4	13.4
受害者	157	72.7	72.7
其他	30	13.9	13.9
合计	216	100.0	100.0

在 216 期样本中，如表 2-2 所示，女大学生作为施害者的报道有 29 例，占 13.4%，作为受害人的报道有 157 例，占 72.7%，既不是施害者又不是受害人的其他报道有 30 例，占 13.9%。在数量比例上看，女大学生更多地被呈现为受侵害的对象，从数据上肯定了其作为女性受害者角色具有的典型性。

有关女大学生的案件，有刑事案件 149 例，占 69.0%，民事案件 48 例，占 22.2%，行政案件 2 例，占 0.9%，其他案件 17 例，占 7.9%。可见，以刑事案件为主，在案件类型的选择上具有倾向性，与整体的女性当事人的案件类型选择一致。而对于女大学生的学业功课、社会实践相关的民事案件和法律问题展现得较少。

在案件主题上，涉及故意杀伤、诈骗、情感纠纷、性侵四类主题的案件最多，三档电视法治新闻类节目都集中选择这四类主题。不过每档节目还各有侧重。《今日说法》侧重于选择女大学生被性侵的案件，有 19 例，占其女大学生报道的 24.4%；《法治进行时》侧重选择女大学生涉及故意杀伤案件，有 19 例，报道比例占其全部女大学生报道的 21.0%；《法治在线》侧重于选择女大学生被诈骗的案件，有 17 例，占其女大学生报道的 30.9%。以上主题都具有强烈的冲击力，可抓取受众的注意力，女大学生成为节目的"卖点"。

女大学生作为受害者大都选择隐藏身份。在性侵、性骚扰案中，基本上女性当事人都不会正面出镜，也较少采用照片、监控录像的方式，而是一边倒地面部遮挡出镜，呈现出一系列隐去面貌特征的女大学生形象。在一些较为正面的案件中，女大学生或者会选择放弃自己的隐私公开身份。

如《法治在线》2015 年 6 月 25 日播放的《受诱惑沾染毒品　女大学生步歧

途》中一名 20 岁的女大学生，受诱惑沾染毒品，她在网络上结识了很多吸毒者，通过网络建立了一个贩毒渠道，成为贩毒组织者，因涉嫌犯罪和负面形象，《法治在线》对犯罪嫌疑人采用了背面的角度进行拍摄，如图 2-3 所示。而《今日说法》2014 年 8 月 2 日播放的《送祝福的"魔鬼"》中，如图 2-4 所示，受害女大学生进行侧面拍摄加上一定的技术处理，模糊其面部特征，以保护其隐私。

图 2-3　《受诱惑沾染毒品
女大学生步歧途》截图

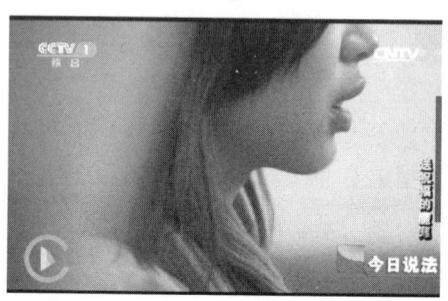

图 2-4　《送祝福的"魔鬼"》截图

节目中可以使用多种面部遮挡方式，如《今日说法》2014 年 7 月 31 日播放的《校园里的幽灵》采用了 4 种面部遮挡出镜：面部马赛克、全身马赛克、背部拍摄和逆光剪影拍摄。节目讲述了犯罪嫌疑人梁某在不同时间涉嫌故意强奸并抢劫同一所高校的四名女大学生——小丹、小红、小芸和小静的案件。这一期节目，展现了四名受害女大学生和其他与案件无关的女大学生，她们分别出镜，小静是其中最为核心的人物，因为她是案件中最为严重的受害者，播放时间最长，并且对整个案情起到了全局的作用，因此，图 2-8 小静的画面是这一期节目的核心画面。

图 2-5　《校园里的幽灵》截图 1

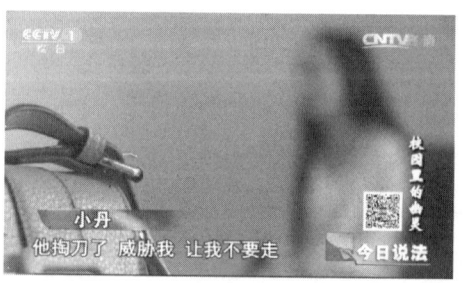

图 2-6　《校园里的幽灵》截图 2

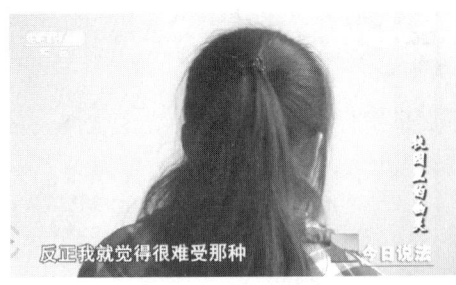

图 2-7　《校园里的幽灵》截图 3

图 2-8　《校园里的幽灵》截图 4

图 2-9　《校园里的幽灵》截图 5

图 2-10　《校园里的幽灵》截图 6

图 2-5 对女大学生采取了正面拍摄并采用马赛克遮挡面部的方式；

图 2-6 选取侧面拍摄并用马赛克遮盖全身；

图 2-7 采取了背面拍摄遮盖面部的出镜方式；

图 2-8 采取了受害人剪影出镜的方式，遮盖了整个外貌特征；

图 2-9、图 2-10 中与案件无关的女大学生都采用了正面出镜的方式。

相比出镜方式，在关于女大学生的 216 期样本中，共有原声 121 例，占比 56.0%；声音后期处理 25 例，占比 11.6%；无声音 70 例，占比 32.4%。可见，女大学生的声音呈现以原声为主，基本还原了女大学生的语言特点，可以对面部被遮挡的女大学生形象进行弥补。

有研究者将女大学生媒介形象分为三类：正面、负面、中性。媒体呈现女大学生的负面形象居多，正面形象屈指可数（奚建莹，2007）。女大学生以"受难者""负面行为者"形象为主，大量负面报道削弱了正面报道的效果（蒋忠波，2008）。媒体在报道女大学生时存在一定的倾向性，有意无意地选择女大学生是"负面形象""弱者"的新闻。女大学生的信息主要与"性"和"就业"相关，虽然正面负面信息兼有，但是还是以负面和中立信息为主，大多数把女大学生置于客体地位（胡特，2009），❶ 并以男性立场加以审视。

在本研究中，女大学生形象多被呈现于刑事案件中，在案件中突出她们失常的心理状态和复杂的感情生活，这可能会潜移默化地影响受众对女大学生的看法，无形中丑化了女大学生形象。

在案件主题上，女大学生涉及故意杀伤、诈骗、情感纠纷、性侵四类主题的案件最多。刑事案件中的故意杀伤、抢劫、性侵等多是暴力犯罪，在生理上女大学生力量薄弱的特点被放大，多表现出来她们被伤害的一面；女大学生涉及情感纠纷的案件比较吸引眼球，如女大学生做"小三"、被包养，女大学生陷入"三角恋"等，女大学生的感情纠纷被聚焦；还有大量女大学生卷入诈骗案件的报道，如女大学生陷入"校园贷"、被男友骗财骗色等，来凸显女大学生错误的人生观和金钱观。

虽然接受高等教育，但涉案的女大学生在媒体中的形象并没有摆脱女性在媒体中的刻板印象。媒体对她们的关注，更多的还是对女性传统特点的关注，涉案的女大学生自身的学历和智慧并没有得到媒体报道的青睐，她们积极向上的一面在媒体中已很难被找到，取而代之的是软弱、无知、虚荣、拜金等一系列负面形象。

同时，解说词对涉案的女大学生的评价较为丰富和负面。主持人对女大学生的评价在某种程度上停留在感性层面。《今日说法》《法治在线》《法治进行时》三个节目从主题的选择、女大学生扮演的角色、被动话语和主持人的评述都能明显体现出这种负面呈现倾向，表现为"爱慕虚荣""拜金主义""单纯无知""懦弱胆小"等潜台词和直接评价。

如《校园里的幽灵》中为女大学生受害者小丹配上的解说词：

> "惊魂未定的小丹出于保护名誉的考虑，一开始并没有向警方道出实情。"

---

❶ 胡特. 互联网信息特点浅析——以网络女大学生形象建构为例 [J]. 新闻爱好者，2009（3）：19.

解释了为什么小丹不敢对警察说出事情真实经过的原因，烘托了女大学生受害者自我保护的心理和受思想观念的限制。给小静配的解说词更为丰富，分别是：

> "碍于情面，再加上怕，小静就被迫与那个中年男子一次又一次的见面。"
>
> "逃离后的小静本想报警，可担心名誉受损，就忍住了。"
>
> "但这事之后，小静依然没有报警，她觉得这是一件羞于启齿的事情。"
>
> "和那名中年男子在一起经历了那么多，小静的内心完全没有戒备，甚至把那名中年男子看成了亲人，准备和他一直这样走下去。就像他的女儿一样，给她家一样的温暖。"

解说词讲述了胆小的小静在施害人的压迫之下不断屈服的做法，正是顾虑到名誉受损，所以侵害一遍遍地发生，也注定了小静的悲剧形象。受害者反而想成为施害者的"亲人"，这是一种扭曲的价值观和心理，反映出小静这个人物的心理缺陷和成长过程中的情感匮乏。

> "他发现一些女大学生十分单纯，容易得手。"

从施害人的角度，解释了小静式的人物之所以受害的原因，进一步刻画了女大学生单纯易受骗的性格特征。

通过样本观察，解说词对涉案的女大学生的评价普遍较为丰富和负面，如"为爱疯狂失去理智""仇恨使她采取报复""案中的女大学生，法律和道德意识都相当淡薄，通过不正当手段挣钱，走上卖淫和介绍卖淫的犯罪道路""不思进取，不务正业，认为自己的美貌是改变生活的资本""单纯的女大学生""又因胆小怕事沦为他人犯罪的工具"等，此类的语言表述非常常见，对人物的表现力极强。

电视法治新闻类节目主持人对涉案的女大学生的评价也在某种程度上停留在感性层面，虽然偶尔有正面的评价，但是节目中很多涉案的女大学生会被归为以下的形象中：爱上已婚男士却遭抛弃，或因情感打击而自杀，或心有不甘采取报复行动；爱慕金钱、急功近利，渴望利用自己年轻美貌的资本不劳而获；法律意识淡薄，知法仍然犯法，通过卖淫、售假、贩毒等非法手段谋利；单纯、易轻信别人；危机意识、防范意识薄弱，遭骗钱骗色；心理脆弱，如考试失利精神失常、被强迫学习自杀等；社会经验不足，碰到挫折和困难难以应对等。对案件中女大学生的"差评"不可避免地带来负面形象。

对涉案的女大学生形象过多负面的呈现，而为其正面媒介形象塑造形成阻力，也会给受众的认知造成影响。在媒介社会里，社会公众对女大学生"客观现实"的认知很大程度上是通过媒介传播的"象征性现实"获取的，"象征性现实"的准确与否几乎决定了公众对女大学生的认知程度。❶ 而电视法治新闻类节目中对涉案的女大学生负面报道比重过高，会造成一种"累积效果"和"普遍效果"，进一步加剧了女大学生媒介形象被标签化和被污名化。

第二节　女性施害者形象

在所选的 342 期案件中，女性是施害者角色的有 112 例，占 32.7%，接近总数的三分之一。随着女性犯罪数量的增加，电视法治新闻类节目也呈现了大批女性施害者形象。

具体来说，女性施害者形象的层次比受害者形象多元，根据对样本的分析，本书得出以下女性施害者形象。

一、拜金的——贪图享乐的女性施害者形象

这类女性形象是电视法治新闻类节目中女性施害人最常见的形象。

如 2017 年 10 月 12 日播出的《新娘的骗局》（《今日说法》），农某骗取了多个男性的信任，进而以结婚为由骗取其财物，在她看来，这是一种轻松又快捷

---

❶ 叶兵，蒋兆雷. 女大学生媒介形象丑化调查与研究 [J]. 北京青年政治学院学报，2007（4）：17-21.

的获利方式，并没有什么不妥。如图 2-11、图 2-12 所示，从农某同期声的字里行间可以看出，她认为是被骗男性自己认知浅薄，没有常识，当谈及被骗者时，她面带微笑，表情轻蔑，塑造了一位为了金钱进行诈骗、聪明反被聪明误的女性形象。"新娘"农某在接受采访时有过这样一段话：

> "我想不通，他们（受骗的男性）为什么要这样随便娶一个人，我觉得他们的（想法太简单），他们不想那么多。"

图 2-11　《新娘的骗局》截图 1　　图 2-12　《新娘的骗局》截图 2

在《人造美女兼职冰妹》（《法治进行时》2014 年 8 月 16 日）这一期节目中，做冰妹的女孩们也是因为金钱而误入歧途，她们对警察交代：

> "最早的时候我看朋友圈儿，有人说有没有女孩想挣钱，我说我也去，他说你挣这个钱吗？我说行。"
> "就是陪客人然后给我钱""我想到可以减肥又可以赚钱，挺好的"，"最早那个客人跟我说的。"

在诱惑面前，爱慕虚荣的她们不知道正确判断，出卖青春，换取金钱。《起底"网络红人"郭美美　拜金之下的畸形人生》（《法治在线》2014 年 8 月 4 日）讲述了郭美美事件。2014 年郭美美因在网络上炫富而轰动全国，后因涉嫌开设赌场罪而被刑事制裁。电视法治新闻类节目用最为常见的构图形式——黄金分割构图，如图 2-13 所示，把受众的关注点集中在主体身上，让受众看到这位曾经拜金至上、嗜赌成性、品行不端的女子，在画面中洗净铅华，穿上看守所的服装等待法律的惩罚，增添了悲剧人物的色彩。

图 2-13 《起底"网络红人"郭美美 拜金之下的畸形人生》截图

有时节目借用女性犯罪嫌疑人身边的家人、朋友，甚至是办案警察的语言从侧面反映当事人的形象。

如《狠心的母亲》（《今日说法》2016 年 7 月 14 日）中卖掉亲生骨肉的母亲小龙，节目通过采访其他人对她的形象进行补充：

小龙经常去菜市场找人赌博，把买菜的钱都输掉了。这个时候，小龙已经生了两个女儿，再加上和前夫生的孩子，一人带着三个孩子，但照样是成天赌博。记者采访其老公和邻里时的对话，从侧面刻画了小龙嗜赌如命、毫无责任感的负面形象。

苏有稳（小龙的老公）说：

"给钱拿去买菜什么，她又去那里赌，看小孩，早上出去，晚上才回来。"

卖肉老板、超市老板和超市店员：

"她经常在外面赌钱的，不做工，她成天赌钱打牌这样的。"

"太知道了，哪个不知道，都知道，卖猪肉的都知道，哪个不知道呀，就是赌钱的。"

小龙爱赌博，这在镇上早就是公开的秘密了，我们在这里，附近都知道，哪个都知道。"

"家里活不干，老公去做工，她还要去赌博。本来就是一个人养三四个，（带孩子）这不是应该的吗？我们女人的话，就不会这样子了。"

（记者）"她带着孩子怎么赌？"

"她背着一个，拉着一个这样子。"

又如，《一岁幼童做掩护，母亲下手偷钱财》（《法治进行时》2016年7月28日）中，如图2-14所示，综合运用了"斜前侧+平摄+中景"的拍摄方法塑造了一位女窃贼的形象。犯罪嫌疑人在画面的呈现方式大致可分两种，一种是采访画面，一种是监控画面。在采访画面里，节目对涉嫌盗窃的犯罪嫌疑人韩某主要采用斜前侧的拍摄方向、平面拍摄高度，中景拍摄距离的拍摄方式，在镜头下，可以清晰地看到韩凤云的动作和神情，灰白背景下，她身着黑白格上衣，低着头，有一种晦暗、凄凉之感，营造出韩某懊悔不已的心境。

而在监控画面里，见图2-15，她正以儿子做掩护下手偷取服装店抽屉里的钱财。限于摄像头的安装位置，画面中她以俯摄视角下的侧面出镜，节目反复播放了这一镜头，呈现出她东张西望，开柜拿钱的一系列动作，表现了女子心绪不宁的状态以及鬼鬼祟祟的行为，节目还使用特写镜头和停帧镜头，重点拍摄她打开抽屉，手握现金，把钱装进自己口袋这一动作，向受众证实了韩某的盗窃行为成立。

图2-14　《一岁幼童做掩护，母亲下手偷钱财》截图1

图2-15　《一岁幼童做掩护，母亲下手偷钱财》截图2

办案民警证实了犯罪嫌疑人韩某盗窃的过程，而且对"三次"偷窃行为进行了强调。

"为了更好地实施盗窃，拿孩子当掩护，她把这孩子又一次放到纸箱子里，纸箱里很多衣服架，衣服架都是铁质的东西，比较尖锐，她丝毫不顾及孩子是否被扎伤或者刮伤。"

可以看出节目对韩某不称职母亲形象的刻画与呈现。从动词和形容词来看，节目使用了"可疑""别有用心""下手""蠢蠢欲动""一门心思""狡猾""溜之大吉""伸进"等词语，呈现犯罪嫌疑人不务正业、心怀不轨的心理状态；"狡猾""可疑""溜之大吉"均是贬义，凸显出韩某内心贪婪、行为恶劣的负面人物形象。

除了自然原因和环境原因，在一定情况下，节目拍摄者会故意进行光影处理，把节目调成高调或者低调，来烘托人物形象。以下两个画面中的女性，如图2-16、图2-17所示，一位是《家人集体贩毒 一家四口被拘》（《法治进行时》2016年4月27日）中涉嫌贩卖毒品的女嫌疑人，一位是《欲盖弥彰》（《今日说法》2015年7月25日）故意杀人案中的女证人（当事人家属），画面的光影都进行了低调处理，表现出画面主体人物的负面情绪和处境，整个画面的气氛是压抑的。而其中的女性形象也自然是悲伤的、阴郁的。

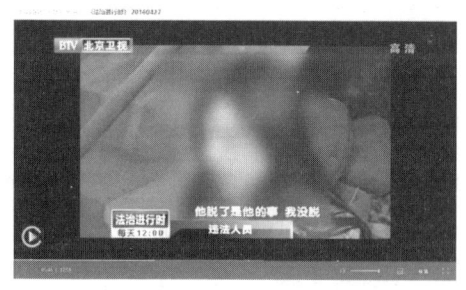

图2-16 《家人集体贩毒 一家四口被拘》截图

图2-17 《欲盖弥彰》截图

二、冷血的——手段残忍的女性施害者形象

《欲盖弥彰》（《今日说法》2015年7月25日）讲述了一起谋杀案，涉嫌杀

害丈夫的妻子刘某，故意制造假象，转移亲属和公安机关的注意力，使案件停滞两年，最后通过公安机关不断地追踪走访发现破绽，才最后破案。案件的嫌疑人刘某是这期节目重点塑造的人物，如图2-18所示，她本人出镜和说话的内容很少，只表示"不知道"，表情漠然。所以节目中采访了她的女儿，如图2-19所示，用她女儿的同期声从侧面表现她的人物形象：

"我妈从小就心硬，可狠了。我长这么大就见我妈号过两回，再也没见过她哭。"

"心太狠了，她根本没想过我和弟弟，她一直想着她一生的快乐而已。"

"她害的不是我们一个两个，她害的是所有的人，害的我外婆现在叫人瞧不起，害得我爷爷奶奶承受丧子之痛，害得我和弟弟将来叫人家背后笑话，我现在不知道将来以后弟弟娶媳妇，人家家里同意不，谁愿意把女的嫁到这种狠心的家庭。"

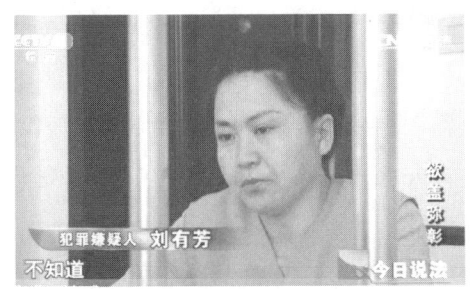

图2-18 《欲盖弥彰》截图1

图2-19 《欲盖弥彰》截图2

刘某女儿的话语反复强调了一个字"狠"，一位狠心的妻子，一位狠心的母亲，一位狠心的杀人犯。

在2013年10月11日的节目《遍体鳞伤的母亲》中，如图2-20所示，有这样一段画面：一女子涉嫌虐待母亲被带到派出所问话，警察问她为什么要打她母亲，该女子称母亲太吵了，就拿手上的扫把敲她一下，在这个画面中采用了中景拍摄，两名警察在左，该女子在右，而这两位警察出境时占到了整个画面的约三分之二，该女子则在画面的右侧角落里，且警察处的光线明亮，与女子身处的位置形成了很鲜明的对比。在一定程度上，从节目的镜头语言中是可以看出节目组对该女性嫌疑人的谴责和批判。

图 2-20　《遍体鳞伤的母亲》截图

三、冲动的——一时糊涂的女性施害者形象

节目中有很多女罪犯并非本身是大奸大恶之人，只是在人生的某个阶段遇到了困难而选择了不当的处理方式，从而危害了他人的生命、财产及其他权利，也使自己陷入囹圄。

《夜半情迷》（《今日说法》2012 年 7 月 14 日）中讲述了妻子王某因与丈夫感情破裂，为了摆脱丈夫的控制与情人将丈夫谋杀的案件。对于这样的家庭悲剧，王某一直在哭泣，她在接受采访时说：

"我现在已经没有恨，恨不起来，觉得对不住他。"
给马上高考的女儿打电话时也表示了深深的忏悔。
"女儿你能原谅妈妈吗？妈妈对不起你，妈妈错了。"

"一失足成千古恨"是对这类女性最好的总结。

还有很多同样类型的案例，如《通话中的尖叫》（《今日说法》2015 年 2 月 7 日）中的女子同酒店的男同事为了 1000 元实施盗窃，见事败露杀人逃离，结果罪行越来越大。

在其他节目中也常出现一些不能明辨是非而做出错误抉择的施害者，如《女儿伙同父亲绑架闺蜜》（《法治中国60分》2017年7月10日）中的"女儿"，在接受采访时她说：

> "我说为什么干这个事呢，肯定是这种心态，他就说实在就是过不下去了。"

表明了案中的"女儿"对父亲的所作所为并没有清晰的认识，只是用同情心来进行判断是非、做事缺乏理智而走上犯罪道路。

当女性处于施害者地位的时候，对其的评价印象往往都是强势以及负面的，不过对于这一类别的女性，事件发生的原因较为复杂，并不能简单凭借"刻板印象"，用"强势"和"负面"进行判断。这类女性施害者形象，对受众而言具有较强的教育意义。

四、霸道的——不知悔改的女性施害者形象

在已有的女性形象中，一般会认为女性多为弱势形象，但是在画面呈现中却有大量女性强势的画面。

如2015年5月10日播放的《员工受伤，老板拒赔》（《法治进行时》），如图2-21所示，通过俯拍角度、中景画面表现被执行人拒不配合法院的调查。在被执行人多次不配合调查的情况下，法院工作人员准备强制带被执行人走，中景的画面呈现为被执行人挥手以表示拒绝配合，搭配同期声：

> "你先别这样，我有申诉权！"

以及在强制带走被执行人时，配上同期声：

> "你有什么权力碰我啊，你算干吗的，你们有病，吃饱撑的！"

声音高亢，语气强烈，对执法人员的强制执行表达强烈的不满与反抗，描绘

了一个藐视法律尊严、不知悔改、非常强势的女性形象。

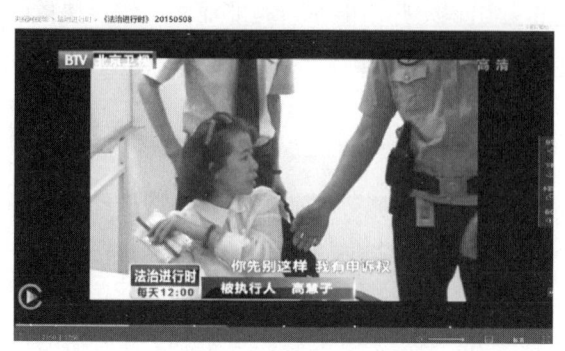

图 2-21　《员工受伤，老板拒赔》截图

同样，《法治进行时》2017 年 8 月 19 日《出警 110：酒后无德滋事，债主开车堵门》中，更加完整地呈现出女性的强势形象。在该期节目中，通过远景、中景的景别和平拍角度呈现债主开车堵门、欠债人踹车的画面。女债主的同期声表现出十分强势的形象：

　　"你打我啊，打我啊，干吗呢，凭什么踹我车呢。"

　　"你信不信我把你店砸了，我今天就堵你家门口。"

2016 年 4 月 27 日《家人集体贩毒，一家四口被拘》（《法治进行时》）中，犯罪嫌疑人伍某有 30 年的吸毒史，多次因涉毒被拘，她的丈夫也因为吸毒患病身亡，但是她并没有因为丈夫的离世而痛改前非，继续贩毒并组织卖淫活动。被警察抓获时，她反问警察：

　　"什么东西？我不知道。"

　　"你们找吧，找到了砍我的头都愿意，我真的没有毒品。"

而一起被拘的卖淫女的同期声是：

　　"他脱了是他的事，我没脱。"

　　"我们是朋友关系，刚认识的。"

>　　"他喝多了，过来找我聊会儿天。"

在这期节目中，受众看到了事实摆在眼前但是违法者拒不承认的强势形象，两人的语气和语调方面也充满了不屑与挑战。

《南京虐童案一审庭审纪实》（《法治在线》2015年10月16日）中，女犯罪嫌疑人李某对收养的男童进行殴打致轻伤，对此检察院提起了公诉控告李某故意伤人罪。这一期节目主要是对法庭开庭情况的报道。在开庭过程中，李某进行自我辩护：

>　　"我打了宝宝，但是我没有打那么重，我没有虐待他，我都50岁人
>
>　　了，我手有多重啊，这不公平。"

其所述的内容和伤情检查的结果不相符，语气强硬，拒绝认罪，亦是非常强势的女性形象。

以上女性施害者形象在电视法治新闻类节目中较为常见，除此之外，还有一些其他的女性施害者形象，她们不遵守社会公德、挑起邻里纠纷、破坏工作秩序等，是电视法治新闻类节目的重点批评对象。

第三节　其他女性当事人形象

其他女性当事人是在案件中并没有处于施害或受害的位置，但是却成为案件的核心人物，如民事纠纷中的女性当事人以及见义勇为行为中的女性当事人等。在所选的342期案件中，其他女性当事人角色有33例，占9.6%，占较小的比例。

根据电视法治新闻类节目的样本，重点突出了以下两类其他女性当事人的形象。

一、计较的——争执不休的女性当事人形象

在电视法治新闻类节目中，有一些民事案件，案件双方当事人各自举证，观

点相左，从而对案件的结果争论不休，常涉及的纠纷有家庭财产纠纷、离婚纠纷、合同纠纷、房屋买卖纠纷、著作权纠纷等，双方地位平等，没有明显的施害和受害关系。

在《保姆变继母》（《今日说法》2017 年 8 月 31 日）这一期节目中，已故老人的遗孀蒋某与老人的女儿因遗产分割产生纠纷，对于遗产分配问题，双方各执一词。蒋某认为这些年老人都是和自己一起度过的，女儿很少照顾父亲，自己理应多分遗产。

"他讲如果你不来我早就死了，没人心疼我，没人照顾他，有个女儿也不问他事，有个女儿有什么用？"

而老人的女儿认为蒋某并不应该被分遗产：

> "她做保姆也不合格，她做饭做菜，我们吃过几次，那就是盐多、油多、糖多。"

> "老人一生病就到我这里来，我服侍好的，营养是老公给他买的，老头干净地走掉的，是我清理的，那老太是不可能清的。"

强调其在照顾老人方面自己尽了主要义务，两个人都强调自己在老人去世之前所发挥的作用，对对方都存在一定程度的不满。

此类纠纷大多为民事法律纠纷，主题集中于财产的分配、家庭关系的处理、合同的执行等，对民事案件电视法治新闻类节目会充分展现双方的观点，由受众来评判是非对错，所以对人物同期声的运用会更加充分，便于受众进一步把握当事人对人、对事的态度。这些报道体现了现代社会纷繁复杂的民事法律关系，也呈现了在法律纠纷中争执不休的女性形象。

二、勇敢的——热心负责的女性当事人形象

在电视法治新闻类节目中，有一些女性古道热肠，在平凡的岗位和日常的工作生活中对他人伸出援手，有助于化解社会矛盾，维持法治秩序。

《的姐勇追劫匪　50 万完璧归赵》（《法治在线》2010 年 5 月 9 日）这期节

目中就呈现了一位非常勇敢热心的女出租车司机形象。南京市民刚从银行取出的50万元现金被飞车抢夺，的姐陈师傅热心相助，帮助受害人追赶上匪徒。这期节目对陈师傅的拍摄都是采用了同一个角度，即斜侧面近景拍摄，如图 2-22 所示，她在镜头中详细介绍了整个案件过程和她的心理感受。画面有较强的立体感，被摄对象的面貌和姿态都非常清晰。正面出镜没有进行技术处理。这种斜侧面（无遮挡）+近景+本人出镜相结合的方式，表现出了陈师傅热情助人、配合警方打击犯罪的决心。

对她的形象还同时以同期声进行塑造。回忆案发时的场景时，她说：

"阿姨让他上我的车子，我就在后面跟着追，一直追到里面就追上了。"

当问到为什么挺身而出的时候，她的回答是：

"因为出于本能吧，换成每个人都会这样去做的。"

用非常质朴的人物语言，烘托出一位善良、勇敢的女性形象。

图 2-22　《的姐勇追劫匪　50 万完璧归赵》截图

《不要对我说谎》（《今日说法》2012 年 8 月 6 日）中呈现了一位命运坎坷，但积极进取、善良勇敢的女性形象，如图 2-23 所示。年轻女孩张世琴是一名孤儿，她路遇弃婴将其抚养。节目展现了她收养弃婴而产生的矛盾。如图 2-24 所示，她与外公因为弃婴而发生争吵，双方各执一词。外公的想法是"女孩子就老老实实成个家"，而张世琴的想法是把弟弟养大成人，并不考虑自己的事情，因为她自己本身也是弃婴，被养父抚养成人，所以对捡来的弟弟充满同情，不顾周围人的议论而独立承担起养家的责任。她虽然年轻但是非常具有责任感，勇敢地挑起了养家的重担。

图 2-23　《不要对我说谎》截图 1

图 2-24　《不要对我说谎》截图 2

　　另外，电视法治新闻类节目还塑造了很多伟大善良的女性形象，如《车祸瞬间见证伟大母爱》（《法治在线》2010 年 5 月 9 日）中的母亲周丽等，用她们的先进事迹给电视法治新闻类节目带来正能量。

第四节　女性执法者形象

　　电视法治新闻类节目也呈现了女性执法者的形象，她们多来自公安机关，在节目中树立了权威、公正的形象，同时节目也会表现她们人性化的一面。

一、职业的——爱岗敬业的女性执法者形象

　　《法治在线》与《法治进行时》节目对女性执法者的呈现较多。其中，最为突出的是《法治进行时》中的系列女警形象，从不同的警察岗位中挑选出其中的佼佼者，进行人物专题报道，并运用电视视听符号精准地塑造了这些女性的正面形象。如《巾帼女法医　细心助破案》（《法治进行时》2011 年 6 月 7 日）讲述了受众眼中神秘的职业——法医，而这期节目的主角是北京公安局的法医张

田。与电影中的桥段不同，她的工作是琐碎而繁忙的，常常与垃圾堆、臭水沟打交道，工作环境非常恶劣，工作的性质也与女孩子爱美的天性相冲突，也造成了她相亲中的挫折。不过她的细心勘察却屡屡破获大案，为打击犯罪工作做出贡献。因为要展现法医的工作环境，如图 2-25、图 2-26 所示，节目里大量镜头是关于张田工作的场景，运用了大量中景镜头。在电视节目的叙事中，中景是最常用的景别，展现人物膝盖以上的部分或某一场景局部的画面，重点在于表现人物的上身动作，用于推动情节。中景较好地展现了女法医的动作，也能够准确地表达她与环境之间的关系。通过这一系列画面，节目塑造了一位专业、敬业、让人敬佩的女性形象。

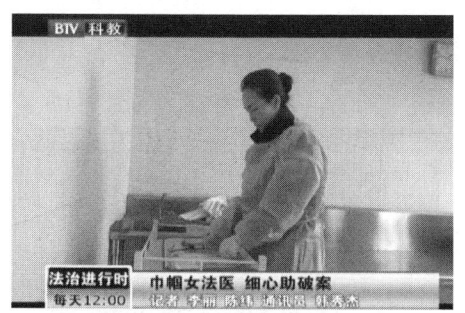

图 2-25　《巾帼女法医
细心助破案》截图 1

图 2-26　《巾帼女法医
细心助破案》截图 2

《北苑商圈的女民警》（《法治进行时》2018 年 3 月 20 日）中迎难而上的女片警文琦，见图 2-27，画面构图上她处于中心，以其他民警作为陪体，突出了她的主体地位，并暗示这位女民警拥有较强的工作能力并受到认可。讲到女性性别对片警工作的影响，她的人物同期声为：

> "不是特别好管，撤店的频率比较频繁，而且看着我是个女的吧，不太给面儿。"

> "谁说女子不如男？"

体现了其作为女警察的艰辛与不轻言放弃的性格。在填写中国人体器官捐献志愿书时，她说：

"作为我这个行业，我永远不知道意外和明天是哪一个先到来，我总是想，如果我意外离开了，我还是想我的眼睛能看到这个世界。"

给受众呈现了一位敬业、乐观同时又有爱心的女警察形象。

《蓝剑突击队中的女神枪手》(《法治进行时》2018年3月5日) 中的核心人物是刻苦训练的特战队队员李扬，如图2-28所示，画面展现了典型的射击动作，体现这位女神枪手的干练与勇敢。解说词和同期声展现了她训练的过程。对于训练，李扬迎难而上，困难激发了她的斗志，体现了这位女性锲而不舍的精神：

"如果别人跑5分钟，我就跑不完，我跑6分钟，别人一个小时完成的，我两小时完成，反正我总归把今天的任务完成。"

图2-27　《北苑商圈的女民警》截图　　图2-28　《蓝剑突击队中的女神枪手》截图

有些女性执法者因岗位的特殊性无法正面出镜，所以进行了画面处理。如《海关除夕不放假》(《法治进行时》2014年2月9日) 中的缉私女警察。如图2-29所示，画面的总体基调为深蓝色，警服的颜色成为画面主要的色彩，画面设置了前景，一朵粉红色的鲜艳花朵，两者之间形成强烈的色彩反差。粉红色的花朵象征着美好、蓬勃的生命，而深蓝色的缉私女警警服象征着我国法律的尊严。色彩反差让我们看到缉私女警工作的威严与正义追求。

图 2-29　《海关除夕不放假》截图

电视法治新闻类节目塑造了一批能力突出且具有职业精神的女性执法者形象，同时还呈现了一批女法官、女检察官等司法工作者形象，如《难断母女情》（《今日说法》2017 年 7 月 7 日）中给当事人一点一点计算账目、妥善解决遗产纠纷的女法官张晓燕等，这些形象都非常积极、正面，给受众传递了正能量。

二、柔情的——充满爱心的女性执法者形象

女性执法者除了有其专业的一面，还有其人性化的一面。电视法治新闻类节目还呈现了她们作为女性充满爱心的形象。

如《派出所故事：爱心妈妈团　感化吸毒女》（《法治进行时》2017 年 7 月 31 日），两岁女孩大宝的母亲因吸毒被治安拘留十天，派出所组成爱心妈妈团来轮流照顾孩子，爱心妈妈给予孩子细心的照料，也发现了这个两岁孩子因为家庭原因被造成的心理伤害，爱心妈妈观察细微：

> "这孩子非常没有安全感，睡着睡着会突然坐起来，然后你就挨着她拍拍她，她就会安静下来。"

> "这不是一个两岁孩子能做的事，让我们看了心里特别不舒服。"

派出所的爱心妈妈们非常心疼和担忧大宝，她们诚恳的态度终于感化了孩子

的母亲。这期节目的主题体现了女警察身为人母的一面，从人物的同期声看到了女警察们对孩子细致入微的观察与照料，以及对她人生未来的帮助，在负面的社会事件面前传递了正能量。

第五节　女主持人和女专家形象

女主持人和女专家都是电视法治新闻类节目中比较正面的女性形象。近些年，电视法治新闻类节目中的女性主持人形象日益增多，从一定程度上，可以降低法治节目的"刚性"特质，拉近与受众的距离。

电视法治新闻类节目主持人是节目框架的主要搭建者、叙事节奏的把握者、案件内容的还原者和案情是非对错的主要评论者，其形象往往代表了其所在节目、所在媒体的形象。女嘉宾以学者、心理专家、律师为主。她们大多是各个领域的杰出女性，有威望、知识丰富，为受众阐明法义、心理引导或者提供建议，并对案件进行精要评论，起到画龙点睛的作用。

一、权威的——庄重严肃的女主持人形象

在电视法治新闻类节目中，节目中女主持人则通过对案件主题选择、人物采访、节目录制、内容剪辑、对节目节奏把控以及对案情进行解说或访谈，使节目的呈现更加完整。在一些情况下，女主持人也要身兼记者的职位，对案件当事人进行采访，了解案件的细节和当事人的心路历程，并运用新闻学和主持方面的专业技能对节目进行推进，乃至为受众了解案件提供法律知识。而女专家偶尔出现在节目中，以其独特的理论视角，对案件进行深层次剖析，启发受众。

主持人大多正襟危坐，形象较为严肃、理性，与法律的权威相呼应。对于正面形象，电视法治新闻类节目以正面、斜侧面拍摄为主。正面拍摄是与被摄对象正面形成 90 度角的拍摄位置，有利于表现被摄对象的正面特征和横向线条，在拍摄人物时，可以看到人物完整的脸部特征和表情动作。这是一种符合日常视觉习惯的角度，所以可以促进电视中的人物与受众之间的交流，也可以突出一种庄

重稳重的形象，并增添严肃静穆的气氛。

对其拍摄基本采用平摄的视角，突出一种客观中立的立场，没有俯摄和仰摄的主观色彩。同时，通过平等视角增强她们的亲切感，加强了受众与她们的交流，以提高传播效果。

女主持人出镜的画面多使用单画面构图，如图 2-30 所示，按照黄金分割构图的方式呈现，以突出人物形象，但是偶尔也会使用多画面构图方式。《法治进行时》（《男子怀疑女友出轨　出租房内挥刀行凶》，2009 年 7 月 10 日）曾有过尝试，如图 2-31 所示，主持人徐滔和被家暴女性以双画面呈现（独立小画面都是黄金分割构图），主持人对施害者进行了谴责，对受害妇女给予了同情和关注，呼吁妇女权益保护。构图设计两者面部相对，在画面中形成了交流感，体现了女性之间的相互扶持与帮助。在多画面构图下，画面切换频率放慢，以适应节目稳重的风格。

图 2-30　女主持人常规出镜截图　　　　图 2-31　《男子怀疑女友出轨
　　　　　　　　　　　　　　　　　　　　　　　出租房内挥刀行凶》截图

《法治进行时》的警务播报板块由女警察担任主持人，如图 2-32 所示，女警正面出镜，姿态端正，讲述北京地区的警务情况，比专业的女性主持人更具权威性，其媒介形象以庄严、稳重为主。

图 2-32 《法治进行时》节目中女警察出镜截图

二、专业的——博学理性的女专家形象

电视法治新闻类节目也呈现了一批专业的职业女性，如《今日说法》每一期节目都会邀请一位嘉宾。邀请的女专家在节目中呈现了专业、理性、权威的形象，体现了现代女性积极正面的特点。

对于女性专家的呈现，电视法治新闻类节目没有太多花哨的构图方式，以稳重、平实的构图为主，如图 2-33 所示。并广泛使用静态镜头。电视法治节目静态镜头拍摄方式较为广泛。在静态镜头中，机位和被摄对象的位置比较固定，当事人的形象被框定在一定范围中，重点体现其语言表述的内容和相对应的微观表情。

图 2-33 女性嘉宾出镜截图

静态镜头表达方式较为客观冷静，对女性形象的呈现有深入效果。在静态镜头下，有利于受众把注意力集中在女性专家的语言分析中，对案件进行思考。

对女性专家节目也普遍使用平摄，一方面体现其客观性，减少主观评判，另一方面因为受众与被摄主体处于相同的心理位置，在心理上是平等的，可以表现出一定的交流感，这种平等的视线，放低专家高高在上的姿态，减少说教的意味。

目前在电视法治新闻类节目中，相比其他女性形象，女性专家的形象在画面呈现中较为单一，其形象需要通过声音符号进行大量呈现。女性专家主要从一些专业知识的角度对案件进行剖析，对案件和人物发表评论。

如《夜半情迷》（《今日说法》2012 年 7 月 14 日）讲述了妻子王某因与丈夫感情破裂，为了摆脱丈夫的控制与情人将丈夫谋杀的案件。对于这样的家庭悲剧，女性心理专家进行了评价：

> "该做什么还要做什么，如果真的到法院去，可能会修复她的婚姻，也可能法官根据情况进行判决的。但是她并没有尝试这样去做，她凭的是一种怎么样把这事用最简单的方法解决掉，好像让自己摆脱了痛苦，其实呢，她用了一个很愚蠢的方式。"

虽然评论非常简短和口语化，但非常明确地表明了自己的立场，给身处家庭矛盾之中的女性提供了一个更为妥当的纠纷处理办法。

不过，有的嘉宾也会把个人观念带入到评论中去。如《最后的直播》（《今日说法》2010 年 9 月 20 日）这一期节目中，嘉宾评论：

> "现在很多的年轻女学生，选择动不动就要自杀，离家出走这样极端的方式，来处理一个很绝望的关系，这实际上也是一种不负责任的表现。"

这个评论对女学生群体似乎并不公允，存在以偏概全之嫌。但是大多数女性专家的评论是非常理性和客观的。

以上是电视法治新闻类节目中常见的女性形象。这些形象并非是孤立的，而是相互关联的，一期案件可以同时塑造几种女性形象，通过声音与画面、文字的相互配合共同完成形象的呈现，体现不同女性命运的关联与形象的反差。

如《"准后妈"虐童事件调查》（《今日说法》2013年2月21日）塑造了受伤的女童和狠心的后妈等几种女性形象，其声音的运用以及与画面的配合也比较典型。

镜头一：

画面：躺在病床上女童的画面。

解说词："一个女孩躺在病床上，头裹纱布，双眼浮肿，满脸伤痕"，"她叫佳佳，只有两岁11个月大"。

表明佳佳在年龄上的"弱"和身体所受的伤害。

镜头二：

画面：医生抢救的画面。

解说词："医生下达病危通知""这个不满三岁的女孩心跳停止"。

对这个不满三岁的孩子出手这么重，可以推断"准后妈"曾冰是一个非常凶狠的人。

镜头三：

画面：办案警察出镜讲述案情。

同期声："犯罪嫌疑人已经怀孕5个月，当晚给佳佳洗澡，佳佳哭闹，心情非常烦躁，就打了佳佳两个耳光""小孩抽筋，小便失禁"。

使受众看到了一个对孩子随便施暴的女性形象。

镜头四：

画面：医生出镜说明死亡原因。

同期声："医生表明死亡原因是长时间瘀血渗血导致死亡。"

"准后妈"对佳佳的殴打是长期进行的，并不只是那两个耳光。

镜头五：

画面：施害者曾冰的姨夫出镜。

同期声："在家里是比较温顺的""很老实""来了这几个月以后就好像变态了一样"。

设置了施害人曾冰性格反差的悬念。

镜头六：

画面：佳佳的父亲出镜（低头）。

同期声："亲生的女儿被她打死了""我不想看到她""我希望她判死刑"（声音低沉）。

看到了佳佳父亲对曾冰手段残忍的怨恨。

镜头七：

画面：佳佳生前的照片。

解说词："佳佳特别乖""那天挨了打，见到爸爸什么也不说，是他发现孩子脸上的伤，再三追问，佳佳才开了口"。

孩子的"乖"与曾冰的"恶"形成对比。

镜头八：

画面：邻居出镜接受采访。

同期声："有一次打她打得趴到楼梯上""半夜三四点就听到女孩哭叫的声音"。

表现了曾冰在周围人眼中"恶"的形象。

镜头九：

画面：记者采访佳佳生母，生母低头不语。

记者同期声："作为孩子的妈妈你就什么都不想说吗？"记者追问。佳佳母亲同期声："我后悔没有让她跟着我""跟着我不会这样""我也很心痛""但是我做不了什么""没有能力抚养佳佳"。

呈现出生母的悔恨与软弱。

镜头十：

画面：景物、曾冰的照片。

解说词："曾冰曾经有一段失败的婚姻，对她打击很大""她以为找到了幸福""以种种理由不与她结婚，这让她心怀怨恨""几乎可以一触即发"。

向受众交代曾冰性格扭曲的原因。

镜头十一：

画面：佳佳去世的场景。

解说词："现在对佳佳来说，一切都为时已晚""哪怕关怀再早两天"。

体现了对这个幼小生命的逝去的慨叹以及对施害者、孩子亲生父母的谴责。

镜头十二：

画面：主持人出镜。

主持人评论："直接的法律责任承担者当然是曾冰""无能为力的父亲""无暇顾及孩子的母亲""看到过佳佳头上的伤，听到佳佳哭喊声但是佯装不知或者知而不言的邻居们""他们就一点儿责任都没有吗？"

主持人通过愤懑的质问，声讨佳佳的去世是冷漠的成人们共同制造的结果。

以上通过画面、人物同期声、解说词的运用，共同呈现出弱小的女童佳佳、狠毒的"准后妈"曾冰、软弱自私的生父母、冷漠的女邻居几种女性形象。

综上，在媒介呈现的法治世界中，电视法治新闻类节目通过对案件题材有意识的筛选，用其声画系统呈现出一系列形象各异的女性，她们或者赢弱被欺，或者咄咄逼人，或者单纯无知，或者精于算计，或者屡教不改，或者忏悔不已，或者沉沦堕落，或者积极向上，或者心术不正，或者善良正直。通过对节目所呈现的女性形象的分析和归类发现，女性仍被媒体以某种类型化的方式所报道。这些形象与广告等媒介产品中的女性形象一样，在一定程度上存在被标签化和被视觉"把玩"的情况，可能会导致受众被一些女性形象误导而作出错误的判断。

第三章
电视法治新闻类节目中
女性形象的呈现倾向

第三章
电视法治新闻类节目中女性形象的呈现倾向

　　在依法治国的背景下，本书关注媒体对待女性的态度，从而探究女性是否得到媒体应有的尊重。通过中观层面的角度分析和微观层面的文本分析发现，电视法治新闻类节目在呈现女性形象时是具有主观立场的，蕴含着媒体的价值取向和主观评判。在此基础上，有必要从宏观层面对节目呈现的女性形象的倾向加以总结，从而得出高层次框架。通常我们使用的评判倾向为正面、负面，肯定、否定，正确、错误，积极、消极，强弱等。但因本书的视角是女性主义，所以首先考虑的是支配与被支配关系，遂以强势、中性和弱势来判断节目中女性形象的呈现倾向。同时，因为本书是关于电视法治新闻类节目的研究，涉及违法犯罪和侵权纠纷等一系列法律问题，大部分是关于正义与公正的探讨，所以同时用正面、中性和负面判断节目中女性形象的呈现倾向，以更全面地体现电视法治新闻类节目的主观立场。

　　对电视法治新闻类节目女性形象呈现倾向的把握，除了前面的角度分析所了解的情况，以及文本分析所得到的感官层面体验外，还需要有具体的证据进行支撑。本章主要使用描述性统计的方式，从正负、强弱方面对电视法治新闻类节目女性形象的呈现倾向进行类目建构与编码，对样本进行梳理以获取相应的统计数据，从而进行判断，在前面的分析的基础上得出更为宏观的女性形象，为后续的评判研究打好基础。

第一节　电视法治新闻类节目女性形象的两种呈现倾向

根据本研究的特点，笔者选择了两组倾向角度：正面、中性和负面，强势、中性和弱势。正负和强弱都是相对性的概念，较为抽象，对此要先将其明确，选择一定的标准将之具体化，使之能够被辨别和统计。

一、电视法治新闻类节目女性形象的强弱倾向

（一）分析维度和分类（通过角色和评价）

本书对电视法治新闻类节目中的女性形象强弱倾向细化分为四个维度来判断。

1. 女性的身份

女性在案件中的身份，如一般来说，施害者比受害者强势。

2. 女性语言、表情与行为

例如，强势的女性使用必须、马上等词语，缺乏一定的控制情绪，强迫他人作出某种行为；弱势的女性更多采用可能、也许等副词，语言、神态、动作表现出对他人的顺从等。

3. 解说词的描述与评价

例如，强势的词语有坚强、强迫等；弱势的词语有单纯、易骗、无自我保护意识等。

4. 主持人或其他人的描述与评价

主持人或其他人对女性的口头评价采用了强势还是弱势的词语。

在综合这四个维度的基础上，把女性分为强势、弱势和中性三种情况。

当然这四个维度的定位也具有一定主观性，不过在研究中笔者最大限度地弱化主观因素进行评分筛选，尽量呈现电视法治新闻类节目中女性强弱的总体形象。

以女性当事人为例，作为强势的女性当事人，有以下几个特征：角色是施害

者；女性在案件中表现出强烈的控制欲，以自己的意愿来强制别人行动，性格硬朗果敢，敢说敢做。例如，《今日说法》2017 年 4 月 23 日播放的《"生子"协议》，节目中叶先生的妻子因为"生子"协议，对他一见面就大打出手，阻止他看望女儿。

作为弱势的女性当事人，有以下特征：角色是受害人；单纯无主见，优柔寡断，心理脆弱，易受伤害，没有防卫意识。例如，《法治进行时》2014 年 11 月 24 日播出的《女孩为何乘黑车频频失联遭不测》，讲述了单纯、无自我保护意识的女大学生随意乘坐陌生人的车辆，最后使自身陷入危险的案例。

作为中性的女性当事人，有以下特征：角色中立，本人无不当行为，解说词无表现其性格特征、心理状态的描述，主持没有鲜明的评价，报道或描述时语气中性或间杂着正面、负面或其他两种以上不同的语气，无法判断其偏向，就归入中性这类。例如，《法治在线》2012 年 8 月 16 日播出的《空姐为何被五星酒店"拉黑"》，报道了空姐章晓敏与凯宾斯基酒店的侵权诉讼案，章晓敏因在浴室洗澡遇裸男，向酒店投诉而被拉入"黑名单"，因此状诉酒店侵犯其隐私权和人格尊严。当事人无不正当行为，节目对案件进行了平衡报道，展现了案件审判的过程，没有对案件和当事人进行评论。

（二）女性当事人形象的强弱倾向

1. 总体数据

如表 3-1 所示，在所选的 342 期案件中，女性当事人形象呈现弱势倾向的案例有 154 个，占 45.0%，是最多的；具有强势倾向的案例有 76 个，占 22.2%；中性的有 112 个，占 32.7%。具有弱势倾向的是具有强势倾向的两倍，这与前面的分析类目"女性当事人的角色倾向为受害者角色，相关案件高达 197 例，比例占样本总数的 57.6%；而施害者角色的案件有 112 例，占 32.7%"的受害施害比例相接近，两者呈正相关，不过在后者的基础上数量和比例又有所增加。可见，画外音及主持人对女性当事人进行描述的词语、语句以及口头评价，都对节目展现女性当事人强势或弱势形象起到重要作用，增加了形象表达的信息量和强度。

表 3-1　女性形象强弱倾向数据统计（N=342）

女性形象强弱倾向	频率	百分比（%）	有效百分比（%）
强势	76	22.2	22.2
弱势	154	45.0	45.0
中性	112	32.7	32.7
合计	342	100.0	100.0

涉案角色中，有 33 例是其他角色，占比 9.6%。而在这个类目里，中性的案例有 112 个，接近总数的三分之一，这个数据表示无论女性作为施害者，还是受害者，都可以从中性的角度去表达，进行没有倾向性的评价和说明，表达更为客观，对女性形象的塑造更为谨慎。

2. 形象强弱倾向存在节目差异

在不同电视法治新闻类节目中，女性形象呈现的强弱倾向存在着一定的差异。

体现女性形象强势倾向的，《今日说法》有 37 期，占其所有案件的 10.8%；《法治进行时》有 21 期，占 6.1%；《法治在线》有 18 期，占 5.3%。体现女性形象弱势倾向的，《今日说法》有 61 期，占 17.8%；《法治进行时》有 40 期，占 11.7%；《法治在线》有 53 期，占 15.5%。体现女性形象中性倾向的，《今日说法》有 16 期，占 4.7%；《法治进行时》有 53 期，占比 15.5%；《法治在线》有 43 期，占比 12.6%。

三档电视法治节目呈现女性形象的强弱倾向有一些差异，《今日说法》《法治在线》呈现女性形象的倾向以弱势倾向为主，而《法治进行时》以中性形象为主。《今日说法》在女性强势倾向形象的呈现上比其他两个节目更突出一些，而对中性形象的呈现比例相对较小。

3. 案件主题对形象强弱倾向有影响

虽然女性当事人形象在电视法治节目中以弱势形象为主，但是在不同案件主题中，其强弱倾向也存在不同。

在以故意杀伤、性侵、抢劫和拐卖妇女儿童为主题的案件中，女性当事人形象有比较明显的弱势倾向。在故意杀伤案件中，形象有弱势倾向的有 50 例，强势倾向的有 12 例，中性 22 例；性侵案件中弱势倾向的有 12 例，强势倾向和中性的都只有 1 例；抢劫案件中，弱势倾向的有 9 例，强势倾向有 1 例，中性 4 例；拐卖妇女儿童案件中，弱势倾向的有 10 例，强势倾向的有 2 例，中性 3 例。

以诈骗和经济纠纷为主题的案件中，女性当事人形象稍有弱势倾向。诈骗案件中，弱势倾向的有 24 例，强势的有 14 例，中性 18 例；经济纠纷案件中，弱势倾向的有 10 例，强势的有 8 例，中性 4 例。

以毒品犯罪为主题的案件中，节目中的女性当事人形象体现了强势偏中性倾向。强势倾向的有 7 例，弱势倾向的 3 例，中性倾向的 6 例。

家庭纠纷案件，强势倾向、弱势倾向和中性的数据分别是 11 例、12 例和 12 例，基本上达到平衡状态。也有案件以中性为主，如盗窃案，强势倾向、弱势倾向和中性的数据分别是 24 例、7 例、3 例和 14 例，以中性为主。

4. 涉案角色对形象强弱倾向有影响

如前所述，根据样本的情况，女性当事人的角色从主动和被动的角度进行划分，分为施害者、受害者和其他三类，女性当事人是否在案件中受到伤害以及是否对他人造成伤害可以用来判定其行为方式和心理特征，对其强弱倾向也有相关的影响。

身为施害者角色的，形象呈强势倾向的数据有 54 例，受害者只有 15 例，其他角色 7 例；施害者的形象呈弱势倾向的数据只有 14 例，而受害者高达 132 例，其他角色 8 例；施害者、受害者角色为中性倾向的大体平衡，分别为 44 例和 50 例，而其他角色的数据要比其强势、弱势的倾向高两倍以上，有 18 例。

因此，涉案角色影响女性当事人形象的强弱倾向。施害者的形象倾向强势，受害者的形象倾向于弱势，而其他角色的倾向较为中性。

5. 出镜方式对形象强弱倾向有影响

根据案件的不同特点以及女性当事人的不同状况，节目播出时采用不同的出镜方式。出镜方式有本人正面出镜、本人面部遮挡出镜，照片、个人生前录像展示，监控录像和其他方式。不同的出镜方式可能对女性当事人的强弱倾向有一定的影响。

本人面部遮挡出镜的，形象呈现强势倾向的数据有 31 例，弱势倾向的数据有 75 例，中性的 46 例；正面出镜的，强势倾向的数据有 39 例，弱势倾向的数据有 22 例，中性的 38 例；使用照片、个人生前录像的，强势倾向的数据有 3 例，弱势倾向的数据有 33 例，中性的 10 例；使用监控录像的，强势倾向的数据有 2 例，弱势倾向的数据有 7 例，中性的 10 例；其他出镜方式，强势倾向的数据有 1 例，弱势倾向的数据有 17 例，中性的 8 例。

因此，出镜方式对女性当事人形象的强弱倾向有重要影响。采用面部遮挡、照片、个人生前录像方式的，多为弱势倾向；正面出镜的多为强势倾向和中性；而监控录像和其他出镜方式多呈现弱势倾向和中性。

6. 声音呈现方式对形象强弱倾向略有影响

女性当事人形象为弱势倾向的节目比强势倾向和中性倾向的节目更多使用变声的处理方式，也是无声音的比例最高的。总体上，原声在三种强弱倾向的节目中都是使用最多的。案件类型、案发原因、女性当事人的年龄、职业这些因素对形象强弱倾向没有显著的影响。

（三）其他女性形象的强弱倾向

对其他女性的强弱倾向判断标准与女性当事人的维度一致，也分为强势、弱势和中性三种情况。

经统计，在所选的 342 期案件中，其他女性形象具有强势倾向的案例有 41 个，占 12%，弱势的案例有 27 个，占 7.9%，中性的有 274 个，占 80.1%。所以中性倾向占了绝对优势，也就是说，在对其他女性进行报道的时候，电视法治新闻类节目的立场是较为客观的。

其他女性与女性当事人形象的强弱倾向有很大不同。女性当事人形象具有弱势倾向的是具有强势倾向的两倍，大多数女性当事人本身就是受害者，另外画外音及主持人对女性当事人进行描述的词语、语句以及口头评价，也倾向于展现女性当事人弱势的形象。其中，中性的女性形象在女性当事人中仅有三分之一，而在其他女性中，这个比例超过了 80% ，其他女性强势和弱势的女性形象都不突出，可见，电视法治新闻类节目对当事人之外的其他女性的呈现更为客观。

表 3-2　其他女性角色与形象强弱倾向数据交叉表（N=342）

其他女性角色		其他女性角色						合计
		女记者 女主持人	女法官	女律师	女学者	女心理 专家	女性朋友 女性亲属 女证人 女市民等	没有其 他女性	
其他女性形象 强弱势倾向	强势	7	4	1	2	1	26	0	41
	弱势	4	0	1	0	0	22	0	27
	中性	94	17	2	10	4	64	83	274
合计		105	21	4	12	5	112	83	342

那么在其他女性中，具有不同角色的女性是否有不同的强弱倾向呢，根据表 3-2 所示，给予中性评价主要集中在其他女性角色中的女记者、女主持人、女法官和女学者身上，达到 121 例。不过某些女记者、女主持人、女法官、女学者和女心理专家又略显强势。拥有专业技能的职业女性更多给人以有主见、客观、智慧的形象。当然，也有少部分女记者、女律师在具体的采访过程中或者办案的过程中碰壁，数据也反映了这个问题，在特定的情况下，女记者和女律师的形象也会有弱势倾向，但是女法官、女学者和女心理学家并不会出现以上状况。对于对案件起到补充作用的第二类女性更多是以中性的面貌出现，有 64 例，不过仍存在强势或弱势的倾向，强弱倾向基本持平。有 83 期节目并没有出现任何其他女性，所以把这个数据放到中性指标中去。

所以，与女性当事人的弱势倾向不同，其他女性的媒介形象为中性。

二、电视法治新闻类节目女性形象的正负倾向

与前面的女性形象强弱倾向的类目相似，电视法治节目中的女性当事人的正面、负面形象说法也较为抽象，对其要进行具体化，使之能够被辨别、记录和测

量，再进行统计。这里的正负倾向分析与前面的强弱分析的目的一致，主要从数据统计上进行总的认识，还要对节目中的女性形象进行具体的文本分析，两者相互配合才能分析出更为准确的女性形象。

（一）分析维度和分类（通过角色和评价）

在此，对电视法治节目中的女性形象正负倾向细化为四个维度：

1. 女性的身份

一般来说，女性主持人、记者和专业人士的形象比较正面；女罪犯比较负面，但不绝对，还要结合其他因素进行考虑。

2. 女性语言、表情与行为

女性语言、行为、行为后果是否不雅或有悖于社会善良风俗，在价值观方面是否有问题，是否给他人造成了损失等。例如，正面的女性形象包括积极乐观、坚强善良，睿智勇敢，遵守公共利益，尊重他人，客观中立等；负面的女性形象包括了悲观懦弱、茫然无知、冲动自私，行为和态度不端，也可能不遵守社会公德，违法乱纪，欺凌他人，会对他人和社会带来负面效果等。

3. 解说词的描述与评价

解说词描述女性的词语和语句。例如，正面词语有乐观、独立、上进等；负面词语有不思进取、急功近利、工于心计等。

4. 主持人或其他人的评价

主持人或其他人存在负面的描述与评价。

在综合这四个维度的基础上，把女性形象分为正面、负面和中性三种情况。

以女性当事人为例，作为正面的女性当事人，有以下几个特征：

女性未对他人造成伤害；性格独立，有主见，乐观，积极向上。例如，《中传女生被害案始末细节》（《法治进行时》2016 年 12 月 31 日），节目呈现了被害人周云露积极乐观，生活独立的性格特征。又如《法治在线》2009 年 1 月 6 日播出的《马路惊魂》，案件中女出租车司机虽被劫持，却与歹徒周旋了几个小时，最后机智逃脱，并抓获犯罪嫌疑人。主持人也对其进行了积极评价：

"最让人佩服的是女司机的机智与勇敢，凭借着自己的机智一路与劫匪巧妙周旋，最后为警方赢得了宝贵的时间。"

作为负面的女性当事人，有以下特征：女性对他人造成伤害或损失；女性有不良嗜好，品行不端；性格偏激，感性冲动，采取报复行动，急功近利；通过不正当手段（卖淫、售假）挣钱，不思进取，不务正业，工于心计。例如，《女性坠亡之谜》（《法治在线》2016年1月11日）中的女性坠亡的原因是该女性酗酒，因喝高度洋酒致醉而不慎跌落。

作为中性的女性当事人，有以下特征：女性角色中立，解说词无表现其性格特征、心理状态的描述；主持人没有鲜明的评价，报道或描述时语气中性或间杂着正面、负面或其他两种以上不同的语气，无法判断其偏向，即归入中性。如《"领导"来电》（《今日说法》2017年9月11日）中被骗取钱财的王女士，其本人具有知识和法律意识，言语和行为都比较沉稳，但是还是被骗子设计的情节所骗，节目只是对其采访了解被骗过程，没有对其性格、心理状态进行任何描述。

（二）女性当事人形象的正负倾向

1. 总体数据

由表3-3可知，在所选的342期案件中，女性当事人形象具有正面倾向的案例有77个，占22.5%，负面倾向的案例有119个，占34.8%，中性的有146个，占42.7%。与前面的强势弱势倾向的数据相比，这个数据有一些共同之处，也有一些差异。前者以弱势为主，占45.0%，而后者以中性为主，占42.7%，然后再是负面倾向和正面倾向。而正负倾向对比虽然也比较明显，但仍未达到强弱倾向对比2倍多的差距。形象强弱倾向与正负倾向具有一定的共性和正相关。在正负倾向上，中性的选项有所增加，达到42.7%，接近半数，而在强弱倾向维度上，中性只有32.7%，可见在正负倾向的表达上，电视法治节目更多选择无倾向性的中性描述，体现了更为客观的立场。

表 3-3　女性当事人形象正负倾向数据统计（N=342）

女性形象正负倾向	频率	百分比（%）	有效百分比（%）
正面	77	22.5	22.5
负面	119	34.8	34.8
中性	146	42.7	42.7
合计	342	100.0	100.0

2. 形象正负倾向存在节目差异

电视法治节目中的女性当事人形象按照正负倾向的维度进行细化，分为正面、负面和中性三种情况。前面讲到，在女性形象正负倾向的表达上，电视法治新闻类节目总体上是无倾向性的中性描述。不同的节目还存在差异。体现正面倾向的，《今日说法》有 23 期，占其所有案件的 6.7%；《法治进行时》有 15 期，占 4.4%；《法治在线》有 39 期，占 11.4%。体现负面倾向的，《今日说法》有 45 期，占 13.2%；《法治进行时》有 42 期，占 12.3%；《法治在线》有 32 期，占 9.3%。体现中性的，《今日说法》有 46 期，占 13.4%；《法治进行时》有 57 期，占比 16.7%；《法治在线》有 43 期，占比 12.6%。

《法治进行时》对女性正面形象的呈现偏少，只有 15 例，占总比例的 4.4%，而其负面形象的呈现有 42 例，占 12.3%，两者接近 1∶3 的比例。《今日说法》与《法治进行时》的节目呈现方式类似，正负形象呈现的比例为 1∶2。《法治在线》对正面倾向的呈现较多。从中可以看出三档节目的定位和风格的不同。

3. 案件主题对形象正负倾向的影响

虽然女性当事人在电视法治节目中以中性媒介形象为主，但是针对不同的案件主题，其正负倾向有所不同。样本中 11 类案件主题将其按照正负倾向进行归类，研究发现：

案件主题展现女性当事人正面倾向的主要是性侵和抢劫案，这两类案件女性当事人多为受害者或者其他角色，在这类案件中，节目更多的是关于犯罪嫌疑人或者罪犯的谴责，而对女性当事人大多没有鲜明的评价，或者报道或描述时语气中性或间杂着正面、负面或其他两种以上不同的语气，无法判断其偏向。在这两类案件中，对女性当事人较少有负面评价。

案件主题展现女性当事人中性倾向的主要是故意杀伤、拐卖妇女儿童、经济纠纷、家庭纠纷和其他类案件。与电视法治节目总体上的倾向一致。在这类案件中，女性当事人为施害者和受害者的情况都有。而且在经济纠纷和其他类型的案件中，可能案件各方都存在过错，难以对女性当事人进行简单的评判。另外，在家庭纠纷中，有"清官难断家务事"的说法，是非曲直难以清楚判断，对此，客观的描述和呈现是比较妥当的。不过一旦事实比较清楚，负面评价的比例上升。

案件主题展现女性当事人负面形象倾向的主要是毒品犯罪、盗窃、诈骗和自杀案件。根据公安部门和检察机关的相关数据，由于经济的发展，社会的转型，部分女性的价值观念发生了扭曲，增加了犯罪的可能性。女性涉毒、盗窃、诈骗犯罪的比例较高，这也是为什么这类主题的案件中，节目对女性形象的呈现多为负面。另外，对自杀类案件，媒体对女性当事人形象的呈现只有负面的，没有中性和正面倾向。

4. 涉案角色对形象正负倾向的影响

身为施害者角色的，媒介形象为正面倾向的数据只有 2 例，受害者有 64 例，其他角色 11 例；施害者弱势倾向的数据有 87 例，受害者有 23 例，其他角色 9 例；施害者中性倾向的数据有 23 例，受害者有 110 例，其他角色有 13 例。所以，施害者大部分呈现负面倾向，极少有正面倾向的；受害者以中性倾向为主，同时也有一部分人有正面倾向，少部分有负面倾向；其他涉案角色表现三种倾向的数值基本接近，比较平衡。

身为不同的涉案角色，会有不同的正负倾向。涉案角色为施害者的，主要呈现负面倾向，为受害者的，主要呈现中性倾向，并轻度偏向正面媒介形象，其他角色的正、负、中三种倾向比较平衡。

5. 女性年龄、职业对形象正负倾向的影响

不同年龄阶段、不同职业的女性，其形象的正负倾向也不同。

在年龄方面，18岁以下、41~65岁及65岁以上的女性的形象以中性倾向为主，唯独18~40岁的女性是负面形象为主，其次才是中性形象。18岁以下的女性未成年人是中性形象为主，其次是正面形象，41~65岁的中年女性和65岁以上的老年人是中性形象为主，其次是负面形象。

在女性职业方面，不同职业女性形象的正负倾向不同。公职人员、专业技术人员以正面形象为主，务农人员、学生和其他职业以中性形象为主，无业人员以负面形象为主。企业人员和商业服务人员以中性媒介形象为主，但是也有较大比例的负面媒介形象。总体上，所有职业合计，中性媒介形象的数据最大，其次是正面媒介形象，数值差异不大。

6. 出镜方式、声音呈现方式对形象正负倾向的影响

不同的出镜方式对女性当事人形象的正负倾向有一定的影响。

本人面部遮挡出镜的，正面倾向的数据有27例，占7.9%，反面倾向的数据有59例，占17.3%，中性的66例，占19.3%；正面出镜的，正面倾向的数据有21例，占6.1%，负面倾向的数据有48例，占14.0%，中性的30例，占8.8%；使用照片、个人生前录像的，正面倾向的数据有17例，占5.0%，负面倾向的数据有4例，占1.2%，中性的25例，占7.3%；使用监控录像的，正面倾向的数据有3例，占0.9%，负面倾向的数据有6例，占1.8%，中性的10例，占2.9%；其他出镜方式，正面倾向的数据有9例，占2.6%，弱势倾向的数据有2例，占0.6%，中性的15例，占4.4%。

采用面部遮挡、照片、个人生前录像、监控录像和其他出镜方式，其呈现的女性形象以中性为主，并偏向负面。而正面出镜的女性，其呈现的女性形象以负面为主，并偏向中性。

女性当事人声音呈现的方式对女性当事人形象正负倾向有一定的影响。变声处理和无声音，呈现的女性形象以中性为主，而原声呈现的女性形象以负面为主，并偏向中性。

从以上出镜和声音两个因素来看，电视法治节目的制作方式非常关键，对法治案件中女性当事人的采访和拍摄中，适当采取一定的手段，如画面打马赛克、

物体遮挡或者变声处理之后，女性形象的呈现将更加客观。

7. 强弱倾向与正负倾向存在密切联系

从女性形象呈现的强弱倾向来看，由表3-4可知，女性当事人的媒介形象具有强势倾向的案例有76个，占22.2%，弱势倾向的案例有154个，占45.0%，中性倾向的有112个，占32.7%。可见具有弱势倾向的数据是具有强势倾向的2倍，以弱势倾向为主。这与女性当事人多为受害者的角色呈现正相关。在受害者角色的基础上，数值又有所增加，这说明节目画外音和主持人对女性当事人的描述和评价起了一定的作用，增加了女性形象呈现的信息量和强度，突出了其弱势地位。

从呈现女性形象的正负倾向来看，如表3-4所示，女性当事人具有正面倾向的案例77个，占比的22.5%，负面倾向的案例119个，占34.8%，中性的有146个，占42.7%，与前面的强势弱势倾向的数据相比，两者有一些共同之处，也有一些差异。正负数值对比虽然也比较明显，但是仍没有达到强弱数值1:2的比例。正负倾向上，中性数值偏高，有146个，达到42.7%，超过了强弱倾向维度上的中性数值。

表3-4 形象强弱倾向与正负倾向的关联性数据（N=342）

女性当事人形象正负倾向		女性当事人形象强弱倾向			
		强势	弱势	中性	合计
正面	计数	8	52	17	77
	百分比	2.3%	15.2%	5.0%	22.5%
负面	计数	59	29	31	119
	百分比	17.3%	8.5%	9.1%	34.8%
中性	计数	9	73	64	146
	百分比	2.6%	21.3%	18.7%	42.7%
合计	计数	76	154	112	342
	百分比	22.2%	45.0%	32.7%	100.0%

强弱倾向与正负倾向具有一定的共性，也具有一定的差异。强势形象多为负

面形象，而弱势形象多为中性形象，并偏向正面形象，并不直接对应正面形象。强弱倾向是中性，那么正负倾向也是中性为主。可见在正负形象的呈现上，电视法治节目更加客观中立，对女性形象的塑造更为谨慎。

（三）其他女性形象的正负倾向

电视法治新闻类节目中其他女性形象正负倾向的判断指标与女性当事人相似，四个标准分别是女性的身份，女性的语言、表情与行为，解说词的描述与评价，主持人或其他人的描述与评价。一般来说，女性主持人、记者和专业人士的形象比较正面。

由表 3-5 可知，在四个维度的基础上，其他女性分为正面、负面和中性三种情况。在所选的 342 期案件中，其他女性具有正面倾向的案例有 180 个，占比 52.6%，负面倾向的案例有 29 个，占 8.5%，中性的有 133 个，占 39.0%。第四类女性、第三类女性都以正面形象为主，分别是 91 例和 38 例。第二类女性以中性形象为主，有 60 例。不过第二类和第四类女性还存在一定的负面倾向。

表 3-5　其他女性形象与正负倾向数据交叉表（N=342）

其他女性形象 正负倾向	其他女性角色							
	女记者 女主持人	女法官	女律师	女学者	女心理 专家	女性朋友 女性亲属 女证人 女市民等	没有其 他女性	合计
正面	91	18	3	12	5	47	4	180
负面	8	0	0	0	0	5	16	29
中性	6	3	1	0	0	60	63	133
合计	105	21	4	12	5	112	83	342

与女性当事人的正负倾向对比，其他女性的正面形象是后者的两倍多，如表 3-6 所示。考虑到其他女性中包括女性专业人士、女记者、女主持人等，这些职业女性在电视媒体中一直以正面形象出现，所以这个数据更高也在情理之中。值得注意的是，其他女性的负面倾向极低，相反女性当事人却有非常明显的负面倾向，作为案件的主体，其在很大程度上或者是加害他人的施害者，或者是软弱的

受害者，符合负面形象的评价指标。中性形象两者相似，都占据了较大的比例，女性当事人的中性比例最高。

表 3-6　其他女性形象正负倾向数据统计（N＝342）

正负倾向		正面	负面	中性
女性当事人	数量	77	119	146
	占比	22.5%	34.8%	42.7%
其他女性	数量	180	28	134
	占比	52.6%	8.2%	39.2%
两者比例		1∶2.3	4.3∶1	1∶1.1

其他女性形象的正负倾向与强弱倾向并没有直接的对应关系。之前提到，其他女性有强势倾向的案例有 41 个，弱势的案例有 27 个，中性的有 274 个，和正负倾向没有正相关。强势和弱势达到一定程度都可能被划入负面形象，即使强弱倾向为中性的，也会有负面形象，这样的情况有 24 例。总体上来说，与其他女性的形象相比女性当事人还是比较具有优势的，以正面形象为主，并且有大量的案例是中性的，仅有少许的负面形象。

三、小结

从以上描述性统计可以发现节目所呈现的女性形象的整体面貌：对于女性当事人，电视法治新闻类节目呈现出了她们弱势的、中性偏负面的女性形象。对于其他女性，电视法治新闻类节目呈现出了她们中性的（强弱方面）、正面的（正负方面）女性形象，具体女性形象如下。

（一）弱势的女性当事人形象

女性当事人的形象具有弱势倾向的是强势倾向的两倍，多为受害者角色，并且在受害者角色的基础上，比例又有所增加。节目解说词和主持人对女性当事人的描述和评价起了一定的作用，增加了女性形象表达的信息量和强度，突出了其弱势地位。

不同的电视法治新闻类节目之间存在一定的差异，《今日说法》《法治在线》呈现的女性形象较为弱势，而《法治进行时》以中性形象为主。

案件主题、涉案角色对女性形象的强弱倾向有重要影响。施害者的形象倾向于强势，受害者的形象倾向于弱势，而其他角色较为中性。电视法治新闻类节目的声音呈现方式对女性形象强弱倾向也略有影响。女性当事人形象为弱势倾向的更多地使用变声和无声。案件类型、案发原因、女性当事人的年龄、职业这些因素对形象强弱倾向没有显著的影响。

（二）中性偏负面的女性当事人形象

女性当事人在正负倾向上，以中性形象为主，辅以负面倾向，然后才是正面倾向。

正负对比虽然也比较明显，但是仍没有达到强弱对比两倍多的差距。强弱倾向与正负倾向具有一定的关联，可见在正负倾向方面，电视法治新闻类节目对女性当事人的呈现相对比较客观，对女性形象的塑造更为谨慎。三档电视法治新闻类节目总体情况相似，但也有一些差别，《法治进行时》对女性正面形象的呈现偏少，《法治在线》对正面形象的呈现多于负面形象，《今日说法》居中。

案件主题、涉案角色、年龄、职业对形象的正负倾向均存在影响。出镜方式、声音呈现对女性当事人的正负倾向也有影响，尤其是出镜方式。面部遮挡处理有利于呈现女性的中性形象。原声呈现的女性形象表现为负面偏中性。

可见，电视法治新闻类节目的制作方式非常关键，对女性当事人的采访和拍摄适当采取一定的手段，如画面打马赛克、物体遮挡或者变声处理之后，女性形象的呈现反而更加客观。正负方面的中性说明电视法治新闻类节目对案件中女性的是非评判较为中立，在一定程度体现了节目的客观性。

（三）中性的其他女性形象

在强弱倾向上，电视法治新闻类节目中其他女性的媒介形象为中性，没有明显的强弱倾向，对她们的电视表现方式更为直接。

其他女性形象呈现中性倾向的比例超过80%，占有绝对优势，强势和弱势都不突出。对女记者、女主持人、女法官、女学者、普通女性市民的呈现视角都较为客观。

其他女性的强弱形象与案件类型、案件主题、案件原因、年龄的关联不大，与其自身的身份相关。出镜方式以正面出镜为主，只有在当事人的女性友人、亲属、证人、普通民众等涉及敏感证言的情况下才会采用面部遮挡的方式出镜，以对其身份进行保护。声音呈现以原声为主，有助于体现节目的真实性。《今日说法》《法治进行时》《法治在线》三档节目在其他女性出镜方式、声音呈现方式上无太大差异。无论是女性当事人还是其他女性，电视法治新闻类节目对声音进行变音处理的比例都比较低，在节目中没有声音陈述的情况也比较常见，以解说词配合画面弥补新闻现场缺失的不足。

（四）正面的其他女性形象

在正负倾向上，其他女性具有正面倾向的过半，中性倾向其次，较少有负面倾向。

其他女性形象的正负倾向和强弱倾向没有明显的关系，强势和弱势达到一定程度都可能被划入负面形象。总体上，节目对其他女性形象的呈现较为积极，以正面呈现为主。

第二节　电视法治新闻类节目女性形象呈现倾向的变化

本书选取了 2009 年 1 月至 2018 年 6 月《今日说法》《法治在线》《法治进行时》的 342 个样本，跨度近 10 年，从时间的纵线可以探索电视法治新闻类节目呈现女性形象的发展变化。这些女性形象及其所呈现的框架体系也在发生着变化。为了更全面地了解节目中女性形象的呈现，本书对这一阶段的数据进行统计分析，研究电视法治新闻类节目中女性形象呈现的 10 年变化。

电视法治新闻类节目中的女性形象分为女性当事人形象和其他女性形象，考虑到与节目的总体相关程度以及研究价值，在此只分析节目中的女性当事人形象。

一、案件类型的变化导致女性弱势形象增多

案件类型对女性形象的呈现有着重要的影响。在不同类型的案件中，女性的地位可能会存在差异，对此，有必要对近十年电视法治新闻类节目中案件类型的变化进行研究，有助于判断女性形象呈现中的特点。

2009 年至 2018 年按月份随机抽取样本 342 个（包括 2009 年至 2017 年的样本 324 个，2018 年前 6 个月的样本 18 个）。如图 3-1 所示，2009 年至 2017 年（2018 年数据为半年数据，脉络图中都没有设置，只进行文字分析），抽取的刑事案件数量基本上维持在每年 24 个左右，2010 年、2013 年出现小幅下降；民事案件数量的变化幅度要大一些，2009 年至 2010 年在 11 个左右，2011 年突然下降为 8 个，2012 年又反弹并逐步增加，2013 年达到 13 个，然后又一直下滑，这种情况持续到 2018 年；行政案件数量一直处在低位，没有太大幅度的调整，基本上每年平均分布；其他类型的案件数量也处于低位，年度分布不均衡。2018 年前 6 个月各种案件分布与 2017 年半年的数据基本持平。总体上，刑事案件呈现缓慢上升趋势，民事案件呈现下降趋势。

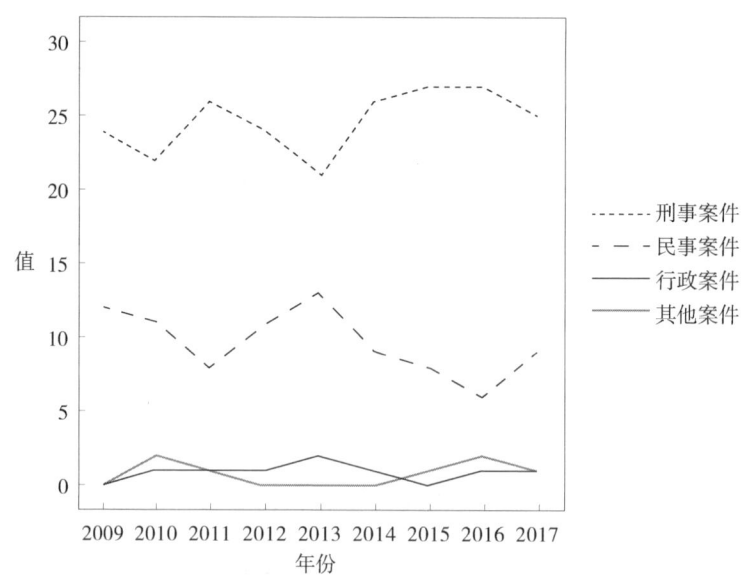

图 3-1　样本中案件类型的变化脉络图

如前所述，在民事案件中，女性当事人的形象会比较中性，而在刑事案件、行政案件中，女性常处于弱势地位，形象呈现弱势倾向，在行政案件中多有正面意义。所以，从案件类型来看，10年来随着节目中刑事案件的缓慢上升，电视法治新闻类节目中的女性弱势媒介形象有所提升，而中性形象有所下降。

所以，案件类型的变化导致女性弱势形象有所提升。

二、涉案角色的变化引起女性弱势形象递增

本书中女性作为受害者的样本有197个，女性作为施害者的样本有112个，其他女性有33个。见图3-2，2009年至2012年报道的样本中，女性受害者数量持平，每年保持在18个，2012年至2015年呈现增长，每年为24个，2016年至2017年数量每年稳定在22个，2018年前6个月的数据与2017年半年的数据持平。总体上，女性受害者数量呈现上升趋势。

女性作为施害者，其发展脉络图与受害者的发展脉络图总体上呈现负相关。2009年至2011年报道的样本中，女性施害者数量持平，每年保持在13个，2012年数量陡然上升，有18个，2013年又恢复到2009年至2011年的数量并持续下滑，一直到2017年。2018年前6个月的数据与2017年半年的数据持平。总体上，与女性作为受害者的数量增长相反，女性作为施害者的数量呈现下降趋势。

如前所述，身为不同的女性角色，女性形象呈现会有不同的强弱倾向、正负倾向。施害者的形象倾向强势和负面，受害者的形象倾向弱势和中性。因此，从施害人、受害人10年期间数量的变化，可以发掘出其呈现女性形象的变化过程。

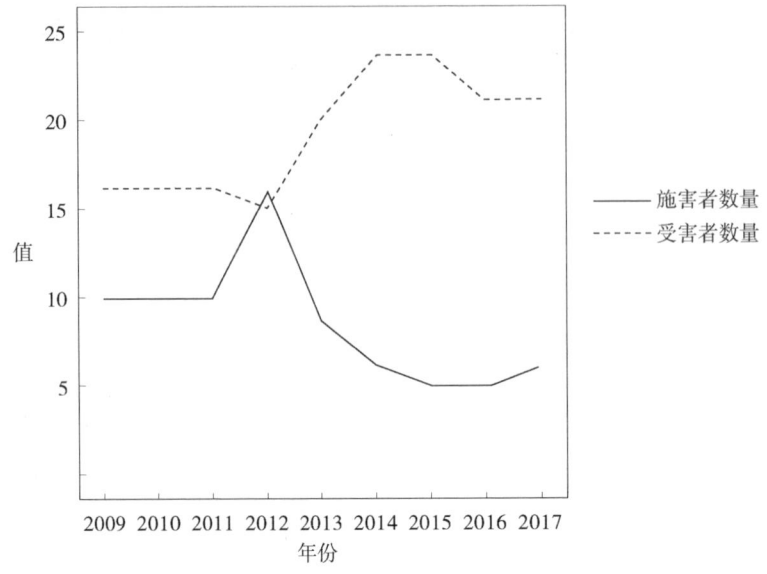

图 3-2　样本中施害人、受害人变化脉络图

　　从 2009 年至 2012 年，节目中的女性形象处于稳定的状态，从 2012 年至 2015 年受害者增多，使呈现的女性形象更趋于弱势，与施害者数量减少相一致。可见，这段时期的女性形象发生了变化，以弱势形象为主。2016 年后，女性受害者的数量和女性施害者的数量都趋于稳定。

　　总体上，从涉案角色来看，女性受害者的数量呈现上升趋势，女性施害者的数量呈现下降趋势，共同影响节目中的女性形象朝弱势方向发展。

　　所以，涉案角色变化导致女性形象呈现朝弱势方向发展。

三、女性年龄变化导致女性负面形象明显

　　女性当事人的年龄本身就是其媒介形象的组成部分。在抽取的 342 期样本中，2009 年至 2018 年，女性年龄的分布情况如表 3-7 所示。

表 3-7　342 期样本中的女性当事人的年龄分布（N=342）

年份	18 岁以下 年龄 1	18~40 岁 年龄 2	41~65 岁 年龄 3	66 岁及以上 年龄 4
2009	4	25	5	2
2010	4	21	7	4
2011	3	22	9	2
2012	4	26	5	1
2013	2	28	6	0
2014	5	24	7	0
2015	3	24	6	3
2016	0	28	7	1
2017	0	30	4	2
2018	2	13	2	1

（2009 年 1 月 1 日至 2018 年 6 月 30 日）

如表 3-7 和图 3-3 所示，从 2009 年至 2012 年 18 岁以下未成年女性（编码设定为年龄 1）的样本量基本持平，保持在 4 个左右，2013 年出现下滑，减少为 2 个，2014 年回升到最高值，达到 5 个，2015 年又开始下降，而 2016 年至 2017 年处于最低位，样本量为零，2018 年才有所回升。总体上，未成年女性的数量呈现缓慢下降趋势。

18~40 岁青年女性（编码设定为年龄 2）的样本量，在 2009 年有 25 个，2010 年至 2011 年下滑为 21 个左右，2012 年开始又逐步上升，2013 年达到 28 个，2014 年有所下降但是 2016 年、2017 年逐步达到最高位。总体上，青年女性的数量呈现缓慢上升趋势。

41~65 岁中年女性（编码设定为年龄 3）的样本量，在 2009 年有 5 个，2010 开始上升，2011 年有 9 个，2012 年开始又开始下滑，2013 年达到 6 个，这个数量维持到 2016 年，2017 年达到最低位。41~65 岁中年女性与 18~40 岁青年女性的样本量总体上呈现逆向分布，相互对应，此消彼长。总体上，41~65 岁中年女性的数量在 10 年走势整体上呈现逐步下降状态。

66 岁以上老年女性（编码设定为年龄 4）的样本量较少，最高值是 2010 年，有 4 个样本，2012—2014 年逐渐呈现历史最低点，2015 年又有所反弹。先下降后上升是 66 岁以上老年女性数量的 10 年走势。

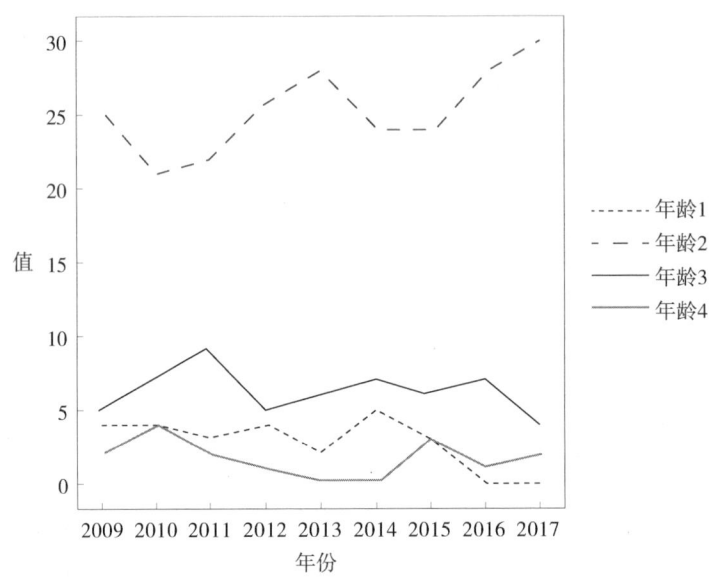

图 3-3　样本中女性当事人年龄变化脉络图（2009 年至 2017 年）

从女性年龄来看，10 年期间，节目样本在 18~40 岁青年女性的数量最多，且呈缓慢上升趋势，成为最主要的电视法治新闻类节目女性当事人形象。根据前文的分析，18 岁以下、41~65 岁及 65 岁以上的女性的形象以中性倾向为主，唯独 18~40 岁的女性是以负面形象为主，其次才是中性形象。所以 10 年来，女性年龄变化导致电视法治新闻类节目女性当事人负面形象呈现上升的趋势。

相比女性年龄，样本中没有明确说明职业的女性当事人样本量最大，无法全面系统地统计，根据现有的局部数据，10 年来女性职业波动对女性形象呈现的影响不显著。不同职业有着各自的变化规律，没有总体上较为明显的升降规律。电视法治新闻类节目中的女性在职业方面，正面形象、负面形象和中性形象均有，呈现多元化的特点。

四、出镜方式的变化利于呈现中性女性形象

女性形象包括女性如何在镜头前展现自己，给受众留下什么样的印象，因此要对其出镜方式进行探讨。由表 3-8 可知，2009 年至 2018 年的总样本中，采用本人面部遮挡出镜的有 152 期，占 44.4%，女性本人正面出镜的有 99 期，占 28.9%，节目中只有女性照片或个人生前录像的形式有 46 期，占 13.5%，只有监控录像拍摄画面有 19 期，占比 5.6%，其他情况有 26 期，占 7.6%。可见，以面部遮挡和本人出镜为主。在此，对面部遮挡和正面出镜这两种情况的 10 年发展脉络进行分析。

表 3-8　样本中的女性当事人面部遮挡和正面出镜的分布情况

年份	面部遮挡出镜	正面出镜
2009	11	19
2010	16	13
2011	15	18
2012	18	11
2013	15	13
2014	15	4
2015	16	9
2016	13	8
2017	22	3
2018	11	1
共计	152	99

（2009 年 1 月 1 日至 2018 年 6 月 30 日）

如表 3-8 和图 3-4 所示，样本中面部遮挡出镜的数量 2009 年只有 11 期，2010 年开始上升，2012 年至 2015 年持续稳定在 16 期左右，2016 年短暂下滑后，2017 年上升到 22 期，2018 年上半年与 2017 年半年的情况持平。从总体上看，面部遮挡出镜的方式在 10 年期间被不断加强使用。

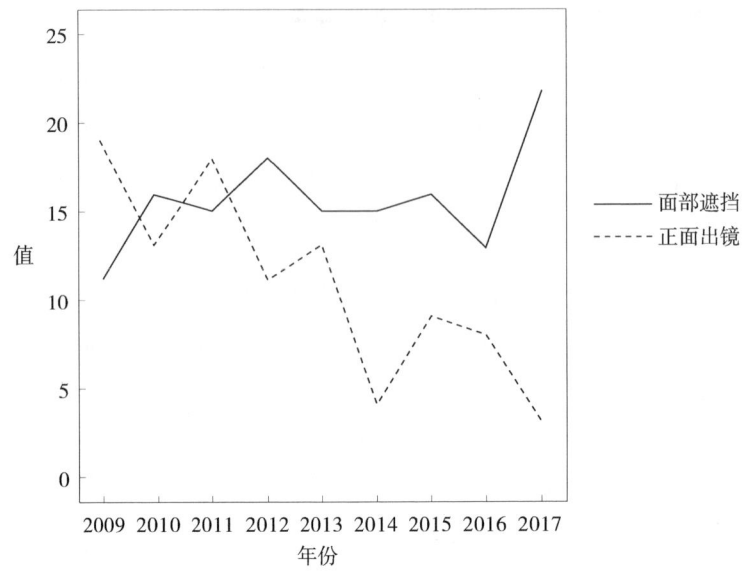

图 3-4　样本中女性当事人面部遮挡出镜和正面出镜十年变化脉络图

　　而正面出镜的发展趋势刚好相反，2009 年至 2012 年小幅波动后，正面出镜的从平均数量 15 期开始逐年下降，到了 2017 年仅有 3 期，而 2018 年上半年只有 1 期。从总体上看，正面出镜的方式在 10 年期间呈现大幅被减少使用的情况。

　　以上两种出镜方式的变化说明了 10 年期间，电视法治新闻类节目法律意识的提高以及对女性当事人的尊重。面部遮挡出镜对案件当事人起到保护作用，不管对于施害者、受害者还是其他角色，电视法治新闻类节目都理应尊重她们的人格权。另外，出镜方式对女性当事人的正负倾向有重要影响。采用面部遮挡出镜方式的，其呈现的女性形象以中性为主，而正面出镜的女性，其呈现的女性形象以负面为主，并偏向中性。

　　从这 10 年的发展趋势来看，节目样本中的遮挡出镜递增有利于呈现中性的女性形象，所以电视法治新闻类节目正致力于塑造女性当事人更多的中性形象，减少负面形象。

相比出镜方式的变化对女性形象的影响，声音呈现变化对女性形象影响不显著。声音呈现也是衡量女性形象呈现的指标。2009 年至 2018 年这 10 年的总样本中，使用原声的有 234 期，占比 68.4%，占有绝对优势。变声的有 9 期，占比 2.6%，比例很小。节目中没有声音的情况有 99 期，占比 28.9%。在此，对原声、变声，有声、无声这两组声音呈现情况 10 年的数据进行梳理发现，样本中呈现原声的数值一直处于高位，远超过变声的水平。2009 年有 24 期，然后上升到 2011 年的 31 期，达到峰值，此后有了小幅的波动，2017 年有 23 期，回到了 2009 年的水平，2018 年上半年有 9 期，没有达到 2017 年半年的平均水平。从总体上看，原声的呈现方式在 10 年期间总体上呈现较低幅度的下滑走向。

而变声呈现的数值一直处于低位，使用次数微乎其微，10 年的变化并不大，2015 年和 2016 年有小幅上升。按照数量和比例来说，无声是比变声更为常见的声音呈现形式。

如图 3-5 所示，节目样本中有声的情况占了绝对优势，平均每年 25 期左右，主要是因为有声中的原声使用数据较高。2009 年只有 20 期，然后又有所回调，但是一直没有达到之前的数值，2017 年有 24 期，2018 年上半年有 9 期，没有达到 2017 年半年的平均水平。从总体上看，有声的呈现方式在 10 年期间呈现小幅的下降趋势。

而无声呈现的数值一直处于 10 期左右，2009 年有 10 期，然后下降到 2011 年的最低值 4 期，2011 年以后开始一路上升，2014 年达到 16 期的峰值，2015 年又降到 8 期，此后又逐步上升，2017 年达到 12 期，2018 年上半年有 9 期，超过 2017 年半年的平均水平。从总体上看，无声呈现方式与有声呈现方式相反，10 年期间呈现小幅上升趋势。

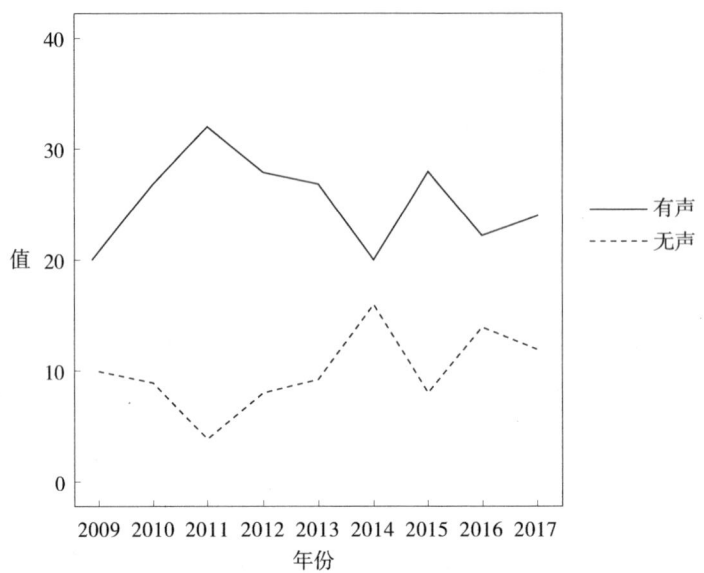

图 3-5　样本中女性当事人呈现有声、无声变化脉络图

因为有声中的原声的比例占 96.3%，所以有声的呈现方式在 10 年间的变化发展规律基本上与原声的规律一致，从数据和图形上看，两者趋同。原声的方式占据主流，只有在少部分例外情况下才进行变声处理，出于一些条件的限制，无声情况运用得也较多。

从节目样本声音呈现方式上看，电视法治新闻类节目还是比较倾向还原女性声音形象的全貌，以更加真实和客观。不过变声的使用有着特殊的意义，10 年期间，变声的数值变化并不大，也可以看到电视法治新闻类节目这些年对其没有如画面遮挡那么重视，变声与面部遮挡出镜一样，对案件当事人的隐私和人身安全都起到保护作用。有声方式的小幅下降和无声方式的小幅上升是相对的，对展现女性当事人形象会有轻微的影响，但是不显著，所以声音呈现轻微变化对女性形象影响不显著。

综上，电视法治新闻类节目中女性形象呈现元素 10 年间发生了变化，体现了一定的规律。

在节目样本呈现的案件类型上，10 年来刑事案件呈现缓慢上升趋势，民事案件呈现下降趋势；女性弱势形象的提升，与刑事案件缓慢上升趋势一致，而中性形象呈下降趋势；从涉案角色来看，女性受害者数量呈现上升趋势，女性施害者的数量呈现下降趋势，共同影响女性形象朝弱势方向发展；从女性年龄来看，10年间，18~40岁青年女性的数量最多，且呈现缓慢上升趋势，成为最主要的电视法治新闻类节目女性当事人形象，而18~40岁的女性是负面形象为主；所以10年来，电视法治新闻类节目女性当事人呈现负面形象上升的趋势；从女性当事人的职业来看，10年中不同职业有着各自的变化规律，正面形象、负面形象和中性形象均有，没有显著的规律可循，职业方面女性形象的呈现较为固定；从出镜方式来看，10年间面部遮挡出镜的方式被不断加强使用，而正面出镜的方式呈大幅减少的趋势，面部遮挡出镜对保护案件女性当事人、尊重她们的人格权有重要意义，采用面部遮挡出镜方式的，其呈现的女性形象以中性为主，而正面出镜的女性，其呈现的女性形象以负面为主，电视法治新闻类节目正致力于塑造女性当事人更多的中性形象，减少负面形象；从声音的呈现来看，10年来原声的方式一直占据主流，只有在少部分例外的情况下才进行变声处理，出于一些条件的限制，无声的情况运用得较多，10年期间原声呈现有较低幅度的下滑走向，而变声呈现一直处于低位，使用次数微乎其微，随着时间推移变化不大，有声的呈现方式在10年期间呈现小幅的下降趋势，与其相反，无声呈现方式10年期间呈现小幅的上升趋势，这对展现女性当事人形象无显著的影响。

总体上，近10年样本中所呈现的电视法治新闻类节目的女性形象还是有较大变化的，虽然节目本身在制作方式上有所改进，如增加面部遮挡出镜比例，可以促进女性形象的中性化呈现，但是在观念上仍没有摒除传统的思维模式，而且更为追求眼球效应，寻找刑事案件、女性受害人等刺激点来增加收视率，这在一定程度上导致了其对女性形象的呈现朝着弱势和负面的方向发展。

第四章

受众对电视法治新闻类节目女性形象的解读

第四章
受众对电视法治新闻类节目女性形象的解读

基于前文的论述可知，电视法治新闻类节目在女性形象的呈现中是存在一定的主观立场的。大众媒介对社会的影响，主要通过其传播的内容来实现的，将从社会上获得的信息进行筛选和加工，选择其愿意发布的内容进行传播，通过给受众提供主观之上的客观信息，来影响人们思考的方向，起到过滤器的作用。大众媒介也可以充当放大镜，引导受众去关注它认为重要的问题，所以当大众媒介连续报道某些问题或某些事件的时候，受众也会被吸引并去关注这些问题和事件。尤其是女性受众，可以通过观察卷入法律事件中的女性，从她们的命运、她们权利和自由实现状况，联想到自身的命运、自身的权利和自由实现状况。

不过受众是具有主观能动性的。英国学者霍尔（2000）对电视文本的解读方式加以阐释，在《电视话语中的编码与解码》一书中，他指出电视文本是开放文本，意义不是单一的，观众可以进行与电视媒体不同的理解，观众解读和电视节目之间互动往来，两者通过编码与解码共同建构文本的意义。编码和解码之间没有必然的一致性，不同的受众以不同的方式解读文本。❶ 美国文化学者菲斯克也认为"意义"是由身处社会的读者和文本相结合而产生的，并不仅仅是由文本自身决定。❷ 因为新闻文本的意义由传者与受众共同建构，所以电视法治新闻类节目所重组的社会现实、所呈现的女性，受众理解和接受的程度——框架效果

---

❶ 霍尔. 文化研究读本［M］. 罗钢，刘象愚，译. 北京：中国社会科学出版社，2000：295-302.
❷ 约翰·菲斯克. 解读大众文化［M］. 杨全强，译. 南京：南京大学出版社，2006：3-195.

如何，还需要进一步探究。

本章采用了访谈和问卷调查两种研究方式对受众进行调研，来探讨女性形象的呈现对受众的影响，受众是如何解读电视法治新闻类节目所呈现的女性形象的。

第一节　访谈及解读

对受众的访谈采用了面谈、电话访谈、网络访谈三种方式，访谈的问题和程序已经明确，访谈对象有学生、公司职员、公务员、个体摊贩、退休职工、家庭主妇等，这些访谈对象有笔者的亲人、朋友，也有陌生人。以面谈为主，被访谈对象的活动场所为访谈场所；对外地的被访谈对象，以电话访谈、网络访谈的形式进行。为了尽量找到不同地域、不同背景的访谈对象，访谈分多次进行，时间从 2017 年 8 月开始到 2018 年 7 月结束，没有进行集中访谈，最后将访谈信息进行归纳。

参与访谈的人首先要求累计看过一个月以上的电视法治新闻类节目，并对本研究样本中的三档法治节目较为熟悉。然后笔者依次就访谈设计的 5 个问题（共 8 个问题，其中，文本解读部分设计 5 个问题）进行访谈，对于访谈对象不明确的问题，笔者进行了讲解说明。受访者共 40 人，年龄范围从 18~75 岁。其中 20 岁以下 1 人，21~30 岁 7 人，31~40 岁 7 人，41~50 岁 6 人，51~60 岁 7 人，61~70 岁 7 人，71 岁以上 5 人；就性别分布而言，男性 18 名，女性 22 名；就受教育程度而言，初中以下文化的 8 名，高中文化的 8 名，专科 6 名，大学学历 9 名，研究生学历 4 名，在读本科 2 名，在读研究生 3 名；就职业而言，学生 4 名，参加工作的 23 名、退休人员、家庭主妇、无业人员、农民等 13 名。由此可见，根据节目目标受众的特点以及受众对节目的接触和积累情况，受访者的人员的年龄比例主要集中于中老年群体，男女比例基本平衡，职业分布既包括了从事社会工作的人员，也包括了退休人员、家庭妇女、无业人员等。

一、受众对节目文本的诠释

根据霍尔的阐释，受众和电视节目在互动中建构文本意义，两者相互对话的过程中不同的态度和立场，解读的姿态也不尽相同，有赞同的，有反对的，霍尔将其归纳为三种解读方式：第一种，认同态度下的偏好解读；第二种，怀疑立场下的商榷解读；第三种，批判、反对立场下的对立解读。

以此为依据，笔者对 40 位受访对象的电视法治新闻类节目文本解读方式进行了归纳。笔者发现大多数受访者能够对节目中的女性形象进行解读。有部分受访者接受了节目传播的内容和价值观念，对节目中的女性形象给予认同，这类受访者为偏好性解读；部分受访者对节目主题和表现方式都感兴趣，但对案件中的女性角色设置产生疑问，也有受访者对节目的价值理念、性别观念产生疑问，这类受访者为商榷性解读；部分受访者对现存的男女性别观念具有明显的批判意识，对节目呈现的女性形象表示不满意，但并未对节目文本逆读或倒读，并引申为对社会的不满与抵抗，这类受访者为批判性解读。研究发现，除了少部分受访者没有完全按照传媒的编码意图来解读节目中的女性形象，进行批判性、对立性解读，而大部分受访者对电视文本采取偏好性解读和协商性解读，相信或者有选择地相信媒体的报道。

以下是被访者对节目呈现女性形象的角度、具体角色和呈现倾向的认知情况。

（一）受众对节目中女性形象呈现角度的认知情况

对于电视法治新闻类节目呈现女性形象的角度，笔者设计了 5 个问题对受访者进行访谈，这些问题分别是：

> "您觉得女性在节目中常常涉及什么类型的案件，主题是关于什么内容的？"
>
> "节目中的女性因为什么原因被卷入案件？"
>
> "节目中女性哪个年龄段的最多？常见的职业是什么？"
>
> "节目中的女性受害者多还是施害者多？"
>
> "您觉得节目经常对女性当事人的画面和声音进行处理吗？"

对于第一个问题，大部分受访者用"杀人案"作为回答，感受非常明显。也有受访者提到"强奸""抢劫"的主题，主要是暴力案件。

对于第二个问题，回答角度要丰富一些。生活所迫是被受访者提及最多的原因，其次是单纯无知、受教育水平低，缺乏法律常识，然后是利益驱使、本性不好、感情用事等，也有的受访对象给出更深层的原因，如家庭成长、社会环境导致女性心理发生扭曲从而实施了犯罪行为，在本质上也是受害者。受访者具体的观点如下：

"生活环境吧。额，我记得有期节目是家暴，女子不堪几十年受辱和害怕杀了丈夫，但是本性不坏。"（公务员，男，43岁）

"生活所迫，很同情。"（退休职工，男，71岁）

"单纯、社会经验不足，容易相信别人，懂得少，没文化。"（书记员，女，35岁）

"我说我看的嘛，大部分都是和她自身经历有关，过得不好，或者是受过性侵这些，然后就没啥顾忌了。同情，但还是很痛恨，很多都是没读过啥书的。"（个体摊贩，女，55岁）

"一个是女性本身相对于男性来说是一个弱势群体，往往胆量比较小，容易受到犯罪分子的侵害，还有一个是有的缺少法律知识，这个男性也一样。"（本科在读，男，22岁）

"有些女人就是太渴望富有的生活，打着期望美好生活的幌子，做出过分的事情。"（电视台职员，女，36岁）

"自身性格和成长的家庭环境很重要，再加上涉世未深吧。"（退休人员，男，68岁）

"我主要关注那种拜金的。不恨，就是有点讨厌这种人，不然那么多拜金女，都要去恨，太累。"（家庭主妇，女，44岁）

对于第三个问题，大部分被访者没有关注节目中女性的年龄，认为"什么年龄阶段的都有"，对职业的回答也较为模糊，没有明显的印象，少部分被访者认为节目中大部分女性"没什么正经工作"。

对于第四个问题，被访者一边倒地认为节目女性受害者多。

对于第五个问题，被访者感觉节目对女性当事人的画面和声音都有处理的情况。一半以上的受访者认为节目偶尔进行了处理，少部分受访者认为经常进行处理，而其他人对画面和声音处理的具体频率没有注意。

（二）受众对节目不同角色女性形象的认知

对于电视法治新闻类节目所呈现的不同角色的女性形象，笔者设计了 2 个问题对受访者进行访谈，这些问题分别是：

"您关注哪种角色的女性形象？"

"女性执法者、女主持人和女性专家的形象影响您对节目的观看吗？"

对于关注哪种女性角色的回答，80% 以上的被访谈对象表示他们更关注女施害者和女受害人，只有少部分人关注女律师、女法官。关注女施害者或女受害者的受访者认为：

"我关注女受害人。女性在社会生活中相对处于弱势地位，一般涉及女性受害人，大部分都是家庭、情感或者强奸一类，想知道她们受到侵害的原因和在以后的社会生活中如何保护自己。"（在读研究生，女，23 岁）

"女罪犯和女受害人吧，毕竟是最直接的双方。女主持人、女法官这类专业人士给我的感觉和男的没区别，不分男女。"（事业单位员工，男，36 岁）

"女施害者，一般罪犯都是男的，是女的就是好奇她为什么犯罪。"（公司员工，女，23 岁）

关注女律师、女法官的人也陈述了自己的原因：

"女律师啊，觉得像律政佳人。"（学校员工，女，32 岁）

"女律师、女法官这种可能会更认真看一下，就是很崇拜，哈哈，但是不会影响到我，除非是自己不太了解的知识，可以当作补充学习那

种。"（在读本科，女，22 岁）

对第二个问题的回答，主张不会受影响的受访者与主张受影响的受访者人数一致，各 20 人。影响节目收看的主要原因是主持人和专家，其中认为女主持人、女专家影响观看的有 11 人，认为男主持人、男专家影响观看的有 9 人。影响主要是正向的影响，受访者认为女性题材的法治节目，女主持人和女性专家更加感性，她们出镜有助于提高节目的感染力，会提高受众观看的欲望；认为男主持人、男律师等人士对节目观看更有影响的，主要是考虑节目在理性、客观呈现方面更有保障。可见，部分受访者对性别还是存在一定的刻板印象。三种观点都给出了各自的理由。

认为不会受影响的受访者的观点如下：

"不会的，男女平等。"（大学在读本科，男，22 岁）

"没有影响，节目主要是看案件而不是主持人主持如何。"（司机，男，55 岁）

"没影响，不关心主持人。"（高中生，男，17 岁）

"没有，这些节目主持人都比较正式严肃，不会带有个人情感的。"（在读研究生，女，24 岁）

认为女主持人、女专家等形象影响观看的理由为：

"女主持人更细腻。"（广告公司员工，女，23 岁）

"因为女性更加感性，在分析案情时候，能做到主客观相结合，法律与情感相辅，既有客观案情描述，又有道德人情解析。"（律师，男，28 岁）

"有的呀，都喜欢美好的事物啊。"（大学在读本科，男，22 岁）

"更加有代入感？女人讲女人？讲得更深入吧。是女主持人代入。女主持人代入进去，会讲得声情并茂，不过专业性会让她不会轻易透露。嗯，会影响我。"（传媒公司员工，女，32 岁）

"有一定影响，因为她的话语倾向可能偏向犯罪者。因为我当时看是很同情女犯罪者，女性主持人可能从女性出发说的话可能更合理吧。"
（无业，女，65岁）

认为男主持人、男专家等影响观看的理由是：

"也不是喜欢男主持的感觉，主要是从小到大，法治节目或者是类似带点悬疑的主要的都是男的在讲解。"（研究生，男，25岁）

"有，我自己比较喜欢观看男主持人主持此类节目，因为男主持人相对于女主持人来说，分析案件更加理性。"（公司职员，女，48岁）

"我喜欢男主持，但是我觉得男的也喜欢男主持，男的会给观众一种稳定、真实、专业的感觉，女的一般都主持养生节目吧。我觉得很多人都会有我这种感觉。"（家庭主妇，女，58岁）

（三）受众对节目女性形象呈现倾向的认知

为了解受众对电视法治新闻类节目女性形象呈现倾向的认知，笔者设计了一个问题：

"您觉得电视法治新闻类节目呈现的女性形象是否有弱势倾向？正负面呢？"

对于这个问题，40名受访者的答案分成正反两派。认为节目体现男女平等，没有体现女性弱势地位的有8名，占20.0%；认为女性因各种原因还是处于弱势地位但是总体上男女平等有11名，占27.5%；认为节目体现了弱势的女性形象、男女不平等的有21名受访者，占52.5%，持不平等态度的被访者绝大多数人认为男女社会地位是男强女弱，与节目的用词、主持人的引导和选择的案例相关，解读方式与本书第一章的数据分析结论比较相近。受访者基本观点见表4-1。

表 4-1　受众对节目体现弱势女性形象的解读方式

态度	解读方式	受访者的基本观点	比例
受众对节目体现弱势女性形象的解读	节目体现了弱势女性形象 偏向性解读	"有，我看出来媒介构造出来的形象主要是男强女弱。觉得主持人应该客观分析问题，不应该主观引导观众，带有性别歧视。" "肯定有的，我觉得很多都是对女性格外同情，对男性暴力，展现挺明显的，不太好。" "有吧，女的都显示的比较弱，特别是女受害人，痴情、容易被骗，男的一般都更理智，作案的时候手法更高明些。" "我觉得有的。应该描述客观事实，不应因性别而区分对待。在公平公正的基础上，对女性做到情感上的呵护但在法律上应该一视同仁，不应对男性力量过于彰显，应真实可信。" "我觉得是有的，我看了很多把男性描绘得非常的强势，女性就非常的弱小，主要是体现在用语上面，比如说男方向女方伸出了魔爪啊，女性的话就用'仓皇，还有惊慌失措、不知所措那种词，希望尽量少用一些弱化女性的用词'。" "存在着这样的情况。例如家庭暴力案件中，绝大多数是对男性家暴女性的案件进行曝光，而现实生活中还存在着许多女性家暴男性的事件。建议是提高两性平等意识，在案件报道过程中尽量规避男女的世俗标签和刻板印象。" "有，建议女性学习传统文化。" "男强女弱，案例给我的感觉。"	52.5%
	节目体现了弱势女性形象，但总体上是男女平等 协商性解读	"电视节目里面的女性通常处于弱者地位，过度凸显了男性的权威。但男女都有强者和弱者，应该达到一个平衡。建议多宣扬一些保护女性的条例，多构造一些女性的典型。" "很少吧。男强女弱也只是体现在体格方面，这个本来就是事实。" "生理构造上，男强女弱是既定事实，不需要他们引导我，男女平等只是社会地位。" "我认为这个问题不存在男女之别。首先，我并不认为社会中的男性比女性有更好的掌握法律知识。其次，女性受害者中即便有出于缺乏法律常识而触犯法律的情况，这样的情况也同样存在于男性受害者当中。唯一存在男女之别的是女性的体质构造天生弱于男性，在身体力量、耐力等方面，女性不及男性，在一些危险时刻，女性难以做出自我保护。因此，女性常被定义为社会的弱势群体，容易成为犯罪分子的首选目标。"	27.5%

续表

态度	解读方式	受访者的基本观点	比例
没有体现弱势女性形象，男女平等	批判性解读	"没什么太大区别吧，法律面前不是人人平等吗？" "我觉得没有区别对待，不晓得是不是我没注意到。" "应该没有吧，法治节目一般传递的就是保护受害者，对犯罪者打击到底。就像那个保姆纵火，也没有特别保护。" "这个没太注意，男女案件都有。" "就我看的节目而言，我还没有感受到男女区别对待的情形。"	20.0%

被访者对节目中女性形象的正负认知比较明显地倾向于负面，女性施害者比受害者更倾向于负面，对于后者，受访者持有一定程度的同情心理。不过也有人认为受害者是自食其果，具有一定的个人因素，受访者的观点如下：

"有些负面，自己笨……要么感情用事，要么利益驱使。"（公司职员，男，35岁）

"走极端的那种，肯定很多人在做事情都想过像她们那么做，但是大部分人会先想到后果，就不会这么做了。"（医院员工，女，34岁）

"最主要我还是觉得就是容易被骗、被害吧，而且自身保护能力不够，警惕性不高。没文化，真可怕。如果一个正常人受过教育的，通常情况都会有想好后果的情况。"（司机，男，55岁）

二、受众的三种解读方式

根据编码解码理论，将40位访谈对象的观点和态度按照受众的解读方式进行细分，结果发现被访者可以被分为偏好性解读、协商性解读和批判性解读三种解读方式。这意味着电视法治新闻类节目的受众群体在解读节目中的女性形象时有着较大的差别。

知觉者的认知倾向与其性别、年龄、生活经历、知识结构、职业、个人情感、自我调节能力、自我意识、个人动机、对对象的评价和注意力、社会地位和经济地位等因素相关。如何看待电视法治新闻类节目中的女性形象，这与被访者的自身情况密切相关。观众在看电视的过程中，采取了叙事收视活动，在图像流中自由进出，立足于生活基础详尽地发展他们创造的意义，❶ 受教育程度不同的人，他们的立场、出发点不同，以及对女性形成的印象也存在一定的差距。一般而言，受教育程度越高，男女平等观念越深入，应该更为客观公正看待周围的事物，摒除偏见，但是在笔者的调查中发现，受教育程度越高，可能会对违法行为有更为敏感的认识，所以对女性负面人物的容忍程度越低，对弱势的女性也更多呈现出"哀其不幸、怒其不争"的心态，所以可能受刻板印象的影响反而会更大。与受教育程度一样，职业和居住情况也在一定程度上影响人们的思维模式。

因此，电视法治新闻类节目的内容以及其所隐含的思想、意识形态被传播出去并不等于受众全盘接受。一方面，不同的受众对相同的文本会做出不同的解读；另一方面，人是会变化的，即使是同一受众，在不同的环境下对待具体的案件也可能会有观点和态度的变化，甚至会采取截然相反的解读方式。

不过从访谈结果可知，有一半以上的被访对象表示认同，进行偏向性解读，所以媒体的立场还是影响了大多数人。现代社会大众媒介已经成为人们了解外部世界的主要工具，媒介话语权是一种软权力，潜移默化地影响着受众，其影响范围和影响程度比我们想象中更大、更持久。当大众媒介连续报道某些问题或某些事件的时候，受众也会被吸引并去关注这些问题和事件。电视法治新闻类节目所关注的问题和现象，也会相应地引起节目受众的对特定问题和现象的关注。虽然受众有主观能动性，但是在媒介日复一日的裹挟之下，也会把从媒体中获得的信息应用于自身生活，对现实生活进行判断和采取行动，即传播学理论中所提的"涵化"作用。20 世纪 60 年代美国传播学家伯格纳的培养理论就主张，大众传播媒介在潜移默化中对受众进行影响，其提供的规范和价值观可以培养受众，作用于受众的行为和态度。本研究进一步印证了媒体在塑造人们思考方式和行为方式方面的强大功能。

---

❶ 隆·莱博. 思考电视［M］. 葛忠明，译. 北京：中华书局，2005：262.

第二节　问卷调查及解读

除了访谈，研究者还采用调查问卷的方式，对受众的文本解读情况进行了解，调查的主要目的是了解受众对电视法治新闻类节目中的女性如何评价，以及其受节目影响的程度和影响因素。

2017 年 12 月 1 日至 2018 年 3 月 1 日，笔者通过问卷星在网络上发放问卷，并且在线下同时发放问卷。线下发放问卷的地点主要在四川省成都市红瓦寺街、重庆市江北区七彩空间小区、重庆市渝北区兴隆镇龙寨村，并委托新闻学专业的 5 名研究生在寒假探亲期间分别在四川省岳池县、江苏省连云港市、内蒙古呼伦贝尔市、河南省漯河市、广东省广州市等地协助发放纸质问卷，共发放问卷 600 份，回收线上有效问卷 284 份，回收线下有效问卷 227 份，共 511 份。

在回收的问卷中，受众的基本情况如表 4-2 所示。

表 4-2　调查问卷中的受众情况　（N=511）

受众基本情况	问卷选项	人数	百分比
性别	男	226	44.2%
	女	285	55.8%
年龄	18 岁以下	62	12.1%
	18~40 岁	158	30.9%
	41~65 岁	167	32.7%
	66 岁及以上	124	24.3%
学历	小学及以下	119	23.3%
	初中	80	15.7%
	高中	83	16.2%
	大专	65	12.7%
	大学	95	18.6%
	研究生及以上	69	13.5%

受众基本情况	问卷选项	人数	百分比
职业	在校学生	62	12.1%
	公务员	38	7.4%
	事业单位人员	39	7.6%
	国企员工	39	7.6%
	私企员工	62	12.1%
	自由职业者	60	11.8%
	无业	94	18.4%
	退休	60	11.8%
	其他	57	11.2%
现居住地	城镇	377	73.7%
	农村	134	26.3%

结果发现，被调查对象以女性略高于男性，集中在 18～40 岁、41～65 岁的被调查对象较多，其次是 66 岁以上的群体。在学历分配上，小学及以下的被调查对象最多，其他学历层次分布较为均衡，被调查对象的职业背景较为多元，包括公务员、事业单位人员、国企员工、私企员工、自由职业者、退休、无业和其他职业等。被调查对象居住地在城镇的比例较高，是居住在农村地区的近 3 倍。

一、对受众的调查结果

调查围绕着受众对电视法治新闻类节目中女性形象的认知和评价的情况，包括：女性形象是正面的还是负面的；女性形象是强势的还是弱势的；是否同意电视法治新闻类节目对女性的报道具有倾向性；节目所呈现的女性形象是否与受众身边的女性形象相符；节目是否体现了男女平等；电视法治新闻类节目在性别题材的选择上是否具有倾向性等。以上调查用以了解受众对电视法治新闻类节目中女性形象的评价以及对节目的评价，进而了解受众对男女平等地位的感知。具体的调查结果如下。

（一）受众对节目中女性形象正负的认知

为了解受众对电视法治新闻类节目中女性形象的评价，本研究将女性形象分为正面、中性、负面三个角度，如表4-3所示，34.1%的被调查者认为电视法治新闻类节目中的女性形象是负面的，22.1%的被调查者认为是中性的，而24.8%的被调查对象并没有明显的觉察，对这个问题并没有关注过，只有19.0%的人认为女性形象是正面的。

表4-3　被调查对象对女性形象的正负认知情况（N=511）

正负认知	频率	百分比（%）	有效百分比（%）
正面	97	19.0	19.0
负面	174	34.1	34.1
中性	113	22.1	22.1
无	127	24.8	24.8
合计	511	100.0	100.0

从总体上来说，大部分受众并没有认为电视法治新闻类节目给女性带来正面效应。这一认知与笔者访谈的结果以及对节目呈现的分析结论相近。

受众的"看客"心理加剧了其对女性形象的负面解读。节目对女性受害者凄惨遭遇的报道并没有引起受众的正面回应。因为节目中对这些女性的描述突出一种女性"弱"的本质和不健全的心理状况。再以《女孩为何乘黑车，频频失联遭不测》为例，女孩们频繁遇害，而节目重点展现她们防范意识差、轻易相信别人的心理弱点，并用"我觉得这人面不善就不敢上了""开这么好的车应该不是坏人吧"这种具有主观偏见的语言表现她们。虽然在节目制作者看来这是客观报道，但是在受众看来，这可能是对受害女性的一种批评。又如电视法治新闻类节目常使用被动语态来描述女性的遭遇，"强迫和她发生性关系""被扯断了皮带""被抢劫""按在地上""遭受伤害""得手""他就强行和我发生关系，我有反抗，但是我反抗，没有反抗得了""无法抬头""碍于情面""胆小怕事"等，这样的表述从侧面呈现出女性身体的柔弱与心理的懦弱。节目呈现的女性形象大多家庭生活不幸福，深受传统的女性观念束缚，对配偶或者子女委曲求全, 艰难忍耐, ❶ 鲜有现代女性独立自强的正面形象, 压抑和贬损、束缚与屈服共存, 既有其可悲之处, 也有其可叹之处, 对此, 受众持贬抑态度的居多。

(二) 受众对节目中女性形象强弱的认知

受众对节目中女性形象强弱的认知, 通过问卷加以反映, 笔者将女性形象分为强势、中性、弱势三个方面。如表4-4所示, 受众认为电视法治新闻类节目中女性强势形象居多的占比9.5%, 弱势形象居多的占69.1%, 认为处于中性的有12.9%, 受众没有觉察的占8.5%。可见, 在大多数受众看来, 女性被呈现为弱势形象, 这与前面的分析相一致, 电视法治新闻类节目在报道倾向、呈现角度和呈现内容上都强调了女性弱势的一面。

表4-4 受众对女性形象强弱的认知情况 (N=511)

受众强弱认知	频率	百分比 (%)	有效百分比 (%)
强势	49	9.5	9.5
弱势	353	69.1	69.1
中性	66	12.9	12.9
无	43	8.5	8.5
合计	511	100.0	100.0

(三) 受众对节目中男女社会地位的感知

受众对电视法治新闻类节目中男女地位是否平等的感知, 如图4-1所示, 61.32%的被调查对象认为男女地位是不平等的, 男性高于女性, 并反映电视法治新闻类节目中隐含了性别歧视。也有22.88%的被调查对象认为男女已经实现了平等, 没有感觉到明显的社会地位性别差异, 还有8.02%的被调查对象也主张男女不平等, 但是并不是男性占有特权, 而是女性, 女性的地位已经高过男性。经过多年的发展, 人们对男女地位的看法已经越来越多元。

---

❶ 刘可心. 女性主义视域下中国法制电视节目中的女性形象分析 [J]. 新闻研究导刊, 2016 (7): 125-126.

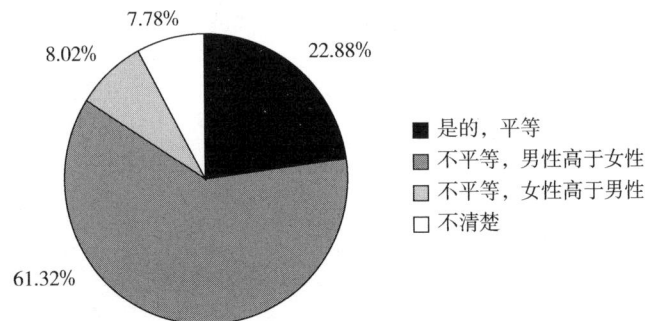

图 4-1　受众对电视法治新闻类节目中男女地位是否平等的解读　（N=511）

（四）受众对节目中男女题材选择的倾向性

为了解电视法治新闻类节目在题材选择上，倾向于男性题材还是女性题材，笔者于 2016 年 8 月 4 日曾经到中央电视台进行调研，并对《今日说法》的原主创人员之一沙龙进行了访谈，他认为电视法治新闻类节目的记者或编辑在选取案件的时候并没有特别考虑性别因素，从来没有从性别上进行刻意地区分和选择，而更多的是考虑案件自身的价值、传播的意义、教育意义，以及是否能够引起受众的注意，获得积极的传播效果。即使在"三八"妇女节这样的女性节日也并不一定会刻意呈现女性题材的案件。

2016 年 11 月 4 日，笔者参加了在成都召开的全国法制电视节目工作委员会年会，年会集中了全国主要的电视法治节目生产单位，参加者主要是全国各电视法治节目栏目和频道的负责人和代表，包括了《法治进行时》《法治在线》等节目负责人和节目代表。因此，笔者特意在参会之际对电视法治新闻类节目的负责人就女性题材选择问题进行了访谈。访谈的结果是在节目策划、制作中并没有侧重考虑女性相关的题材，主要考虑的是法制事件本身的时效性、新闻价值和社会意义。

对此，受众的解读也相近。笔者通过问卷进行了解，如图 4-2 所示，在电视法治新闻类节目在题材选择上，受众认为倾向男性的占 27.25%，认为倾向女性的占 20.44%，认为没有倾向的占 23.60%，没有感觉、不清楚的占 28.71%。持中立立场的比例较高，可见，受众与节目制作人员的观点一致，认为在题材选择上并没有性别倾向性。认为题材选择倾向于女性的被调查对象，相比其他人更关注女性相关的案件。

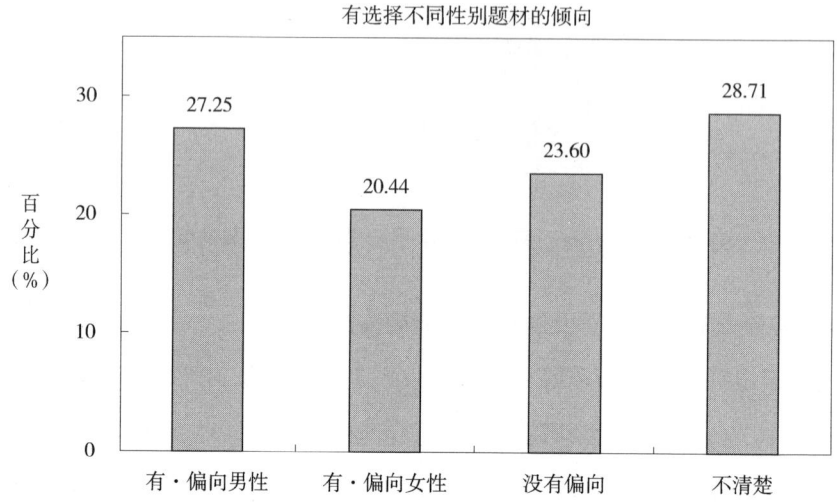

有选择不同性别题材的倾向

图 4-2　受众对电视法治新闻类节目在题材选择上是否对性别有倾向性的认知（N＝511）

（五）受众对节目中女性形象真实性的认知

表 4-5　受众对电视法治新闻类节目中女性形象的真实性评价（N＝511）

受众评价	频率	百分比（%）	有效百分比（%）
相符	103	20.2	20.2
不相符	324	63.3	63.3
不清楚	84	16.5	16.5
合计	511	100.0	100.0

如表 4-5 所示，20.2% 的被调查对象认为节目中呈现的女性形象与身边的女性形象相符，63.3% 的被调查对象认为不相符，16.5% 的被调查对象没有具体的感知。大部分被调查对象主张不相符，这说明电视法治新闻类节目对女性形象所呈现的视角是与现实不一致的，并没有让受众充分感受到其女性形象的真实性。

通过以上研究发现，受众认为电视法治新闻类节目所呈现的女性形象是负面的和弱势的，并且节目呈现的女性形象与其身边的女性形象并不相符。受众对电视法治新闻类节目中女性形象的评价与电视法治新闻类节目本身的呈现倾向一致。

二、节目影响受众认知

现代社会大众媒介已经成为人们了解外部世界的主要工具，媒介话语权是一种软权力，潜移默化地影响着受众，其影响范围和影响程度更大、更持久。媒体把持了文化领域中意义的生产和再现，电视作为主流媒体很大程度上反映了统治关系模式，充当了性别观念的传播器。❶ 电视法治新闻类节目所筛选的案件、所表达的主题和所呈现的女性形象，也对受众产生了干扰和影响，通过一个个法治案例和一条条法治信息，受众逐渐被培养为信息的接收者。电视媒体对受众的影响不仅仅是受众收看节目的时长、次数这些显性影响，还有对受众认知等隐性的影响，媒体对女性再现方式的选择是意识形态运作的产物，而节目是意识形态加工后的产品。在本书中，电视法治新闻类节目对女性形象呈现的倾向，影响了受众对女性形象的评价，固化了受众对女性的认知和印象。

不过，受众对电视法治新闻类节目所呈现的女性形象，并不是全盘接受，也分不同的角度进行解读。作为一种客观存在，作为拟态环境的创造者，媒体无时无刻地在向受众"兜售""渗透"其信息和观念，大众传媒报道什么、不报道什么、从什么角度报道，制约着受众观察社会和世界的视野，而受众出于"使用与满足"的需要，也保持着与媒体的接触。受众的形成基于个体需求和兴趣的需要，具有社会和心理根源。"使用与满足"理论强调基于社会或个人心理需要的趋势，人们会主动诉诸大众媒体或其他渠道来满足这些需求。知觉者与知觉对象的互动方式对结果会产生重要的影响，所以，电视法治新闻类节目如何向受众进行传播女性形象以及受众如何理解电视法治新闻类节目中的女性形象，对认知结

---

❶ 贺建平. 西方媒介权力批判 [M]. 重庆：重庆出版社，2004：196-197.

果存在重要影响。

虽然电视法治新闻类节目的报道领域具有一定的特殊性，但是仍与现实生活密切结合。节目中的女性也是生活中的女性，因她们涉及一些法律案件而将她们"异化"为特殊的群体去"把玩"和"围观"是不公平的。而且新闻类节目有着客观真实的追求，但节目的传播效果却使节目中的女性与日常生活中的女性截然分开，是具有片面性的。

第五章

电视法治新闻类节目
女性形象呈现中的问题

第五章
电视法治新闻类节目女性形象呈现中的问题

媒体呈现什么、怎样呈现都会对受众的认知塑造起着重要的作用。同样的事件，媒体可以选择不同的关注点、不同的呈现方式、不同的呈现角度、不同的表述，这实际上隐藏着媒体不同的态度。同时，不同的表达方式会给受众带来不一样的视听感受，所以电视法治新闻类节目常利用某些技巧和态度对受众产生影响。节目在呈现女性形象时，有着固定的操作模式和特点，包括形象、景别、拍摄方式、标题设置、色彩的运用、镜头的运动、镜头的组接等各种方式，这些都是电视符号再现女性形象的手段，一旦这些手段掺入较多的主观因素，电视法治新闻类节目就无法做到客观真实，相应的问题就随之而来。

第一节　对女性形象"类型化""标签化"处理

根据被观察对象的特点，人们会本能地快速思考将其归类，这是人类在适应环境过程中所形成的能力。这种能力一方面可以帮助人类及时判断危险，躲避灾难，另一方面也使人类形成了不同程度的思维定式，阻碍人类全面、客观地看待世界。这种思维定式在电视法治新闻类节目的制作和传播中，主要体现在节目制作主体将被报道对象以"类型化"和"标签化"的方式加以呈现，以便受众可以快速接收、"对号入座"，并引起共鸣。

一、"类型化"——女性形象固化为既定模式

在电视法治新闻类节目中，人物出镜后，受众就会对画面中的人物外部特征进行观察，观察其外貌、表情、年龄、身份、着装、动作，从而揣测其身份和心理活动。当女性当事人或者其他女性是电视画面主体时，受众关注的视角是她们是谁？她们的面貌、着装、行为方式如何？她们的人物关系、精神状态、思考方式是什么样的？进而将节目中的女性形象进行分类。事实上，电视法治新闻类节目所呈现的女性都有着固定的模式，节目的思维定式和议程设置对受众的判断起到决定性作用。

本书试图对电视法治新闻类节目中的女性特征加以统计，提取了部分节目对女性形象进行描述的关键词加以分析，详见表5-1。电视法治新闻类节目常用以下词汇来为女性"画像"。这些词汇反映了电视法治新闻类节目的立场，而且与特定的女性形象相关联，如节目常用皮肤白皙、面容姣好、清秀等来形容被侵害的女性外貌特征，用故作镇定、绝望、崩溃来形容人物表情和心理，用步履沉重或加快脚步等描绘人物动作。

总体上，这些女性形象在电视法治新闻类节目中都有既定的模板，被简单概括为一些类型，这表示节目制作者确实存在一定的思维定式，对于人物形象的塑造过于简单化。

表5-1　出镜的女性形象外部特征

女性形象外部特征	关键词
外貌	皮肤白皙、面容姣好、身材修长、头发凌乱等
表情	吃惊、故作镇定、绝望、崩溃、哭泣、恐惧等
年龄	女婴、女孩、未成年、少女、年轻女子、老太等
身份	女儿、母亲、模特、网友、明星、店员、学生等
着装	正常/暴露　完整/残缺　正式/随意、红衣、职业装等
动作	抓住、跑、躲藏、求救、步履沉重、加快脚步、醉倒等

二、"标签化"——突出女性形象的负面属性

为了贴近民众，便于受众理解，电视法治新闻类节目制作者尝试了多种办法：案件选择上接地气，语言运用通俗化、口语化，制作"故事会"式的标题制造悬念，引用一些影视作品名称、网络流行语拉近与受众的距离，等等。其中，设立"标签"便是一个"好用"的方式，不但通俗易懂，而且极容易引发受众的关注。不过这也导致了标题党现象突出。在电视法治新闻类节目中，"女大学生""神秘女子""女模特"等词语被大量使用，并常有"婚外情""奸杀""卖淫""开房""堕胎""裸体"等刺激性的字眼相伴，词语使用日益低俗。

虽然法治案件的很多内容确实涉及谋杀、强奸、抢劫等，但标签化的处理方式会将这些案件与女性的身份、职业等挂钩，暗示、渲染和强调了这些女性的负面属性，使受众误解。在节目中各种女性的形象中，女大学生的媒介形象是被"标签化"较为严重的，不管她们是谁，她们的面貌、着装、行为方式如何，她们的人物关系、精神状态、思考方式如何，她们大多是具有标签理论中所谓"越轨行为"的女大学生。

电视法治新闻类节目的标题常常使用"女大学生"的字眼，突出女大学生的身份，来吸引注意力。样本中以《法治在线》最为明显，其有一个女大学生系列，如《女大学生坠亡之谜》（2016年1月11日）、《女大学生之死》（2015年8月14日）、《女大学生的创业之路》（2015年8月20日）、《女大学生扶老人自称被讹》（2015年9月22日）、《女大学生的歧途》（2014年6月25日）、《女大学生遇害之谜》（2014年2月19日）等。有时节目使用"女孩"替代"女大学生"，对女大学生的身份进行模糊化处理，但性别特征仍在。还有一些标题带有"青春""妙龄""花样年华"字样，突出了女大学生们的风华正茂、无比灿烂的青春，并与案件中她们的所作所为或者悲惨遭遇形成反差，进一步来打动受众。涉及女大学生的案件以刑事案件最多，节目在题材选择上具有倾向性，重点选择暴力类案件、感情纠纷类案件等，主题常为"金钱纠纷""情感

纠葛""被强奸""被杀害""早孕"等，重点表现女大学生失常的心理状态和复杂的感情生活，而对于女大学生的学业功课、社会实践和正向的价值观的展现则少之又少。作为接受了高等教育、有知识、有理想的年轻一代，女大学生在节目中的形象并不是预想的那样朝气蓬勃、充满智慧，她们仍无法摆脱媒体对女性的刻板印象，媒体更愿意表现她们中少数人虚荣、软弱、拜金或无知的一面，而大多数女大学生身上所具有的朴实、坚强、智慧的一面并不会被媒体青睐。

标签理论是以社会学家莱默特和贝克尔的理论为基础而形成的一种社会工作理论。该理论认为越轨行为是社会互动的产物，即社会上的权威力量通过确立原则来定义异端行为，然后将他们加诸于特殊的人群，给他们贴上外人的标签，由此制造异端行为。❶ 最开始标签只是针对群体中的某个个体，但随着个案的增多，指代对象逐渐泛化，进而成为整个群体的代称。标签反映了这个群体某个方面的共性，但忽略了所有的其他特性。❷ 如女大学生的标签，只考虑女大学生的这个身份属性，但忽略了这个群体的内部差异，最终形成了刻板印象。

将女性形象"标签化"，可以把女性作为受众"凝视"的目标，这其实是性别关系不平等的体现，从社会性别角度而言，是对女性的一种性别歧视。没有对女性持应有的平等、尊重态度，也淡化了电视法治新闻类节目专业主义的精神和社会责任感。

第二节　对女性进行倾向性道德评判

电视法治新闻类节目的使命是向受众传播法律知识，告知受众现实世界的法律规范，任何人触犯法律都将受到惩处，被侵害也应得到法律的保护。节目以法

---

❶ 韩坤. 标签理论的辩证分析新视角——以标签理论对青少年犯罪的影响为例 [J]. 青年与社会，2014（18）：264.

❷ 李红涛，乔同舟. 污名化与贴标签：农民工群体的媒介形象 [J/OL]. 二十一世纪，2005，7（40）：1. [2017-03-04]. http://www.cuhk.edu.hk/ics/21c/media/online/0504091.pdf.

律全知者的姿态，来叙述案情，通过电视符号的具体运用，尤其是通过主持人和嘉宾这样权威叙述者的评价，进行法律分析。法律分析之外，还进行道德评判，表达主观看法，从而实现道德教育。这种道德评判和指向有时被直接展现出来，有时暗含在视听语言中"犹抱琵琶半遮面"。

其中，用声音语言进行的评价更为直接和感性。人们往往非常重视电视新闻传播的视觉效果，并把电视媒体作为视觉文化的媒介，在"在特定情形下，话语听觉化往往比视觉化更加直观和感性，对观众心理情感体验产生出更加深刻而持久的影响"。❶ 电视法治新闻类节目本身就肩负传播法律知识和弘扬道德风尚的双重职能，指引现代公民提升法律素养和道德修养。但道德评判应无性别之分，不会因为是女性就要求其遵循更高的道德标准。可现实情况却不容乐观，电视法治新闻类节目也会不自觉带入性别视角，呈现方式发生一定的"变形"，表现为解说词、同期声、画面、标题等视听符号与主持人、嘉宾的评论一起，共同构成了对女性的倾向性道德评判。

一、主持人和嘉宾评判色彩较重

电视法治新闻类节目主持人和嘉宾的语言是整个节目道德判断和价值指向的核心所在，他们对节目中的女性当事人进行直接评判。

（一）主持人对女性当事人的倾向性评判

电视法治新闻类节目主持人是节目框架的主要搭建者，叙事节奏的把握者、案件内容的还原者和案情是非对错的主要评论者，拥有全知视角。主持人的声音往往代表了其所在节目、所在媒体的声音，主持人对女性当事人的形象呈现起到重要作用。

主持人评价包括提示性、警示性话语，也包括对女性当事人行为的评判。《今日说法》最为倾向进行主持人评价，因为其本身就是以案说法类节目，进行评价是节目重要的组成部分。《法治进行时》《法治在线》因更注重时效性和突

---

❶ 张军华. 影像　话语　文本——叙事分析视野中电视新闻传播［M］. 长沙：湖南师范大学出版社，2012：129.

发案件，所以评判的内容相对较少，不过对一些典型案件，主持人也会通过设置问题、直接点评等方式加以评价，对违法行为进行谴责。

主持人的叙述和点评对节目往往起到画龙点睛的作用。正是因为其作用较大，所以在对女性当事人进行叙述与评价时，对其形象定位起到关键作用。节目中女性形象是正面还是负面，从主持人的措辞、语气、语调中能找到答案。在 2014 年 7 月 30 日的《校园的幽灵》（《今日说法》2014 年 7 月 31 日）中，主持人说：

> "在这样一个位置偏僻，荒无人烟的地方，小丹一个女孩子为什么会来这里呢？"

这句话主持人强调了小丹的做法似乎已经超过了社会关于"女孩子"该做什么事的界限，体现了对女性社会身份的评判，主持人对女性形象的呈现还是站在社会评判立场上的。

主持人的评价性话语可分为直接评价、间接评价两种。直接评价如"见利忘义""不良的残渣""软弱""无知"等，间接评价要从字里行间中去寻找，常有"本该……却……""看上去……却……""变身……上演……"等特定句式。

> "看上去斯斯文文，经常素颜上班的女出纳，在她的朋友圈里却是各种'炫富'。"
> "在网络粉饰下的恋情，单纯的小雅就这样被恶人欺辱，又因胆小怕事沦为他人犯罪的工具。"

有些评价则非常隐蔽，如《法治进行时》2016 年 6 月 10 日播出的节目《法治训练营：女性易受侵害，记者探寻高招》中，主持人在该期节目片头说：

> "在生活中，独自行走的单身女子往往会成为不法分子的侵害目标。"

这句话强调独自行走的女性易遭受侵害，不过这样的评述无形中固化了女性易受侵害这一观念，并加深了受众对女性弱者形象的认知。

（二）嘉宾对女性当事人的倾向性评价

在电视法治新闻类节目中，法律学者、犯罪专家、心理医生等节目嘉宾是专业知识的主要传播者，出于职业的思维习惯和由特定的身份决定，嘉宾对案件中女性的评价主要从专业知识的角度进行，对案件的评论可能会更为理性，多数情况下不会对节目中的女性直接评判，但也无法回避对案件中关键人物、人物关系的分析为受众答疑解惑，进而从侧面呈现女性形象。在一些情形下，嘉宾也会开宗明义表明其观点。

如《夜半情迷》（《今日说法》2012 年 7 月 14 日）讲述了妻子王某因与丈夫感情破裂，为了摆脱丈夫的控制，王某与情人将丈夫谋杀。对这个案件，嘉宾的评价较为直接：

> "该做什么还要做什么，如果真的到法院去，可能会修复她的婚姻，也可能法官根据情况进行判决的。但是她并没有尝试这样去做，她凭的是一种怎么样把这事用最简单的方法解决掉，好像让自己摆脱了痛苦，其实呢，她用了一个很愚蠢的方式。"

嘉宾使用了"没有尝试""最简单的方法""很愚蠢"这些词语，让受众注意到一个失去理性、无知的女性形象。

有时嘉宾会把个人观念带入到评论中去。如《最后的直播》（《今日说法》2010 年 9 月 20 日）这一期节目中，嘉宾评论：

> "现在很多的年轻女学生，选择动不动就要自杀，离家出走这样极端的方式，来处理一个很绝望的关系，这实际上也是一种不负责任的表现。"

这样的评论对女学生群体似乎并不公允，有以偏概全之嫌。

在信息对比以及知识对比方面，主持人和嘉宾的地位远远领先于受众，是节目话语的权威者。作为节目的权威言说者，他们的评价具有指引作用。主持人和嘉宾的评论，在不同程度上，与认可这一权威评论的观众之间形成了结构复杂的历史性权力关系网。❶ 受众一旦认可权威者的话语，两者就形成了权力关系网，这样的关系决定着语言的表达方式。所以，作为主持人和嘉宾要考虑其自身的影响力，切不可对节目中女性的形象妄加评论。

二、解说词的负面评价较多

在实践过程中，解说词并不是完全客观中立的，常带有节目制作者的观点和立场。女性形象如何，很大程度上与解说词所展现出的观点和态度相关，解说词的词汇、语态都含有评价色彩。通过对样本的观察，不难发现大量对女性进行负面评价的解说词，如"为爱疯狂失去理智""仇恨使她采取报复""法律和道德意识都相当淡薄""不正当手段挣钱""不思进取，不务正业""单纯""胆小怕事"等，此类表述非常常见，对人物的表现力极强。

解说词多使用特定意义的词语进行人物评价，常对女性用下列词语进行描写："年轻""漂亮""性感"。外貌刻画与语言、动作刻画一样，对人物形象塑造是必不可少的。但是在解说词中对女性身材外貌往往有过于细致的描述和反复多次的描述，如"如果涂抹上红红的唇膏，估计会吸引更多注意"等，不仅将女性的容貌特质与案件发生联系起来，给受众留下因女性行为不当而引发犯罪的印象。

对于犯罪嫌疑人用"提高了声调""矢口否认"等进行潜在的价值评判，又如使用"信心满满"等对犯罪嫌疑人的自鸣得意进行讽刺。此类的表述形象生动地对画面进行补充和说明，也容易对受众的判断形成干扰。

在女性作为受害者的案件中，解说词常使用被动语态，如"被拽进面包车""被几名嫌疑人轮奸""手机、银行卡被抢走""被扯断了皮带""被开水烫伤""被抢劫""被扔下了车"，还有类似的"忍受他的拳打脚踢""逃离""强迫和她发生性关系""得手"等表现女性被欺凌的情形，虽是在谈暴行，但也呈现出

---

❶ PIERRE BOURDIEU. Masculine Domination，Stanford［M］. Stanford：Stanford University Press，2001：3-143.

了女性在面临被迫害时的软弱和无力。

如《人造美女兼职冰妹》(《法治进行时》2014 年 8 月 16 日) 这期节目中,解说词是这样描述女犯罪嫌疑人的:

> "闫某 21 岁, 染着一头金发, 脸上画着浓浓的烟熏妆, 若不开口说话俨然就是一个外国人。"

这实际是媒体态度的一种表达, 尽管没有在文本中出现明确带有评价性质的话语, 但是将这些表述综合起来考量, 就不难发现媒体对女性当事人的态度, 而且将这种态度传递给了受众, 特定的外貌打扮与一些犯罪行为挂钩。

对于女性犯罪嫌疑人, 解说词的用词也有明显的倾向性, 如在《起底网络红人郭美美一案》中, 对郭美美的描述多使用"气势汹汹""恶狠狠地"等词语, 凸显郭美美负面的人物形象和扭曲的世界观。

解说词中还常见对心理活动的描写, 如"庆幸""心想""暗暗惊慌""心里七上八下"等, 对当事人事件发生时的心理状态进行补充, 让受众感同身受, 当然, 这样带有一点儿主观揣测的意味, 营造了一种故事性的氛围, 降低了客观性。

在 2015 年 7 月 25 日播出的《欲盖弥彰》(《今日说法》) 中, 配合画面有这样一段解说词:

> "由于患有小儿麻痹症, 薛兵兵 (男性受害者) 的左腿有点跛, 是一名残疾人。1994 年薛兵兵结了婚, 婚后生了一男一女, 大女儿当年16 岁, 小儿子 8 岁。薛兵兵原本是神木县边上的农民, 可几年前村里的土地被征用了, 薛兵兵夫妇也就离开了土地, 在城里开了一家小餐馆。由于薛兵兵的腿脚不方便, 名义上薛兵兵是老板, 实际上餐馆的事务都是妻子在打理, 薛兵兵只是偶尔去帮帮忙, 大部分的时间是在家里闲逛。"

这一席话虽然刻画的是薛兵兵的家庭简况和残疾人士的形象, 但是从侧面无不透露出妻子（女性施害者）强势且独当一面的形象，与周围人对她的评价一致。除此之外，还有一段来自警察认知视角下的解说词：

> "面对内心强大的刘友芳（女性主角），警方知道与她的较量一时半会儿不会分出高低。"

画面中呈现了犯罪嫌疑人刘某的照片以及警方部署侦破工作的画面，"内心强大""较量"诸如此类的字眼从正面直接凸显出犯罪嫌疑人强硬的性格，给受众呈现了一个强硬、冷血、有悖常理的女性形象。

三、同期声主观评判性较强

同期声是在拍摄人物讲话的现场同期录下的讲话声，电视媒体在讲述案件、呈现人物形象时尽可能使用同期声，让当事人说话，真实再现当事人的声音，同期声主要起到表现人物、介绍环境、增强现场感的辅助作用。例如，在《法治在线》的《女大学生之死》（2015 年 8 月 14 日）中，运用了大量出镜记者和采访对象的直接叙述，使主体的个性、气质更真实地呈现给受众，很多女性形象呼之欲出，这是其他叙述者转述时无法达到的效果。

但是同期声的呈现只能以点带面，这导致其对女性形象的呈现不均衡，过于展现当事人某一方面的特征，而弱化甚至忽略其他方面的特征。受众也能通过同期声判断出节目的立场和观点。

《今日说法》的《校园里的幽灵》（2014 年 7 月 31 日）使用了受害者小丹、小静的同期声，用她们自己的语言叙述她们被侵害的经历。

> "我说现在已经这么晚了，我也有自己的底线，然后我就开始走了。"
> "我觉得我不跑肯定没辙了，跑的话说不定还有希望。"

这是受害者小丹的同期声，讲述了她在面对危险时仍然保持理性、内心作出选择的心理过程。而另外一位受害女性小静则是完全不一样的表达：

"怎么说呢，其实我不想面对这个事，我本来是打算就让他过去了，以后永远都不想提那他那个人，让这些事都过去了。"

"他就是说他很欣赏我，然后蛮喜欢我的，然后觉得我还不错之类的。"

"我感觉这个是挺没面子的，因为我不下来，他就不停地叫人上去叫我，我就怕对我影响不好，让同学都知道了。"

"所以有的时候就觉得把他当成父亲一样的感觉，因为从小到大我也比较缺乏父爱，平时的时候感觉他本性不坏。"

呈现了一个面对侵害不敢反抗，顾忌名誉而进行隐忍的女性形象。小静面临着施害人不断的伤害，竟因缺乏父爱把施害者当父亲，其胆小、软弱、善良、爱面子、没有安全感的形象，与小丹理性、果断的形象形成反差，呈现了两类不同性格的女性形象。

两位女受害者的同期声呈现方式也存在差异，其中小丹使用了原声，而小静的声音用了变音处理。根据案件情节可知，案件对小静的个人隐私和负面影响极大，这可能也是节目进行特殊声音处理的原因。

在2013年11月18日的节目《桦南孕妇杀人事件》中，记者前往施害者家中采访，在这一段采访过程中，以暗拍为主，见图5-1、图5-2，画面晃动幅度较大，施害者的婆婆多为中景镜头出镜，并用全景镜头穿插了其家中的环境以及来往家属的动态，配以她情绪激动的同期声"败类媳妇""要没有这媳妇不能出这事"，从侧面可以看出节目制作者对这位婆婆的言论是持不同态度的，也表现了她重男轻女、思想守旧的女性形象。

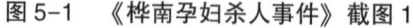

图 5-1　《桦南孕妇杀人事件》截图 1　　图 5-2　《桦南孕妇杀人事件》截图 2

如今，为了给女性当事人尤其是受害者必要的保护，电视法治新闻类节目大量使用面部遮挡的方式呈现女性形象，如果声音都无法播放，那受众只能寄希望于主持人、嘉宾的语言或解说词来揣测节目中女性的模样，导致节目对女性形象的主观评判性会更加强烈。

四、拍摄角度暗含评判色彩

电视法治新闻类节目对人物的拍摄方式不同也会有不同的感情色彩。

媒体在运用画面呈现女性形象时，各种视角的运用都有其意义表达。平摄视角运用较多，说明其拍摄以日常交流视角为主，用来拉近与受众之间的距离，这种视角有纪实再现的功能，能够降低对女性形象塑造的主观性。俯摄给人以低头俯视的感觉，可以对特定人物形成贬低的效果，借以表现那些被鄙视的、渺小的人物形象，具有主观评判性。

在《今日说法》2016 年 7 月 14 日《狠心的母亲》这期节目中，如图 5-3 所示，选取了一段俯拍视角下的女性全景画面，将女犯罪嫌疑人卖了亲生子女之后低头数钱时的形象呈现在受众面前，其贪财、无情的形象被表现得淋漓尽致，俯摄的拍摄手法和全景对人物动作的展现，矮化女性主角的形象，直接在受众心中刻画出该人物的负面形象。

又如《今日说法》2017 年 9 月 18 日播放的《毒枭的覆灭》，如图 5-4 所示，运用俯摄镜头较多。这些俯摄镜头主要是拍摄因运输毒品被抓获的未成年少女，对她们承认罪行、指认毒品的过程进行拍摄。在镜头里，这些少女打扮时髦，年轻充满活力，但是在毒枭的利用下犯下了难以饶恕的罪行，即使未成年（14 岁以上）也必须接受法律的惩罚。俯摄镜头对她们的所作所为带有批判色彩，同时也塑造了一些对法律茫然不知、只追逐利益而没有正确价值观念的少女形象。

图 5-3　《狠心的母亲》截图

图 5-4　《毒枭的覆灭》截图

　　拍摄角度还可以使用对比的方式强化对人物的评价。如在《法治进行时》2015 年 12 月 29 日的《杀死婴儿弃尸，狠心情侣获刑》一期中，如图 5-5 所示，对涉嫌杀害亲生孩子的女嫌疑人全程采用俯摄的方式，突出了对她的犯罪行为的谴责，而对审理该案的北京市第一中级人民法院以仰视的方式进行拍摄，如图 5-6 所示，突出了法律尊严和权威。同时，在色彩上运用黑白色调，渲染了庄严、沉重的气氛。

　　俯摄往往不是单独被运用的，对女性犯罪嫌疑人的拍摄，节目往往综合展现多种视角来突出人物形象。如《法治进行时》2016 年 1 月 15 日播出的节目《女子顺走皮大衣，观众举报被抓获》，以"俯摄+中景+打码"的镜头来呈现犯罪嫌疑人被抓获时窘迫的形象，在一堆杂乱的衣物和箱子前面，女性犯罪嫌疑人低声说"我当时就是一时贪恋"，传达了她悔恨、羞愧的心情。2015 年 8 月 16 日的节目《情侣贩毒 600 克，牵出幕后大毒枭》（《法治进行时》）如出一辙，通过"俯摄+中景+打码"的镜头搭配同期声"没脸了"，表达了犯罪嫌疑人的羞愧以及媒体对其行为的批评。

图 5-5 《杀死婴儿弃尸，
狠心情侣获刑》截图 1

图 5-6 《杀死婴儿弃尸，
狠心情侣获刑》截图 2

五、标题刻意凸显女性形象

电视法治新闻类节目的女性形象一直在标题处"暗影浮动"。笔者通过对样本中节目标题进行整理分析后发现，大量标题体现"女"性字眼，部分标题有清晰的女性形象，受众只需要通过浏览标题就能判断节目中的女性形象。如《"大姐大"的覆亡之路》《"外围女"落网记》《一岁幼童做掩护，母亲下手偷钱财》《狠心的母亲》《美女盗窃 自毁前程》《新娘的骗局》等，此类标题呈现了违法犯罪女性的负面形象。如《一岁幼童做掩护，母亲下手偷钱财》（《法治进行时》2016 年 7 月 28 日）讲述一位母亲利用一岁多的孩子当掩护，在服装店三次下手实施盗窃的案件。标题直接指明了"母亲"的身份，母亲以幼童作为掩护实施犯罪活动，仅从标题就可以判断出这位女性呈现出贪财、偷盗的不良品行以及作为母亲并不称职的形象。

而《单身女夜半惊魂 神秘人尾随作案》《18 岁少女"成长的代价"》《一名花季女生的遭遇》《含恨而死的妻子》《被烫伤的女孩》《受伤的女人》《绝望的主妇》《遍体鳞伤的母亲》等，则体现了女性作为受害人的弱势形象；《蓝剑突击队中的女神枪手》《110 的女工匠 "生命线"的守护者》等法治人物专题，通过标题可以判定其立足于呈现正面的女性形象。

这些标题不但透露了性别，而且频繁地采用一些"形容词"或隐喻的方式来修饰女性的形象，使表达的主观性更加强烈，融入了节目制作者的感情色彩，将涉案女性形象作为提高收视率的手段。夸张、鲜活的形容词可以吸引受众的眼球，具有一定感情色彩或者爆炸效果的标题确实能够提高节目的收视率和网络点击率，但与此同时也是淡化了节目的客观真实性。

除了使用大标题，有些节目还十分重视小标题的运用。如《情人的陷阱》（《法治在线》2015 年 3 月 16 日）这期节目，共出现 17 个小标题，分别是"离异女子神秘失踪　为何弃子离开""离异多年展开新恋情　突然人间蒸发""进入高档小区　监控记录可疑身影""失踪女子去哪里了　神秘男子是谁""对租客展开调查　神秘男子身份确认""案情扑朔迷离　背后隐藏惊人秘密""男子温柔诱惑　竟是噩梦的开始""年轻女子人财两空　离异女子失踪""四次因诈骗罪入狱　常年居无定所""落网后供述出人意料　自称为受害者""追寻嫌疑车活动轨迹　线索突然中断""嫌犯心理防线崩溃　供述犯罪事实""即将步入婚姻　为何痛下狠手""精心伪装　无业以诈骗为生""甜言蜜语出手阔绰　骗取女性感情""同时交往两名女性　恼羞成怒起争执""谎言被拆穿痛下杀手　终落法网"。这些小标题有助于克服电视叙事信息易逝的缺点，帮助受众回顾案件的关键内容，把握故事发展脉络，但也进一步呈现了女性受害人容易被骗、易受伤害的形象。

《今日说法》《法治在线》节目早期多采用感情色彩浓重的标题来凸显女性形象，如《家暴惨案》《深山魔窟》《网红美女大盗》《少女的厄运》等，《法治进行时》的标题设计相对平实一些，突出新闻的 5W 要素，但也包含一定的性别信息。

第三节　刻意强化感官体验

电视法治新闻类节目体现了感官主义倾向，节目倾向于表现较为刺激的案件，并通过一些画面符号、声音符号和文字符号凸显女性特征，对受众进行感官刺激。感官主义是 20 世纪 70 年代美国地方新闻兴起所使用的电视表现方式，使用灾难的、娱乐的、感人的、令人震惊或好奇的新闻，来引起人们的关注。我国台湾地区学者王泰俐认为"新闻主题"和"新闻形式"都是感官主义的研究范畴，电子媒体因为声音和影像较之平面媒体有更加强烈的感官主义成分。❶ 感官主义因突出新闻渲染的功能会在一定程度上干扰信息传播的效果，并且感官主义制作方式会加剧社会的道德恐慌，制造犯罪奇观。❷

电视法治新闻类节目在拍摄和后期制作方面都存在感官主义的问题，为突出节目效果，大量使用特写镜头、推镜头来"放大"局部，反复使用音乐，利用光影、色彩来制造氛围，频繁设置悬念来强调法治事件的戏剧张力，并用真人情景再现的方式增强受众的感官体验。

一、放大视觉感受

为增强感官体验，电视法治新闻类节目要探究处于案件中的人物心理，以揭示案件发生的原因及影响，所以非常重视对细节的刻画和把握，在视觉效应上进行放大，提供人类肉眼所看不到的视觉体验。

因景别不同，画面的信息则不同，表意内涵也不同。对细节进行刻画常通过小景别和镜头的推进来实现。最常用的小景别是近景和特写。近景展现人物胸部以上或物体局部的画面。用于表现人物的面部表情、细微动作，可观察到人物之间的感情交流和内心世界。特写画面展现人物肩部以上或其他被摄对象的局部画面，比近景更加接近受众，背景被弱化乃至消失，主体给人以强烈的印象。

特写可以对细节进行说明，描述人物的动作、眼神、心理等，也可以用于展现受伤部位等。如《今日说法》2014 年 7 月 31 日《校园里的幽灵》中，就有对受伤女大学生手部的特写，如图 5-7 所示。

---

❶ 王泰俐. 电视新闻节目"感官主义"之初探研究 [J]. 新闻学研究，2004 (81)：1-41.
❷ 吴玉玲. 理念与实践：电视法制新闻生产的多维考察 [M]. 北京：中国传媒大学出版社，2012：172-179.

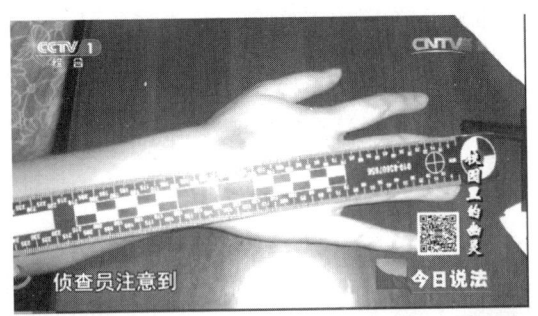

图 5-7　《校园里的幽灵》截图 1

特写要适当使用，不能被滥用。《今日说法》2011 年 9 月 11 日的节目《被烫伤的女孩》，受害小女孩被亲生父亲用开水烫伤，然后去沿街乞讨赚钱。如图 5-8 所示，小女孩躺在重症监护室中，口鼻插着氧气管，近景画面可以看到小女孩受伤的全貌，小女孩脸部没有被遮挡，有大面积被烫伤，给受众带来了强烈的视觉冲击。这样的画面虽然具有视觉冲击力，有利于展现犯罪嫌疑人的残忍和受害人的痛苦，但是在伦理上是存在争议的，且不说没有顾全对未成年人隐私的尊重，对其可能还造成二次伤害。这样的特写镜头要慎用。

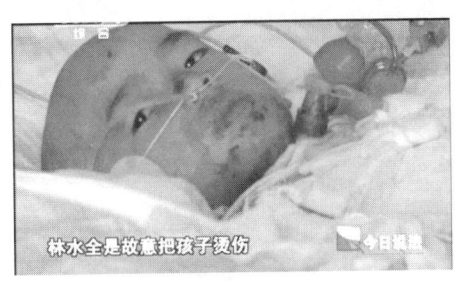

图 5-8　《被烫伤的女孩》截图

除了特写镜头，推镜头的使用也可以把受众的目光聚焦，突出细节，放大表现女性的情感和行为，一般用于展现当事人的态度、观点和主要的面部反应。这是对客观世界的"变形"处理方式，用于增强受众的感官刺激，具有暗示作用，引导受众去探求真相。又以《校园的幽灵》这期节目为例，如图 5-9 至图 5-12 所示，镜头从中景切入，介绍女孩报案时身上的着装和伤痕，然后镜头向前推至中近景，并慢慢下摇，定位在其腰间，突出了她身上的一个疑点——断裂的裤带。推镜头的使用把受众的目光聚焦到女孩的裤带上，让观众有所怀疑，制造了一种紧张的氛围，突出了女孩的自相矛盾与重重疑点。对细节的频繁刻画，主要就是为了抓住受众的注意力，反映了节目制作者的消费主义制作理念。

图5-9　《校园的幽灵》截图2

图5-10　《校园的幽灵》截图3

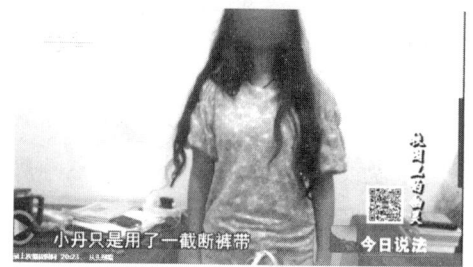

图5-11　《校园的幽灵》截图4

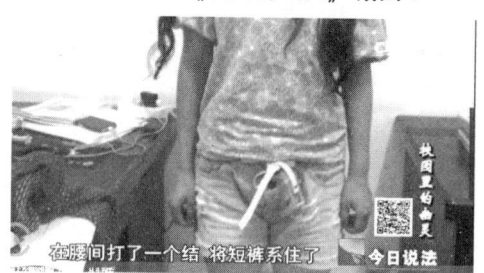

图5-12　《校园的幽灵》截图5

二、过度使用音乐

在法治新闻类节目中，背景音乐常被运用以渲染情感、凸显新闻主题。例如，在警方侦查、案件扑朔迷离的时候播放紧张、悬疑的快节奏音乐，体现警方破案的焦灼情绪；在记者采访受害人亲属时，播放平缓、悲伤的慢节奏音乐，体现出惋惜及哀悼之情。以《"准后妈"虐童事件调查》（《今日说法》2013年2月21日）为例，佳佳去世时配乐哀怨委婉，煽人泪下，让受众感慨一个幼小生命就这样在成人的暴虐下离去，当主持人质问有关人士共同造成佳佳死亡的命运时，音乐激昂奋进，表达出对悲剧制造者的愤怒和谴责。

《法治进行时》对背景音乐的使用频率最高，从开头到结尾几乎贯穿整个节目，尤其是片头，将警察抓捕场景的现场声与激烈的音乐搭配，制造了一种紧张的氛围。《今日说法》也常以音乐为背景，2014 年 8 月 2 日播放的《送祝福的"魔鬼"》中，音乐被多次使用，除主持人和公安人员出镜画面外，其余的镜头大部分配以音乐背景，如女大学生小芳背对镜头，自述在校园的夜晚，被人从背后掐住脖子拖进树林的过程，这一段配上了诡异紧张的音乐，突出她当时的无助和恐惧。当公安人员向小芳进行取证时，镜头展现了小芳哭肿的双眼和紧紧握住杯子的手部特写镜头，配以凄婉的管弦乐，展现了女受害人的悲伤与恐惧。

音乐有着强烈的情感表现力和抒情意味，但同时也有较强的主观倾向。节目中的女性形象在音乐声中，被放大或缩小，被赞颂或贬损，这对她们的真实形象来说是变形的。

"给新闻配上音乐，是对电视新闻的糟蹋和侮辱，音乐本身是传播者情感和意见的表达，而不是事实本身的信息。"❶（杨保军，2006）。所以，为体现电视法治新闻类节目的客观性，音乐的使用还是适可而止为好。

三、频繁设置悬念

电视法治新闻类节目为了调动受众的好奇心，利用受众的期待心理来保持他们对节目的持续关注，在叙事方式上常设置悬念，制造神秘、紧张的氛围，直到最后谜底揭晓。

制造神秘感的方式有很多，其中最为重要的一个就是在叙事结构上和语言表述上设置悬念。"悬念"一词源自戏剧理论，最早见于亚里士多德的《诗学》。它是指编剧或导演对剧情做出悬而未决和结局难料的安排，以引起观众对结果的迫切期待心理，这是戏剧创作中使情节引人入胜、维持并不断增强观众兴趣的一种主要方法。在新闻节目中，有意识地设置悬念是增强叙事吸引力的法宝，尤其是专题类的电视新闻叙事，其报道容量较大，事件挖掘更深，叙事化程度高，悬念的运用也更为普遍。❷

---

❶ 杨保军. 新闻真实论［M］. 北京：中国人民大学出版社，2006：77.
❷ 欧阳照. 电视新闻的叙事学研究［M］. 重庆：重庆大学出版社，2010：47.

但悬念过度的运用会使受众关注情节而非法治事件本身的意义和内涵，如同一个"有趣的陷阱"，人们被悬念所遮蔽，被转换了注意力，把法律案件中的问题和冲突都归咎于特定的人与事，具有偶发性，并不利于去关注这些问题和冲突背后的社会、政治、经济和法律等原因。同时，悬念模式的大量使用也会使受众审美疲劳。

与其刻意地不断设置悬念，不如通过一些平实的拍摄手法来推动案件的进程，如背面拍摄。背面拍摄是与被摄对象背面形成90度角的拍摄位置，背面拍摄可以起到遮盖的效果，隐藏被拍摄女性的相貌特点，展现其背部特征，受众只能从人物姿态动作的某些特征中进行想象，有利于激发受众的联想，从而营造了神秘感。如《情人的陷阱》（《法治在线》（2015年3月16日））中，就多次对女性人物采用背面拍摄。第一次是在对离异女子宋某为何人间蒸发进行探寻时，镜头上摇，迅速呈现出一位装扮精致的中年女性背影；第二次是在对租客黄某的身份进行调查确认时，节目对案件中的另外一名女性采用背面拍摄，镜头由全景转变为中景，加大对女性的关注度，步步拉近视角，烘托出破案的紧迫性，给受众一种真相即将浮出水面的感觉。这期节目中的女性画面均运用的是背面拍摄的手法，一方面给故事情节发展增添了些许神秘色彩，另一方面节目有意隐掉对女性面部的刻画，把女性内心感情和伤痛刻意边缘化，提醒受众关注案情的发展。

跟镜头也可以用以制造悬念，尤其是在案件调查的过程中。如图5-13所示，讲述了女大学生食堂偶遇盗窃学生财物的男子，镜头跟随女大学生的脚步进入图书馆，然后来解释一连串的悬念。如图5-14所示，跟镜头适用于公安民警抓捕犯罪嫌疑人的情况，目的是制造悬念，引起受众对警方侦破过程的关注。同样，背面拍摄和跟镜头的使用也要适可而止。

图 5-13　《妙龄女大学生
邂逅神秘男子》截图

图 5-14　《大学生变身毒贩》截图

四、情景再现失真

在电视法治新闻类节目中，为了对案件发生过程和侦破过程进行交代，常使用真人情景再现的辅助叙事方式，以加深受众对案件的印象，有直接的现场感。对案件中女性当事人形象进行呈现时，以演员代替其本人，用一系列拍摄方法进行故事演绎，还原事情的经过。

如图 5-15 所示，《寻女 23 年》（《今日说法》2015 年 4 月 9 日）失踪女孩父母对 23 年前孩子丢失情景的回忆，为了表示时间上的差异，营造一种回忆的氛围，节目将情景再现的画面处理成偏褐色。

图 5-15　《寻女 23 年》回忆部分的截图

《法治在线》2017 年 2 月 13 日的《丽江女游客遭殴打事件调查》这期节目中，通过女导游小琳、其他受害人以及办案警察的四个片断的讲述复原了事发经过，情景再现了当时的现场氛围。

如图 5-16 所示，被打导游小琳为第一片断的讲述人，接受记者采访时回忆了案发的过程。如图 5-17 所示，镜头呈现了一位步履轻盈向前走的女孩的背影，并对女孩的背包进行特写，如图 5-18 所示。这是小琳初来丽江的形象，快乐并充满憧憬。然后画面定格到她被打的客栈，如图 5-19 所示，用解说词叙述了案发时的情景，呈现了一个无辜被伤害的女性形象。

这样的真人情景再现在电视法治新闻类节目中很容易使观众与实拍画面进行混淆，尤其是穿插于真实现场画面之中的情景再现。情景再现的女性形象代替了真实的女性形象，两者无形中就被等同起来。这样的形式可能会破坏新闻传播的真实感，使观众对整个案件叙事的真实性产生怀疑。

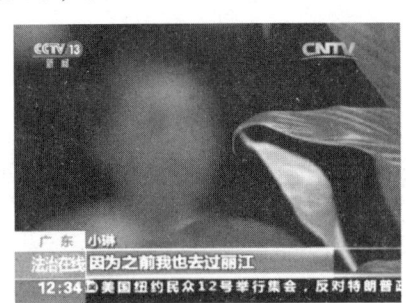

图 5-16 《丽江女"游客"
遭殴打事件调查》截图 1

图 5-17 《丽江女"游客"
遭殴打事件调查》截图 2

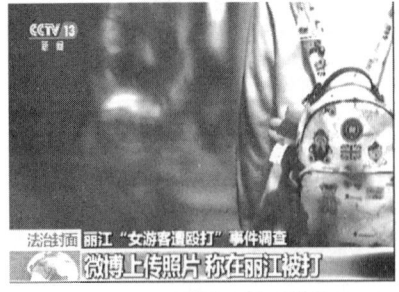

图 5-18 《丽江女"游客"
遭殴打事件调查》截图 3

图 5-19 《丽江女"游客"
遭殴打事件调查》截图 4

对于富有争议的法律案件，情景再现则无法展现冲突的内容和真相，虽然吸引了受众，但是往往误导受众只关注某一方面的信息，难以揭示真相。以《撞人还是讹人》（《今日说法》2015 年 10 月 30 日）为例，第一个画面是一张照片，画面中女孩正在扶起一位倒地的老人，如图 5-20 所示，第二个画面是女性当事人小袁近景出镜，如图 5-21 所示，从她的角度讲述案发经过。第三个画面出现了一个骑自行车的特写画面，如图 5-22 所示，景别逐渐扩大至看到骑车者与周围环境的关系，如图 5-23 所示。在情景再现中，观众看到的是正常骑行的人物，并没有撞到老人，如果观众将这个镜头作为事情发生的场景，那么无疑会判断当事人的行为并没有不妥，而是被老人讹诈。事件还处于争议之中，对一方观点的情景再现会导致新闻失实，有违新闻的平衡报道原则，其呈现的女性形象的真实性也是有待进一步确定的。

图 5-20　《撞人还是讹人》截图 1

图 5-21　《撞人还是讹人》截图 2

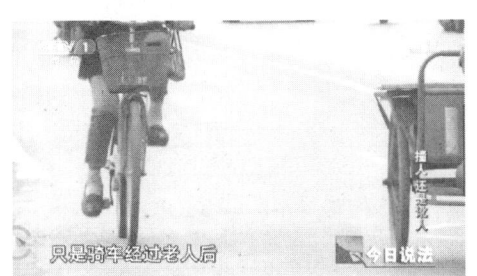

图 5-22　《撞人还是讹人》截图 3

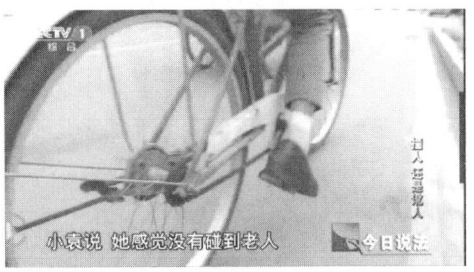

图 5-23　《撞人还是讹人》截图 4

麦克卢汉对"媒介即信息"进行阐述时说道："对媒介本身的麻木无知，是很多人身处其中并没有察觉，人们但凡说起传播的好坏，谈的都是媒介传播的内容，对媒介形态的潜移默化的影响则置若罔闻。""正是传播媒介在形式上的特性，而不是特定讯息内容，构成了传播媒介的历史行为功效。"❶ 电视法治新闻类节目在呈现女性形象所使用的以上方法，因有较强的主观色彩而不够客观，使女性形象在呈现上发生"变形"，虽然只是媒介表现形式上的内容，却对受众潜移默化地发生影响。

❶ 马歇尔·麦克卢汉. 理解媒介：论人的延伸 [M]. 何道宽，译. 北京：商务印书馆，2000：46.

第六章

电视法治新闻类节目
女性形象呈现失范的原因及建议

第六章
电视法治新闻类节目女性形象呈现失范的原因及建议

　　媒介可以被视为一种建构社会性别的社会技术。菲斯克和哈特利（1978）提议把大众媒介视为当代的"游吟诗人"，其充当了主流意识形态与民众的中介。媒介传播的内容、手段和方法、传播的倾向都有特定的背景和意图，其并被赋予社会话语的核心地位，通过呈现虚拟真实来影响客观真实。

　　电视媒体在性别话语中扮演了重要角色，电视法治新闻类节目在呈现女性形象时也展现了其性别立场和性别话语。通过前几章的研究可知，电视法治新闻类节目中的女性形象是经过节目过滤而呈现的，从呈现的角度、呈现的角色特征、呈现的倾向都能体现节目的主观意识，受众也深受节目的影响。基于追求客观真实、宣传法律正义的电视法治新闻类节目，在呈现女性形象的方式上还存在一些偏差，对此，有必要对其产生的原因进行反思，并进一步思考处理问题的方法。

第一节　电视法治新闻类节目女性形象呈现失范的原因

　　电视法治新闻类节目女性形象呈现中出现的问题，从文化、经济、媒体、女性自身等方面都能找到成因，是多种因素共同作用下的结果。

一、男性主权文化使媒介过度消费女性

　　皮埃尔·布尔迪厄（2001）在《男性统治》一书中对男性主权文化进行阐

述。其形成有生物学和社会建构两个方面的因素，"社会世界把身体构造为性别现实及性别的观念和区分原则的拥有者。这个被归并的社会认识纲要适用于世界上的所有事物，而且首先是生物学现实中的身体本身：这个纲要明确了一种符合世界的神话观念原则的生物学性别的差别，这种神话观念植根于男人统治女人的偶然关系之中，由于劳动分工，这种差别本身被纳入社会秩序的现实之中。男女之间的生理差别为性别的社会差别提供天然的依据"，❶ 尤其为劳动的性别分工提供了自然证据。社会观念又进一步强化了男女的生理区别，导致性别的差别具有客观性也具有主观性。❷

（一）男性主权文化与男性中心观念

男女生理构造的不同，导致双方的思维方式、行为方式和心理活动的差别，一般情况下，男性粗犷、冷静重逻辑，女性细腻、感性重观察，这些差别并不能直接造成男女的不平等，而是这些差别使男女适应不同的社会分工。在中国，"男主外，女主内"是传统意义上的男女分工模式，在西方国家，在男女平权运动之前长期是男性担当供养家庭、参与社会活动的角色，女性在家庭照顾子女。不同的社会分工逐渐成为女性低人一等的原因，家庭劳动的付出与成果是隐性的，没有男性那种显而易见可以彰显的劳动成果，导致女性价值被男性贬损，并且因为女性囿于家庭导致社会活动参与度低，所以逐渐失去话语权。当然不排除在任何时代、地区都有那些挑战这种分工模式的女性，但是她们大多是作为例外而存在。

在男性统治基础之上，女人是被统治的客体，男性话语自带合法化，女性的话语权被湮没，女人依附男人，男人的认可方能带来所谓的安全感。所以女人竭力体现出女性特质来迎合男人真实或假象期待的形式，她们的外表、行为方式需要别人的目光来构造。女性特征常与外表的柔美和娇媚，内在的服从、温柔、亲切、贤惠等挂钩。人们期待她们是富有"女人味儿的"，❸ 女性也渐渐把这样的

---

❶ PIERRE BOURDIEU. Masculine Domination［M］. Stanford：Stanford University Press, 2001：19.
❷ PIERRE BOURDIEU. Masculine Domination［M］. Stanford：Stanford University Press, 2001：10.
❸ PIERRE BOURDIEU. Masculine Domination［M］. Stanford：Stanford University Press, 2001：93.

认同投射到自己身上以及其他女性身上，以男性为中心、依赖男性成为她们的生活方式。

"文明社会制定的道德禁忌，在很大程度上是用于防范女人的，通过把女人宣布为不道德的根源，男性社会的道德秩序才得以建立并完善，统治阶级的意识形态恰恰是通过这种父权制的虚荣满足而有效地控制整个社会。"❶ 在男权主义思想下，一旦出现负面事件，按照一种特定的悲观逻辑，无论女人做什么，都被迫为她们的邪恶提供证据，所以有"杨贵妃误国""冲冠一怒为红颜"这样的说法和偏见常被统治者推广和运用，来证明所产生的社会现实的原因表象，以便统治得以实施并证明自己的合法性。男性中心观念不断地把这种观念偏见应用到女人身上，责备女人思想狭隘、斤斤计较，是事情败坏的原因，但成功并不归于她们。❷

如今在中国，越来越多的女性敢于穿着暴露的热裤，在职场上冲锋陷阵，在家庭关系中掌握财政大权，可见，女性已经在追求平等的道路上取得了傲人成绩，随着我国社会经济文化等方面不断发展，女性在社会中起到的作用愈发重要，她们的地位也越来越高。这一方面是因为我国《宪法》《妇女权益保障法》《反家庭暴力法》《劳动法》等给予女性基本的权利保障，另一方面是现代生产方式变化带来社会分工方式的变革，随着社会分工越来越多元化，越来越多的女性也找到适合自己的工作方式，在经济上实现独立。经济地位的变化导致观念的革新，女性对社会地位的要求越来越迫切。但这是否意味着女性已经突破了传统的分工模式和社会标准，已经和男性平起平坐甚至在某种情况下地位超越了男性呢？

一些人根据自身的体会可能会下肯定性的结论，可是从更宏观的角度来看，情况并非如此乐观。受中国传统思想影响，女性在多个领域遭受歧视，尤其是就业方面，很多行业在同等条件下优先选择男性，即使这些岗位可能女性会更胜任。在职业选择中，女性仍旧致力于选择传统上被看作"女性的"、几乎不需要

---

❶　陈晓明. 解构的踪迹：历史、话语与主体［M］. 北京：中国社会科学出版社，1994：113.

❷　PIERRE BOURDIEU. Masculine Domination［M］. Stanford：Stanford University Press，2001：43.

技术的职业，常常出现在公务员、商业职员、秘书、广告、公关这样的行业中，或者从事接近女性活动传统定义的职业中：教育、社会救济、医疗，机械、电力、电子等专业实际上是留给男性的，女性实际上在传统思维方式和社会观念的影响下，回避了对经济、政治等领域的参与，而一些权威职位往往分布在这些领域。所以，男女之间劳动关系的区分仍主要参照传统模式，重要的、决策性的岗位分配给男性，而精细的、实用的分配给女人。● 男女之间的平等更接近一种形式上的平等，在职场上表现突出的女性往往要比男性付出更多不懈的努力。在专业选择方面，正如皮埃尔所总结的那样，女性被先入为主地进行了限定，进入理科的比例非常低，而更多地被鼓励进入文科专业学习。

在婚恋关系中，中国女性仍处于被动局面。女性的年龄和外貌仍是婚恋市场的决定性因素之一，而对男性并没有如此苛刻的要求。传统的两性观念，例如，"男尊女卑""女子无才便是德""唯女子与小人难养也""嫁鸡随鸡，嫁狗随狗""三从四德""三纲五常""男主外，女主内"，这些长期积累起来的传统观念在现代社会还有拥护者，在一定程度上限制了女性的发展。可以说传统的两性价值观依然主导着当今社会的两性关系，是一种难以被完全磨灭的心理暗示。

媒介具有社会遗产传承的功能（塔奇曼，1978），对于深入骨髓的社会性别歧视，媒体的功能是捍卫男权中心文化的传承，拒绝变化，并且为形成与建构这种社会性别认同助力。● 男权文化的语境下，通过媒介消费女性已经成为一种潜移默化的行为方式，现今大量广告中存在的女性形象就是佐证。皮埃尔指出，我们仍明显感觉到广告对女性身体的利用，仍依从既定的审美视角，强调女性吸引力和诱惑力和为男性带来名誉。● 大众媒体越发达，其捍卫男权意识方面的作用也越大。

当今，许多人并没有意识到其男权主权文化的倾向，或者即使意识到也不觉

● CHARLES SOULIE. Anatomie du gout philosophique ［J］. Actes de la recherche en sciences sociales, 1995（10）：3-28.

● 曹晋. 媒介与社会性别研究：理论与实例 ［M］. 北京：清华大学出版社，2015：36.

● CHARLES SOULIE. Anatomie du gout philosophique ［J］. Actes de la recherche en sciences sociales, 1995（10）：38-39.

得有何不妥之处。"性别的无意识模式是高度分化的历史结构，这些历史结构来自一个本身也高度分化的社会空间，并通过与行动者从这些空间的结构中得到的经验有关的训练进行再生产。因此，性别按照强弱、大小、重轻、肥瘦、紧松、硬软等之间的对立关系，进入相互对立的场域，不但体现为男女不同的身体特征，还体现为男女之间的基本区别，这种区别与另一组对立关系保持同源，即统治者与被统治者、上与下、主动-进入与被动-被进入的对立关系，而这些性别化的对立是一脉相承的。"❶

所以，男性主动强调女性"第二性"的地位，许多女性内心深处也表示赞同，潜意识将自身定位于弱者，弱者就可以对强者进行依赖，女性就可以对男性进行依附。把传统的男尊女卑思想继承下来，自己认同之后再投射给他人，以放弃独立平等的权利为荣。

（二）男权文化下媒体对女性所采取的视角

在男性主权的社会文化心理暗示下，女性往往被物化为娱乐的对象，基于这样的需求，媒介中的女性形象通常会被歪曲，某些性别特征还会被无限制的放大，男性视角起到关键作用。

男性视角的主体不限于男性，男性对语言的支配使女性陷入了男性真理之中，她们也被灌输了男权意识形态。❷ 媒体中工作的女性在长期的工作中也会渐渐适应这种视角，其看待女性的方式与男性无差别。对于女性媒介人的叙事风格，学者戴锦华曾加以剖析，她以当代中国女导演为例，认为她们大多数采用男人的思维方式，选取和男性导演一样的题材，其女性身份并没有带来女性化的视角。❸ 当然，女性受众同理，在媒体长期潜移默化的熏陶下，也逐渐以媒体人的视角看问题，使用男性视角，并以此来评价自我和他人。

电视法治新闻类节目中的女性角色有案件当事人、证人、亲属、朋友、主持

---

❶　CHARLES SOULIE. Anatomie du gout philosophique ［J］. Actes de la recherche en sciences sociales, 1995（10）: 148-150.

❷　佟新. 社会性别研究导论 ［M］. 北京：北京大学出版社，2011: 87-88.

❸　王波. 颠覆与重构之间——对当代中国女性主义传媒批评的反思 ［J］. 新闻与传播研究，2006（02）: 66-70.

人、记者、法官、警察等，根据前面的数据分析和文本分析，节目对女性主持人、记者、法官、警察等普遍采用中性视角，但是对案件当事人就带有较为明显的女性特征。从历史沉淀下来的表述方式可以暗示特定的性别关系，大量对女性进行描述的词汇就限定了女性的角色和作用。❶ 所以节目中对女性常使用"外表靓丽""为了家庭""在背后默默支持"等表述，容貌，性格特征，对男性、家庭的贡献等是被关注的重点，普遍忽略女性作为独立个体时在工作和生活中取得成就的能力，浓墨重彩地勾勒女性附属于男性的"第二性"的刻板印象，美丽的容貌是为了满足男性"观赏需求"，放弃自己原有的生活是为了成就男性，过分夸大女性的因素，而弱化男性的责任。节目的相关案例中，也多有女性因情伤自杀、愚昧迷信导致惨祸等题材，来凸显女性非理性特征。

以贪腐案件为例，媒体对于女性官员的关注点往往集中在其外貌、消费心理、人际交往、个人情感等方面，且时常与其家庭相联系，犯罪嫌疑人多"痴迷于感情""贪慕虚荣""离异或与他人存在不正当两性关系"等。而对于同样处于贪腐案件中的男性表述则较为简单，没有过多的细节描绘，表述常为"严重违纪违法""受贿""玩忽职守"等。当男性官员犯罪涉及"权色交易"问题时，媒体也多将矛头指向他们的情妇，"深扒"她们的年龄、相貌、家庭、经历、个人情感，乃至她们的家人，并总结出了这一人群的特点，如"她们或是支付宝贵的青春，或是抛弃原本幸福的家庭，将自己投资给一个前途不明的政客""她们尽管年已不惑，仍风韵犹存"等。反之，对于犯罪的直接当事人，那些落马的官员却只是一笔带过。

对于女性犯罪的案件，节目中犯罪主体集中在无业、一般职员或打工人群，这是典型的中低收入群体，文化程度也不高。以家庭妇女为例，一般来说，她们自身与社会没有紧密的联系，社会生活范围狭窄，主要是与丈夫、子女和父母之间的关系，与外界没有过多的来往，是相对封闭的。节目中提到的职员绝大部分收入偏低，打工者更是如此。而且有接近三分之一的节目对于女性的社会身份没

<hr>

❶ 佟新. 社会性别研究导论［M］. 北京：北京大学出版社，2011：87-88.

有提及，直接忽略和弱化了她们在社会生活中的地位，只强调在某些特定环境下的角色，如家庭和个人情感。这说明电视法治新闻类节目对于女性犯罪主体是有选择性的。

（三）节目制作主体对使用女性题材的自我认知

对此，笔者对电视法治节目制作者开展了一次问卷调查，调查他们是否意识到对女性的报道秉持了传统男权文化思维方式，是否在无形中以男权文化的方式在消费女性以及对女性是否存在定性思维。为了集中发放问卷，笔者 2016 年在成都参加了全国法制电视节目工作委员会年会，年会集中了全国的主要的电视法治节目生产单位，参加者主要是全国各电视法治节目栏目的负责人和代表，约100 人，在会议期间笔者有针对性地发放问卷 100 份，共回收有效问卷41 份。这些节目包括新闻类、说法类、调解类、栏目剧、纪录片和其他类型的电视法治节目。经过统计分析发现：新闻类的电视法治节目占多数，其次是说法类，然后是调解类、其他，最后是栏目剧和纪录片。

问卷涉及在节目设计和制作中，电视法治节目制作主体是否对女性题材或其他题材做区分。见表6-1，统计分析发现：41 家电视法治节目里，有 35 家节目在设计和制作中未对女性题材或其他题材做区分，占比85.4%；只有 6 家节目对女性题材或其他题材做了区分，占比 14.6%。

表 6-1　节目设计和制作中是否对女性题材或其他题材进行区分的统计（N=41）

是否进行题材区分	频率	百分比（%）	有效百分比（%）
有	6	14.6	14.6
无	35	85.4	85.4
合计	41	100.0	100.0

可见，节目设计者和制作者主观上并没有持性别立场，并没有特意强调性别观念，笔者对电视法治新闻类节目工作人员进行访谈的结果也证明了这一点。大多数电视法治新闻类节目制作主体并没有意识到女性消费这个问题的存在，在已有传统文化的惯性思维模式下，对于是否存在性别偏见或者过度消费女性的情

况，很多媒体单位并未觉察。只在一些特殊的节日才会有制作女性题材的节目内容。笔者对 41 家电视法治节目制作主体的问卷进行统计分析发现：针对如"三·八"妇女节、母亲节、世界家庭日等特定与女性相关的节日，有针对性地制作专题节目的电视法治节目有 31 家，占 75.6%，不进行专题节目制作的有 10 家，占 24.4%，见表 6-2。因此大部分电视法治节目在特定时期才强调对女性群体权益的维护，有较强的时间性和主题导向。

表 6-2　女性节日是否制作专题节目的比例（N=41）

是否制作专题节目	频率	百分比（%）	有效百分比（%）
是	31	75.6	75.6
否	10	24.4	24.4
合计	41	100.0	100.0

实际上，男权文化植根于生活中的方方面面，无意识、无察觉地惯性运动是当前人类社会的普遍特点。在男女平等问题上，日趋发展并已做到表面的平等，但习惯的力量可能是实现男女平等过程中的一个最大的阻力。男性中心传统观念的改变并非一蹴而就，而是随着时间的推移和社会的发展，逐步进行调整和变化，男女可以真正实现在权利和义务上的平等、人身和人格上的平等还需要漫长的等待。至少目前而言，媒体还在有意识或者无意识地过度消费女性。

二、性别成见导致女性形象刻板化呈现

（一）性别成见与刻板印象

波伏娃在她的《第二性》中提到："一个人并非生下来就是女人，她是被塑造成女人的。"这里的"塑造"指的是为了符合社会身份和社会期待，人们强加给女性一系列的社会特征，从这个意义来说，女性是被社会建构出来的。区别于以人的生物特征为标志的"生理性别"，"社会性别"是男女两性受到不平等待遇的根源。生理性别是不以人的意志为转移的，社会性别则不然，它不是同生理性别一样是天生的，相反，它是后天的，是基于社会中男女的角色和地位而加诸

人们身上的期待和评价，本质上是社会的性别成见。人类长期社会性的生产生活方式标识出了"社会性别"，而"社会性别"也在每一个人类身上进行体现。社会学、文化学、心理学发现人们普遍持有性别刻板印象（Gender Stereotype）。社会文化研究学派认为刻板印象是处理具体日常生活非常有效的工具，把群体的特征套在个体身上就会简化认知，不可避免地把个体只作为某个群体的成员。这是人类知觉的局限性，要避免这种知觉的局限性非常困难。人们在性别刻板印象上比较倾向认为男性气质比女性气质优越，并由此产生性别偏见，对男性和女性在行为及人格特征等方面有着不同的看法和期望。

性别刻板印象来源于传统两性观念，把男性视为主体，而把女性视为男性的附属者。文化作为一个宏观因素，可能对刻板印象的知觉者、知觉对象，以及人与人的交往方式都产生影响，也对刻板印象形成、保持、改变都产生影响。我国的传统文化体现男尊女卑思想，在男权思维模式下，不但男性，甚至包括女性看待女性也采用男权视角。❶ 男权社会中，男性是高权力者，女性为低权力者。美国心理学家费思科和泰勒在《社会心理学》（1993）中认为高权力的个体易对低权力的个体形成刻板印象，而低权力的个体不易对高权力的个体形成刻板印象，这种现象是以注意力作为中介产生的。因为低权力者关注高权力者，以便控制他们的行为结果，这种关注使得刻板印象不易产生。而高权力者不必根据他人而控制自己的行为结果，也就不必注意低权力者。再则高权力者的注意力更易超载，所以高权力者有较高的控制需要就不会关注低权力者。这也会导致高权力者易对低权力者形成刻板印象。❷

尽管现在男性和女性的角色已经发生了很多变化，但人们的性别刻板印象依然相对比较传统、坚定。例如，一些关于女性亚群体的研究发现，人们尽管认为那些新兴的女性（如职业女性、女权主义者、女同性恋者、女运动员）是有能力的，但却不令人喜欢，因为她们不符合传统的女性形象。

---

❶ 刘可心. 女性主义视域下中国法制电视节目中的女性形象分析 [J]. 新闻研究导刊, 2016 (7)：125-126.

❷ SUSAN FISKE, SHELLEY TAYLOR. Social cognition [M]. New York：McGraw Hill, 1991：86-106.

性别成见在女性媒介研究领域的反映就是媒介对女性形象的刻板化呈现。李普曼认为"人们对某个社会群体形成的过分简单化的、滞后于现实变化的以及概括性的想法"就是刻板印象。● 在人类文化中，男性的形象多为刚毅、坚强、独立、事业有成，女性的形象多为温柔、软弱、依赖性强、贤良淑德。这种印象由国家和社会现有的制度和体系在实际运作中产生，又借助这样的运作在人们心中不断强化，从而被制度化、规范化，形成一种社会文化心理。为什么会形成这样的社会文化心理，李普曼（1989）给出了答案，"固定的成见体系可能是我们个人传统的核心，是我们社会地位的防护"。●

对于以理性、正义、客观为要义的电视法治新闻类节目，刻板化呈现看似与其节目的追求与特征相反，但是在实际运作中，也难以避免出现刻板化的情况。因为其本身就是社会发展的产物，代表着制作主体主观的立场和观点。性别歧视的存在有其历史因素，媒介作为社会心理和时代文化在传播领域的反映，不可避免地会带有文化烙印。但是文化作为意识领域的产物，与社会的发展不是完全同步的，它时常会滞后。电视法治新闻类节目选择真实性的案例，记录社会和国家发展的法治进程，它反映社会的方方面面，上至政治变革、经济变化、精神风貌，下至柴米油盐、家长里短、鸡毛蒜皮。电视法治新闻类节目无法独立于文化来谈，对案件的陈述和表现都具有主观的选择和重构的部分事实，这可能会导致失去客观、平等、公正的本真。媒介中的性别歧视归根结底是新闻真实性缺失的表现，造成这种缺失的原因很大程度上是媒介的集体无意识，女性"矮化"的观念已经潜移默化地形成一种自觉，媒介甚至没有察觉到它们有这样的思想并且在向受众传播，而受到滞后的性别文化影响的受众，也没有这样的认识自觉。封建统治的残余不仅表现为以男性霸权为代表的各种不平等观念，它还渗透进了社会生活的方方面面。

（二）节目设置"标签"形成刻板印象

社会的主流价值观是社会文化心理的部分外化，而另一部分社会文化心理则

● 沃尔特·李普曼. 舆论学 [M]. 林珊，译. 北京：华夏出版社，1989：275.
● 沃尔特·李普曼. 舆论学 [M]. 林珊，译. 北京：华夏出版社，1989：276.

具有隐藏性和顽固性，它并不具备显著的特征，只能在特定的场景和语境下才显现。社会文化学派认为刻板印象来自直接的观察或通过媒体的观察以及有效的强化，媒体给报道对象贴"标签"现象就是强化方法之一。

电视法治新闻类节目将性别刻板印象潜移默化地渗透在节目中，无形中设置了女性"弱者""受害者"议题，女性被安上了单纯盲目、不思进取、急功近利、爱慕虚荣、贪婪无知等标签。通过设立标签，将女性的某些特质过分地放大，另一方面又以节目的形式强化这些"标签"，进一步加强受众的刻板印象。

为了突出对女性的刻板印象，节目还将男性与女性进行对比，掺杂着男权视角下的社会评判，强化女性的某些负面特点，有男优女劣的指向。具有一定的片面性，无法全面反映现实生活。这是符号暴力的一种应用。❶ 如节目中频繁出现"女司机""女教师""女小偷""女学生""狠心继母""被骗少女"等字眼，从报道的客观性出发，这些词汇有明显的指向性。如"女司机"，司机作为一种社会身份，其涵盖了男与女两个性别。将"女"性加以强调，实质上是将"男司机"与"女司机"对立起来，还暗含性别因素在事件中的重要性，凸显了戏剧化的效果，容易把女性司机——肇事者的形象固定下来。

在一些情况下，电视法治新闻类节目中主持人的讲述与评价因追求故事性进而添加了过多的感情色彩和主观评价，从而固化了许多女性形象，而忽略了很多案件背后深层次的社会原因。再以《校园的幽灵》（《今日说法》2014 年 7 月 31 日）为例，主持人对女受害者的性格进行了直接评价，"软弱""碍于情面""胆小怕事"，而正是这些性格原因造成了女受害者所有的悲剧。但作为一个知名的电视法治新闻类节目，也需要引导受众看到背后的原因，除了先天原因，女性受害者的家庭环境、成长经历以及社会对女性的评价标准和道德压力共同塑造了她们的性格，而受众并没有通过节目看到这一点。

（三）节目制作主体对女性的刻板认知

对于电视法治新闻类节目如何刻板化呈现女性形象的，前面已经进行了大量

---

❶　徐玲，杜学元. 解析女性媒介形象的符号暴力［J］. 社会科学论坛，2010（3）：30-33.

的论证，其类型化的呈现方式更多是从受众的角度和文本的角度进行解读，对于媒体来说，其自身是否也认可这种解读方式和文本分析方式还有待探讨。

通过对电视法治节目制作主体的问卷调查表明，在女性地位强弱方面，41家电视法治节目制作主体认为女性处于强势的数量为0，认为女性处于弱势的数量为26家，占比63.4%，认为女性处于中间地位的数量为3家，占7.3%，对女性地位无明显感觉的数量为12家，占29.3%，见表6-3。

表6-3　电视法治节目制作主体对女性当事人地位强弱的判断（N=41）

强弱判断	频率	百分比（%）	有效百分比（%）
强势	0	0	0
弱势	26	63.4	63.4
中间	3	7.3	7.3
无明显感觉	12	29.3	29.3
合计	41	100.0	100.0

在形象正负方面，节目制作主体认为电视法治节目中女性形象最倾向于中性形象的数量为17家，占比41.5%，认为女性形象较倾向于无明显感觉的数量为15家，占36.6%，认为女性形象倾向于负面形象的数量为7家，占17.1%，认为女性形象倾向于正面形象的数量为2家，占4.9%，见表6-4。

表6-4　电视法治节目制作主体对女性当事人形象正负的判断（N=41）

正负判断	频率	百分比（%）	有效百分比（%）
正面	2	4.9	4.9
负面	7	17.1	17.1
中性	17	41.5	41.5
无明显感觉	15	36.6	36.6
合计	41	100.0	100.0

可见，电视法治节目制作主体对女性地位的认定与前面的研究比较一致，偏向于认为女性处于弱势地位，女性群体多样化的地位反映不明显。在女性形象呈

现的正负方面，以中性为主，与前面的研究结论总体上是一致的。女性题材集中的领域，制作主体认为婚姻家庭类居于第一，经济纠纷类居于第二，刑事案件类居于第三，行政纠纷类和其他较少，与量化分析结果有一定的差别，并没有意识到其自身对刑事案件的热衷，而对女性直接联想到与婚姻家庭相关。这在一定程度上也反映出当前社会对妇女的主要关注点。

因此，社会生活产生了"社会性别"，而性别的差异导致了性别成见，电视法治节目制作主体虽有着公正的目标和客观的追求，但也难以脱离社会的土壤，电视法治节目在无形中也刻板化地呈现了女性形象。不过电视法治节目有的时候也在利用这种刻板印象制造反差来吸引受众的注意，如展现一些女性的犯罪行为与其外貌特征、身份、受教育程度等不相符，出乎大众的预料之外，形成反性别刻板印象，违背人们对两性角色的期望和要求，这正是对性别刻板印象深刻的把握和运用。尽管性别刻板印象有它产生的现实根源，但它具有一定的偏差性，不能准确地反映现实，并且，它的固定性还使它不能很好地反映现实的变化，这会对电视法治节目刻板化呈现女性形象带来负面干扰，容易形成受众的不认可和驳斥，这是电视法治节目应当注意的。

(四) 受众认知倾向存在差异

刻板印象的形成与知觉者、知觉对象、知觉者与知觉对象之间的互动方式直接相关。其中知觉者因素不可小觑。知觉者因素包括知觉者的认知结构、知觉者对对象的评价、知觉者的自我意识、知觉者的动机和情感、知觉者的调节意识、知觉者的注意力和年龄因素。[1] 如年龄因素对刻板印象的形成产生的影响，社会心理学家 Bennett 和 Gaines （2010） 的研究表明，由于信息抑制功能下降，老年人比年轻人更倾向依赖于刻板印象进行认知，因而也比年轻人更容易产生偏见。[2]

2016 年 CSM 媒介研究在上海、北京、天津等 12 个城市对不同年龄段的受众媒介消费进行调查发现，"在被访者接触占比相对领先的媒介中，电视接触占比

---

[1]　佐斌. 刻板印象的内容与形态 ［M］. 武汉：华中师范大学出版社，2015：93.

[2]　BENNETT T, GAINES J. Believing What You Hear: The Impact of Aging Stereotypes Upon the Old ［J］. Educational Gerontology, 2010, 36 （5）: 435-445.

随被访者年龄提高而提高，15~24 岁人群中，有 50.8% 人的每天都会在家里接触电视，随着被访者年龄的提升，55 岁及以上人群中，每天在家里接触电视的人数占比达到了 96.5%"。❶ 电视法治新闻类节目的知觉者是指这些节目的受众。这是否意味着电视法治新闻类节目的受众群体更容易产生刻板印象呢？根据 William Lisa 和 Molly 的研究成果的确如此，而也有一些其他社会心理学提出不同的看法，如 Hummert（2011）的另一个研究指出，虽然老年人确实比年轻人更容易受到非其所愿的刻板印象的影响，但如果在他们进行认知加工时提供一些与刻板印象的内容明显相矛盾的信息，他们也能避免偏见的产生，而给予公正的判断。❷ 也就是说，电视法治新闻类节目是否能够给其提供一些与刻板印象的内容明显相矛盾的信息可以扭转其刻板印象，如对女性施害者的形象，确实有一定效果，但对女性受害者形象则很难产生改变。

此外，受众的性别、学历、职业、居住地、人际交流方式等因素也对其刻板印象的程度产生影响。王明忠等（2012）在阐释群际接触理论时就强调刻板印象和偏见的因果成分，认为刻板印象系偏见产生于早期童年时代，偏见很大程度是被环境控制的。❸ 笔者在回收的电视法治新闻类节目女性形象的 411 份调查问卷中发现，男性、女性被调查者认为节目中女性为负面形象的比例分别为 30.7% 和 69.3%，说明女性对电视法治新闻类节目中的女性形象相比男性有明显的刻板印象。受众的学历、职业和居住地等情况亦能对其认知产生影响，从而对电视法治新闻类节目中女性的正负形象、强弱形象产生不同的看法。受教育程度高的受众对节目中女性的负面评价、弱势评价会更明显。在职业方面，在校学生、公务员、事业单位职员对节目中女性的负面评价、弱势评价高于无业人员、自由职业人员等。居住地在城镇的受众对节目中女性的负面评价、弱势评价高于居住地在乡村的受众。

---

❶ 王平. 不同年龄层受众媒介消费面面观 ［EB/OL］.（2018-09-20）［2017-11-25］. https://www.sohu.com/a/206496943_708049.

❷ HUMMERT M. Age Stereotypes and Aging ［G］. Handbook of the Psychology of Aging, 2011 (7): 249-262.

❸ 王明忠，范翠英，周宗奎. 儿童歧视知觉模型述评 ［J］. 心理学探析，2012 (4)：303-309.

电视法治新闻类节目受众的认知结构、知觉者对对象的评价、知觉者的自我意识、知觉者的动机和情感、知觉者的调节意识、知觉者的注意力和年龄因素都影响其对电视法治新闻类节目中女性形象的判断。

三、媒介市场竞争下受众消费需求导向

（一）市场激烈竞争与娱乐化浪潮双重夹击

1. 媒体激烈竞争为背景

媒介为了迎合受众而刻意呈现出类型化的女性形象以吸引眼球，这是市场过度商业化带来的弊端。大众文化娱乐化浪潮下，商业价值取向下的媒体竞争新格局已经形成，新媒体强劲的发展势头挤占了传统媒体的生存空间，除了传统电视节目的激烈竞争，新旧媒体为了抢占更多的市场份额、获得更好的前景相互较劲。在这样的环境下，谁能赢得更多的受众，谁就能站稳脚跟。然而在信息"供过于求"的时代，受众有着选择权的绝对优势，媒体作为信息的提供者处于被动的地位。

竞争是商品经济的产物，现代文化建立在个人竞争的基础之上。商品经济按照价值规律运作，在带来经济发展的同时，也必然有经济矛盾。❶ 大众媒介也卷入了竞争之中，媒体的竞争有利有弊。适度、有序的竞争，可以促进媒体检视自身、完善自身，激发创作活力，更为勤勉地为受众提供新闻信息和其他内容的信息，促进现代社会的信息传播，满足受众的信息需求，并且有助于民众参与民主政治、监督周围环境、丰富精神生活。从国家治理层面，媒体竞争有利于促进政府和相关部门信息传播的效率，促进下情上传，推进国家政策，及时了解民意，促进科学决策。不过，竞争犹如双刃剑，媒体一旦受市场、受公众需求的控制，就会为了追逐市场份额而不择手段，煽情主义运用泛滥。媒体为了攫取经济效益，报道吸引受众眼球的敏感话题更能达到目的，甚至直接在标题中将女性和敏感词汇连在一起以获取点击量和收视率。媒体在社会责任和利润最大化之间选择

---

❶ 夏征农. 辞海 [M]. 上海：上海辞书出版社，1989：2013.

了后者，淡化了新闻专业主义精神（陆高峰，2006；范珊珊，2008；张廷赟，2009）。

法国社会学家布尔迪厄曾指出，由收视率裁决媒体的胜负，会导致媒体更大程度地受外部力量的钳制。他还提出了"新闻场"的概念，与政治场、文学场、法律场等相比对。❶ 蔡骐、蔡雯（2007）曾指出，对媒介竞争应进行历史的审视，从其产生与发展的具体的社会语境来考察，从而探究媒介竞争的深远影响，通过历史的审视来指明将来的发展方向。❷

进入市场经济时代后，中国电视的发展深受政治和市场双重因素的影响，广告是媒介运作的生命线，电视媒体与其他媒体以及电视媒体之间对广告份额进行激烈的争夺。❸ 在中国，电视媒体具有一定的特殊性，既有公共属性，也有商业属性，既要强调社会效益，传播主旋律和价值观，又要开拓市场，获取经济利益。在社会主义市场经济条件下，电视法治节目担当着普法教育、推进法治社会建设的社会责任，同时，电视法治节目也要加入轰轰烈烈的市场竞争，来获取经济利益。相比综艺节目、影视剧，乃至新闻节目，电视法治节目的制作播出还面临了一系列现实问题。电视法治节目制作成本比新闻节目和其他节目高，节目制作周期长，需协调的部门多，内容处理难度大，常引发社会舆论；另外，电视法治节目作为专业的节目类型，需要专业的法律人员，在人才需求上，很多电视法治节目还是缺乏具有法律专业背景的采编播人员，在节目的驾驭上存在一定的难度；后续的资金、专业力量供应、政策支持等还没有落实。所以很多媒体人认为从成本与收益的角度看，做电视法治节目是得不偿失的。

笔者所调查的电视法治节目制作单位都不约而同地受到电视娱乐节目和网络媒体的冲击，为了提高收视率，近5年大多进行了改版，有的甚至改版4次及以上，但是仍难以抵挡广告收入下降的趋势。大部分节目经过改版收视率得到提高，改版次数与收视率提高总体上呈现正相关性，但也存在少部分节目改版后收

❶ 皮埃尔·布尔迪厄. 关于电视 [M]. 许钧，译. 沈阳：辽宁教育出版社，2000：61.
❷ 蔡骐，蔡雯. 媒介竞争与媒介文化 [M]. 上海：复旦大学出版社，2007：8-13.
❸ 唐俊. 电视新闻市场竞争研究 [D]. 上海：复旦大学，2008：278.

视率不升反降的例外情况。

于是一些地方电视台因为资金支持不足已经停办了电视法治节目，还有一些电视台用综艺节目、电视剧等带来的广告创收来供养电视法治节目，来弥补广电事业经费拨付的缺口，对电视法治节目是否重视，成为电视台的"良心活"。因为不重视，以及赶上网络直播平台对电视媒体的冲击，经过多年的发展，电视法治节目在内容和质量上还没有显著的提升，节目形式单一，脱离市场需求。虽然也有电视台尝试将电视法治节目改版或升级，但是效果仍非常有限。所以有的电视台为了获得受众的关注，倾向于宣扬低俗、暴力的内容，将女性形象低俗化处理，以"色"侍受众。

目前，中央电视台和一些市场份额较大的省级卫视在开发电视法治节目方面走在前列。中央电视台在资源、资金、渠道和人才资源方面占有绝对的优势，而市场份额较大的省级卫视没有生存压力，所以在综艺娱乐节目方面获得巨额市场利润之后，再对电视法治节目进行关注和投入。当然，对省级卫视来说，电视剧、综艺节目的政策准入门槛较低，没有电视法治节目那么难以把握，现存的电视法治节目，还在不断地进行自我调整和突破，以适应市场竞争环境。

2. 大众娱乐化浪潮带来冲击

20世纪90年代娱乐化浪潮铺天盖地而来，大众文化逐渐成为我国社会主要的文化形态之一，深深影响人们的思维方式，对大众传媒的运作理念也产生巨大影响，基于大众传播的媒介文化产品的呈现内容和呈现方式也发生变化。在大众文化的引领下，娱乐产品畅销，娱乐产业兴盛，大众传媒根据商业消费逻辑推出传播内容，偏感性层面，多娱乐性内容，以迎合大众娱乐化倾向。

电视法治节目为了追逐收视率，在内容和形式上也追求娱乐化，表现为内容的低俗化、表演化的特征突出，节目表达形式情绪化、故事化。在内容上追求刺激，多采用耸人听闻、富有戏剧性的题材，八卦、猎奇、琐碎，如非常关注跳楼、夫妻吵架、离婚等事件，报道面越来越狭窄，而一些具有深刻价值和社会意义的大案要案要或者没有足够的播放空间，或者被蜻蜓点水式地粗略带过，与此同时却忽视了一些案情的准确传递与思想内涵的深入挖掘。节目呈现的女性形象，或被物化为享乐的符号，或被标签化为情感或身体的受害者，节目对女性的消费能在很大程度上满足受众的心理，但节目的文本并不完整甚至很片面，与现实情况存在差距，本研究的问卷调查分析也发现了受众这方面的质疑，不过这并不妨碍电视法治节目中女性类型化的形象被大批量生产出来。其节目形式上也在适应这种变化，逐渐改变了传统节目严肃、冷静的风格，追求更加亲民、轻松、愉快，样式也灵活多变，多是大众喜闻乐见的形式，如以讲故事、谈传奇的形式说法治案例，并在以往节目类型的基础上增加了情景剧的模式，普法栏目剧一经推出就受到普遍的欢迎。普法栏目剧以群众表演的方式来展现案件，其表演实质上就是娱乐化的手段，突破传统的禁忌，用演员"情景再现"等方法模拟真实的案发现场，并且节目也大量运用特技和情绪性音乐烘托情节和气氛，淡化电视法治节目与电视剧的界限，结果导致对于受众而言，看故事才最重要，对于电视法治节目来说，怎么讲故事吸引人才是最重要的。泛娱乐化的大众文化正值高峰，时下正是情景剧和真人秀的黄金时期，这种状况不仅是中国独有的现象，在其他国家和地区，电视新闻节目、严肃节目也饱受娱乐冲击之苦。要想赢得受众，就要迎合受众的口味。

另外，有的内容虽然"热辣劲爆"，满足了观众的猎奇心理，但是法治外衣之下，也透露出低俗、浮躁的倾向，并不利于维护媒体的公信力和权威性。电视法治节目局限于低水平的竞争，而高层次的竞争并不触碰或者无力涉及，同质化现象也较为严重，对社会公共利益的维护、弱势群体的保护、公民责任的提倡、贪污腐败的揭露等内容还不够充分，使节目的社会价值打了折扣。

严肃的社会话题被忽视、解构，轻松、浅显的内容反而更有市场，追求客观真实被追求新鲜、刺激取代，以适应现代人疏解心理压力的需求。不过大众文化毕竟是一种消费性质的文化，电视娱乐化的负面效应也非常明显。暂时的娱乐与放松并不能缓解现代人深层次的焦虑和精神空虚，现实中的矛盾与痛苦也并不会因为娱乐而消失，宣泄、玩闹只能暂时起到麻痹、逃避的作用，❶ 并使传统的人

---

❶ 唐俊. 电视新闻市场竞争研究 [D]. 上海：复旦大学，2008：279.

文精神和主流价值观在娱乐之中被解构和挤压。

娱乐化传媒产品占据了受众的注意力，大众文化降低了民众参与民主政治生活的热情，转移了对一些政治政策以及现实问题的注意力和不满情绪。尼尔·波兹曼（2004）曾对电视媒体娱乐化进行批判，"电视给受众提供的是娱乐，而不是信息，这种情况已经非常严重，危害是不仅我们已经被剥夺了真实的信息，而且这会使我们逐渐丧失判断什么是信息的能力"。❶ 布尔迪厄（2000）也批判性地认为："媒体引导人们去谈论空洞无聊或者无关痛痒的事情上，把宝贵的时间浪费掉，结果导致人们没有时间再去讨论那些行使民主权利所应该掌握的重要信息。"❷ 电视娱乐化的结果使受众远离了政治、公共事务等话题，这种疏远使人们避开谈论自己的社会责任与国家的民主建设，在全民娱乐化的背景下，去谈论严肃问题似乎是迂腐与不合时宜的。

以自身的娱乐化去抵挡娱乐节目的冲击，是电视法治节目无可奈何的选择。电视法治新闻类节目应该特别强调真实性，但是在娱乐化的冲击下，真实性被淡化。市场激烈竞争与娱乐化浪潮双重夹击导致电视法治新闻类节目对女性的呈现并不平衡。但是作为国家法治建设重要渠道的电视法治节目，还是要警惕过于媚俗、过于迎合受众的倾向，电视媒体的功能不能仅仅为娱乐，其传播信息、监督环境、提供服务、文化传承等功能也要同时兼顾，电视法治新闻类节目不应偏离其主流价值取向。当然，根本的症结还在于在男性霸权主义的残留，认为女性只是一种附属，可以任意消费。一日无法打破这样的成见，就一日无法真正树立起两性平等的观念，节目中与客观真实中的女性形象也始终无法同步。

（二）节目受众的消费心理需求提供动力

本书探讨了受众对电视法治新闻类节目文本的解读方式，研究发现，与受众心理契合度大的节目更容易引起受众的共鸣，从某种意义上来说，受众也需要观看特定的节目以满足其心理需求。

---

❶ 尼尔·波兹曼. 娱乐至死［M］. 章艳，译. 桂林：广西师范大学出版社，2004：139.
❷ 皮埃尔·布尔迪厄. 关于电视［M］. 许钧，译. 沈阳：辽宁教育出版社，2000：15.

1. "使用与满足"下的消费需求

人们为什么使用媒介？对他们来说，媒介的作用如何？功能主义社会学认为，媒介是为各种社会需求而存在的，包括传承文化、增强社会凝聚力、获取公共信息、休闲娱乐等。❶ 人们会主动诉诸大众媒体或其他渠道来满足这些需求。对于电视法治新闻类节目，根据调查和访谈的结果可知，大多数受众是具有多重需求的。首先，是认知需求，通过节目来了解国家的法律规定和相关案例，以获取相应的知识。从这个意义来讲，我国电视法治新闻类节目已然发挥了其应有的作用。其次，是监测环境的需求，通过节目来衡量所处环境的安全感，并帮助处理生活中的法律纠纷。最后是心理放松的需求，法治节目具有张力的情节和大量冲突性的画面给受众以视觉刺激，通过节目达到一种娱乐的效果。

调查数据显示，出于兴趣观看电视法治新闻类节目是一个主要的收视原因，占了访谈对象比例的60%以上，具体的原因有："主要是有些案件会吸引我，警匪、传销和自己生活很贴近，可能影响自己的生活""案件的讲述有趣，有悬疑，主要是因为好奇""因为我很好奇女性犯罪的原因。我对女性有种刻板印象，认为大部分女性除非不得已，很少会主动犯罪""感觉是人性的体现"。其他主要的观看原因是生活需要、学习知识、日常习惯、打发时间等，如"感觉与生活相关，就是稍不注意就会成为当事人。而且通俗易懂，故事性也强""了解一下那些法律方面的知识嘛，对自己有好处""是社会冲突之类的，它涉及公共安全方面的问题，所以比较关注"。也有被访对象的认知角度比较全面，"一是有些案件本身很有意思，想看如何侦破或被平冤；二是关注里边的人能否成功维权或受到应有惩罚；三是扫扫盲，关注一些与生活相关的案件"。

对于电视法治新闻类节目的内容筛选，70%以上的被访谈对象喜欢观看刑事侦破案件，如"对杀人的案件比较感兴趣，属于刑事案件吧""最感兴趣的类型是刑事案件""我比较喜欢破案类节目""刑事案件，看别人破案有意思，民事纠纷多无聊啊""主要看刑事案件，偶尔也会关注民事案件""家长里短的太烦

---

❶ 丹尼斯·麦奎尔. 大众传播理论 [M]. 崔保国，李琨，译. 北京：清华大学出版社，2006：88.

琐了，像刑事案件的话比较刺激"等，其次是民事纠纷、情感纠纷案件，出于对自身的相关性、节目内容的趣味性等考虑。

近些年随着经济的发展和社会观念的变化，女性比以前有更多的机会接触社会，女性犯罪的情况不断增加，而且有低龄化倾向。犯罪的种类也在不断丰富，涉及的经济类犯罪逐渐增多，而且涉黄、涉毒的案件比例较高。虽然相对于男性，女性犯罪人数和犯罪率在总体上较低，但女性犯罪的原因多为感情问题、社会诱惑等，对这样的状况，媒体往往有较大的发挥余地。在电视法治新闻类节目中，犯罪的女性多在看守所或监狱中出镜，画面的震撼力比男性出镜更强，给受众也带来更大的观念冲击。

受众接触媒介是有特定需求和动机的，麦奎尔在《大众传播理论》一书中，总结出娱乐消遣、个人关系、个人认同和监督这四种个人使用媒体的原因。其中最为普遍也最为重要的一点就是娱乐消遣，这是媒介与个人最紧密的联结。

受众的认知倾向是寻求刺激和娱乐的，电视法治新闻类节目恰恰能够满足受众内容上这种特定的偏好。

冲突历来是影视作品中吸引观众的绝佳手段，更何况这些冲突并非虚构，而是真实世界里发生的或者正在发生的事件。刑事案件、经济案件多与暴力、金钱等相关，暴力事件和金钱自带刺激观众的重要因素，无须记者编辑刻意渲染，就能引起观众的兴趣。心理学家认为某些刺激画面和内容可以刺激人体多巴胺的分泌，所以人类会主动去接收这些刺激内容。法律案件蕴含着许多刺激性内容，因此它能引起人们的注意。●

电视法治新闻类节目也倾向于特定的报道题材，涉及婚姻恋爱和家庭伦理关系，如家暴、骗婚、分手自杀、老人赡养、离婚财产分配、子女抚养、第三者等。选择这样的内容，主要是因为有较强的故事性和冲击力，可以迎合受众的"八卦"心态和偷窥欲望，吸引受众眼球，同时可以增强节目的实用性、服务性，便于其处理生活中的法律难题。所以很多电视法治节目把此类题材作为日常

● 宋伟林. 观众为何爱看法制节目——从《法系人间》栏目的内容分析看法制节目特征 [J]. 广西大学学报（哲学社会科学版），2000（6）：37-38.

题材，既没有政治上舆论导向风险，又可以提高节目收视率，何乐而不为？

按照"使用与满足"理论，这种倾向会促进电视法治新闻类节目制作主体生产出更多符合其胃口的节目出来，受众在这一过程中得到满足。而节目为满足受众心理而呈现出的形象也会反作用于受众，影响他们的价值取向，长此以往形成一个循环。受众对节目中女性形象娱乐消遣的心态就在这个循环中不断塑造出层出不穷的类型化女性形象，电视法治新闻类节目受众的心理需求是节目制作主体孜孜不倦生产此类节目的动力。

另外，在内容的表达上，电视法治新闻类节目多使用故事性和悬念性的表达手段，画面动感强烈，节奏紧张，能烘托出强烈的视觉效果。虽然故事化的手法被广泛运用到电视法治节目制作当中，但过度故事化叙事使形式大于内容，对法治的解析不够深入和理性，无法揭示一些深层的法律问题和社会问题。悬念设置吸引了过多注意力，也会弱化电视法治新闻类节目的普法与教育功能，与节目设置的初衷相违背，对节目的长远发展并不利。❶ 而且这种表达手段虽然在一定时期内获得了经济效益和广泛关注，但是从长远来看容易形成同质化的倾向，各个节目所选取的案例和表达手段都具有可替代性，久而久之，观众也会感到厌烦。

2. 受众消费心理需求的差异性

受众心理需求与其自身情况相关，存在个体差异。根据 CSM 网站上的相关数据，这一趋势到 2017 年仍在继续，65 岁以下观众的收视时间都在减少，而 65 岁以上的观众是电视节目观看时间最长的群体，与年龄基本上处于正向相关，除了 4~14 岁的儿童外，年龄越小，收视时间越短。同时"新闻"的受欢迎程度随被访者年龄的提升而提升。❷ 中老年受众更倾向于观看《今日说法》《法治在线》这一类影响力较大的老牌电视法治新闻类节目，而年轻受众则更喜欢观看法治情景剧，对"故事性"要求更高。

对节目的类型，受访者基本分为两大类，一类是倾向于观看《今日说法》

---

❶ 张君明. 电视法制节目的故事化和传播创新 [J]. 中国广播电视学刊，2017 (6)：68-70.

❷ 郝智谦. "卫视一哥"为何被少儿频道超越？年轻观众都被什么"抢走"了？[EB/OL].（2018-07-01）[2018-04-24]. http://k.sina.com.cn/article_6373551391_17be4ad1f019005upl.html?from=ent&subch=oent.

《法治在线》这一类影响力较大的老牌电视法治新闻类节目，另一类选择观看模拟故事情节的法治情景剧，"故事性"是被访对象选择观看节目的主要参考标准。即使是对以案说法和资讯类的电视法治新闻类节目也不例外，"《今日说法》这些节目有故事性""案例讲解也不错，讲故事和破案有吸引力，希望简洁高效"，可见，受众观看电视法治节目主要的目的是娱乐。少部分被访对象认为"《今日说法》《法治在线》这类节目给人比较多的启示，给生活更多参考"；也有人主张这是他们"长期以来的习惯"或者"专业是这个方向"等。选择法治情景剧的被访对象则具有更强的娱乐目的："讲故事的吧，情景剧感觉演员浮夸""情景剧看演员演技""挺有意思的，看着也不会无聊""故事情节丰富，可看性强"，少部分人兼顾故事与法律知识的，"我比较喜欢那种就是讲故事的，就是以一个故事来讲解，最终的话，就说这个法律在那个故事中起到了什么作用"。也有受众希望两种形式的节目类型进一步结合，"喜欢讲故事的加一些案例讲解的节目"。

当然，电视法治新闻类节目受众的个体上需求的差异并无法改变整个群体明显追求娱乐和刺激、消费女性形象的倾向，这种倾向也成为电视法治新闻类节目生产类型化女性源源不断的动力。

四、女性媒介话语缺失间接提供了空间

尽管电视媒体对其节目生产和传播过程中的失范行为负有不可推卸的责任，但在面对此类事件时女性群体的普遍沉默，也在无形中助长了这种不良的倾向。根据我国宪法规定，每个人都在法律范围内享有言论自由，这是我国公民的基本人权。女性要有"话语权"，就要自己去争取。

以往男性占据了话语中心，我们很难听到女性的声音，女性话语权受到压抑。如今，想要表达自己、发出声音的渠道有很多，报纸、电视、广播还有网络，尤其是网络。其中，电视媒体属于权威传统媒体，具有公信力，对人们的价值、观念、立场有重要的引导作用。女性可以通过电视媒介来掌握话语权，对政治、经济、文化生活中的重大事件发表意见和看法。可是女性话语还常处于缺失

的尴尬境地。在一些有关法律、外交、政治、经济的探讨中，鲜有女性身影。如今我国的互联网用户已高达 8 亿，女性网民近半，但是对一些国计民生的重大问题的探讨中，仍鲜有女性发出有价值的声音。甚至有的女性对自身形象遭到歪曲而不自知。对她们来说，可能关注社交、购物等方面的信息更为重要，而对严肃新闻退避三舍。

其实值得注意的是，在历史上女性也并不是一直沉默，至少她们并不完全是"主动"地沉默。20 世纪和 21 世纪发生了两次女性主义运动高潮，女性勇敢发声，主张选举权、继承权、受教育权等基本的权利，并在意识到"表面上的性别平等掩盖了事实上的性别不平等"之后，对性别主义和性别歧视加以批判。

然而，这样的审视和批判却没有起到根除落后思想的作用。一方面，数千年封建残余留下的男性霸权思想已经成为一种文化烙印，根植于人们的内心，不止男性，甚至许多女性都没有这样的认知，因为她们的思想完全被固化了。另一方面，在以男性为中心的社会文化氛围下，女性被长期持续灌输大量带有不平等倾向的思想，她们正在逐渐失去反抗的自觉。因此，将女性话语权排除在外的媒介环境，而身处这个环境中的女性被迫接受这样的文化灌输和心理暗示，也将逐渐失去平等意识的自觉。

在心理学上有一种系统脱敏疗法，主要是指将患者置于某种特殊的情景下，这种情景既能引起患者的焦虑或恐惧情绪，同时又在其承受范围内，通过患者对这种环境的反复接触或在其中反复对患者施加适当的刺激来减轻患者的反应，从而达到消除焦虑和恐惧的目的。女性与当下的媒介环境就存在这样的关系，媒介对于女性的歧视是普遍的，而女性对类似报道的长期反复接触"将会导致心理饱和或情绪适应，以致最初的紧张、焦虑或者厌恶的程度减弱"，当这样的情绪敏感日益迟钝时，相应的排斥和抵触反应就会减弱，从而大大增加这种行为出现的可能性。媒介歧视由来已久，而且并没有减弱的趋势，所以女性对此几乎没有察觉和发声，无形中助长了对女性类型化的媒介呈现方式。

当前在电视法治新闻类节目中，女性当事人社会失语的情况还是较为常见的。虽然很多新闻报道是关于女性的，但是女性仅作为被观察者和被描述者出现，对女性本人及其近亲属的采访很少，多是记者以第三人称叙述，导致她们处于失语状态（何蕊，沈立赛，2006；范珊珊，2008；马兵，2010）。面对询问，她们的声音很微弱。尤其是女性的犯罪嫌疑人、罪犯，在犯罪的类型和动机方面，媒体时常将女性与金钱、家庭和情感等感性因素联系起来，并突出其"为了炫耀""单纯觉得好玩""不这样会感到丢脸"等心理，对女性的描述多为靠丈夫的工资生活、虚荣、爱挥霍等。这些都突出了女性对金钱的一味追求、生活重心都在家庭和感情、依附于其他事物而没有独立的人格和精神的形象。即使有某种程度上对女性独立的表述，如对事业的追求，但也会因采取的方法不恰当而被描绘为不择手段、见利忘义等形象。从犯罪的方式来看，对女性的报道集中在偷窃、诈骗、性犯罪、毒品犯罪、利用职务之便挪用公款等非暴力且技术含量较低的方式。即使是作为犯罪的主体，她们也不是强势的一方，不具备那样强大的能力，她们中的大部分只能通过出卖自己的身体，或者以此作为交换，才能达成目的。这从另一个侧面也显示了在两性中，女性处于从属地位。对于自己的行为，当事人自身并没有更多表达空间，或者表达的内容不完整，同期声的使用远远低于解说词和主持人话语，其心路历程、具体的作案过程也没有完整的文本表现。

显然，在话语缺失的情况下，这些形象极有可能是有偏差的，容易导致媒体为了强化表达的效果，对这些女性某个方面的形象特征进行夸张，结果营造了不真实的群体形象。好在其他的女性参与者，如女律师、女心理专家等却越来越主动发表见解，出镜率也越来越多，这为打破女性沉默、主张女性话语有了积极的作用。

五、精英媒体从业者未完成的启蒙命题

20 世纪 20 年代中国的精英分子引领了五四运动，新文化运动是对中国民众一次重要的启蒙。一百年来，社会精英以"启蒙"与"变革"为己任，致力于国家民族的发展。康德认为"启蒙"是人类脱离自己所加之于自己的不成熟状

态，即不经别人的引导，就对运用自己的理智无能为力。❶ 无疑，"启蒙"是一种主体见之与客体的行为。启蒙有一个先在的前提，就是启蒙者对启蒙对象有一种先天的优越感。在传媒行业，电视媒体是具有先天优越感的。这种优越感来源于电视媒体的垄断性，也来源于其与权力的同构。在我国，电视媒体设立有严格的法律规定和程序，是国家重点管理的领域。在电视行业发展迅猛的时期，电视台吸纳了大批的社会精英，致力于电视媒体建设和电视内容生产、传播，引领社会潮流。虽然电视文化属于大众文化，但是电视媒体的从业者和参与者却属于精英群体。

伯格纳的培养理论主张大众传播媒介在潜移默化中对受众进行影响，其提供的规范和价值观可以培养受众，作用于受众的行为和态度。中国电视法治节目是带有浓厚法治启蒙色彩的，节目设置之初，主要的任务是普法教育，对公民进行法治启蒙。与西方国家因为其自身的历史积淀，导致内部条件成熟而形成的内生型的法治生成模式不同，我国的法治建设是将法治生存基础建设与筹划法治形成建设同步进行的，是一种外生型、从上而下的法治生成模式。正因为我国的法治不是内生型的，而是在外力的启发诱导下进行的，所以我们的法治教育和宣传需要启发公民内在的法治意识，让人们内心自觉地认同和拥护法治。而法治理念的培育并非一朝一夕就能完成的，学习法律制度是第一步，然后是拥有法律思维和法律行动力，并且摈除以往人情社会的种种打法律擦边球的投机心理，用法治指导来解决现实问题。这个过程很漫长。除了政府层面的引导，还需要媒体的引导，于是精英媒体从业者承担了法治启蒙的任务。

如今，电视法治新闻类节目都把促进国家法治进步放在其节目理念中。通过对受众传递法律知识，来启蒙受众的法律意识。这是一种主体见之于客体的行为，是社会精英对受众的引导。

这种启蒙带有以权威对普通的特定模式。被启蒙对象多为社会中法律知识较为缺乏的人群，这些人可能正面临着或者即将面临一些法律问题而无力解决。因

---

❶ 康德. 历史理性批判文集 [M]. 何兆武，译. 北京：商务印书馆，1991：22.

此，相对而言，至少在知识和信息的对等方面被启蒙对象多处于弱势。通过报道已经发生的法治事件，对受众起到警示和知识传播的作用。尤其是一些受害女性的真实经历，可以对女性群体敲响警钟，告知她们对节目中女性的遭遇引以为戒，避免陷入雷区。因此，节目是否具有新闻价值、是否具有教育意义才是启蒙者首要考虑的问题，对于女性形象的呈现是否均衡、充分和公允，并不是其关注的重心。而呈现出的那些负面的女性形象恰好可以作为经典的法律教育案例，告知受众其中的利弊，而弱势的女性形象也可以告诫受众，尤其是女性受众如何进行防范，不要发生节目中女性的类似遭遇。

不过，对民众具有启蒙之心的精英媒体从业者们也应该认识到，如果能在节目中传递男女平等意识、对女性群体给予关注和尊重，这何尝不是一种启蒙，并具有深远的社会意义。

当然，在市场高度发达的时代，电视媒体从业者要保持这种精英意识是非常艰难的。电视媒体昔日高高在上的神圣感在消费市场和网络媒体的冲击下已经被不断质疑。为了迎合受众，淡化法治启蒙的作用，成为许多电视法治节目转型的方向，这实质上是放弃了受众，任其在混沌中而不自知。未来，如果电视法治新闻类节目公信力仍在、尺寸把握得当、立场公允，那么精英媒体从业者就不会失去中心话语权，其未完成的启蒙命题还会继续。

以上是电视法治新闻类节目女性形象呈现方式失范的原因。当然除了这几个方面，还有电视法治新闻类节目的定位、节目风格、信息渠道等其他因素。女性形象呈现中出现的问题，从根本上都是传统性别观念、文化思维习惯、经济刺激等因素共同作用的结果。

第二节 相关建议

如果电视法治新闻类节目所呈现的女性形象失衡，可能会给女性带来心理焦虑和精神困扰，引发女性的自我认知的危机，也强化了男性对女性的刻板印象。当下的社会性别秩序中，女性仍然是男性审视的对象，是人类社会的"他者"，所以媒介呈现女性形象的时候往往不自觉地带有既定的立场。对此，大众媒介应该自我审视、自我纠偏，探索如何去客观平衡地呈现女性形象。我国正处在社会转型和社会变迁时期，性别矛盾也较为突出，媒体理应积极健康地引导社会舆论，助力国家法治建设，平衡性别关系，这也是大众传媒进一步生存和发展的需要。当下时代语境下，亟需重建性别秩序，改进大众传媒对女性形象再现的方式，可以引导受众客观看待女性生存现状，这不仅是女性主义的需求，同时也是时代发展、社会进步重要的一环，女性需要得到应有的尊重。

因此，笔者认为电视法治新闻类节目可以从纠正性别偏见入手，营造平等两性关系的和谐氛围，并以身作则，增强法治观念，培养法治思维，完善节目法治话语，对女性权利加以关注，给话语权缺失的女性增加表达空间，以客观呈现女性形象。

一、避免性别偏见　增加女性表达空间

大众媒介既可以反映现实世界，又可以建构媒介现实，其传播的内容不可避免地具有媒介预设的立场。所以，电视法治新闻类节目在呈现女性形象时也带有媒介和媒介工作人员这一方的立场，并且引导受众对女性形象的看法，其背后蕴含的意识形态，将会给受众带来潜移默化的暗示，进而影响其价值观与人生观。

电视法治新闻类节目所呈现的女性形象，往往伴随着刻板化和污名化，与真实社会中的女性形象相去甚远。在现实生活中的女性形象是丰富多元的，生活方式、行为方式、性格特征、面临的际遇各不相同。而性别偏见在大众媒介中的存在可能会使受众发生误解，并对法治事件中的女性产生偏见，甚至会导致部分受众对整体女性产生偏见，不利于建立健康的社会性别秩序。因此，电视法治新闻类节目制作者有必要反思其传播内容和传播方式的不足。

建议电视法治新闻类节目制作者跳出传统的思维方式，尽可能摒弃固有的性别偏见。西方女权运动的创始人波伏娃认为："女人并不是生就的，而宁可说是逐步形成的，在生理、心理和经济上，没有任何命运能决定人类女性在社会的表

现形象。"❶ 对此，媒体从业者应该认识到，女性与男性应该得到同等的尊重，女性正常的思维方式和生活行为方式都应得到理解和包容。对此，电视法治新闻类节目可以调整议程设置来引导受众进行全面客观的思考，对节目中女性的思想和行为进行理性探讨，使其行为能够得到应有的注意和认可。电视法治新闻类节目制作者应以平衡的议程设置来呈现女性形象，不片面地呈现特定类别的女性形象，避免预设的价值评判对其进行选择性再现，无论对受害女性还是施害女性，都不能武断评判，而应秉持两性平等的价值观念，客观地呈现她们除了物质的、挑剔的、软弱的、无知的等负面形象，也要报道她们在法治事件中的正面形象和其他形象，表现出多维的视角，而不是大量聚焦于不堪入目的一面，给受众带来不恰当的观念引导。平衡的议程设置可以全面地反映社会问题，全面呈现法治社会的女性形象，促进性别平等与社会和谐。

在漫长悠久的人类文明发展史中男性主要承担着主体地位，对女性权利没有给予应有的尊重，女性的话语权没有得到充分实现。福柯的权利理论认为，"话语就是力量，权力借助话语在文化中发挥作用""话语建构了性别特征，而且主宰性话语可以对欲望起到限制作用"。❷ 社会需要建立男女平等的话语秩序。所以，建议电视法治新闻类节目尽可能端正自身的立场，重新审视大众传播的社会功能与影响，自觉关注女性权利，增加女性表达空间，给予女性平等的话语权力。

对没有充分话语权的女性，电视法治新闻类在制作和播放方面可以给予适当的关注，提高她们表达自我的机会，并推动女性话语权的实现，倡导民众的社会性别意识，提升现代女性意识，从社会历史、政治、经济、文化等角度整体观照女性权利，在节目中注意女性形象呈现的角度、宽度和深度，深化节目的内容和意义。

---

❶　西蒙娜·德·波伏娃. 第二性［M］. 陶铁柱，译. 北京：中国书籍出版社，1998：309.
❷　罗伯特·C. 艾伦. 重组话语频道：电视与当代批判理论［M］. 牟岭，译. 北京：北京大学出版社，2008：241.

二、增强法治理念　完善节目法治话语

电视法治新闻类节目的特殊之处还在于其本身即为国家法治话语的传播者，带有浓厚法治启蒙色彩，在促进法治理念的形成和传播上具有其他社会力量所无法取代的优势。法治的核心是法律至上的理念，倡导法律得到普遍的遵守，具体涉及对公民权利与义务的探讨。电视法治新闻类节目的核心价值即为传递法治理念。电视法治新闻类节目以其独特的报道内容和视角来表达法治社会话语，话语体系反映了国家法律的发展情况和社会法律实践的概貌。

法治的内核需要法治话语进行表达。电视法治新闻类节目对女性的态度、对女性的表达、对女性形象的呈现也应符合法治思维，使用法治话语。比如在节目中，对女性当事人的面部通过打马赛克、物体遮挡，使面貌特征模糊化，可以保护她们的个人隐私。同理，在女性当事人不愿意显示其真实身份时，节目也可以采用变声的处理方式。这样的处理方式就是法治话语的使用，这是电视视听符号系统下的法治镜头语言，体现了节目对公民权利的尊重。

但法治话语的内涵远远不止以上视听符号的运用，还有一系列其他的要求。法治话语首先就强调客观公正，要站在法律真实的角度来看待案件和案件中的人物，追求客观公正和法律正义，要求有强烈的证据意识，排除情绪等因素的干扰。所以煽情式的表达方式、各种气氛的营造都是法治话语所排斥的，也绝不可以妄加评论。但是电视法治新闻类节目目前存在的道德评判和价值指向问题、强化感官体验的问题、情景再现叙事破坏真实性的问题，这些都是与法治话语不相容的。兼顾法律真实与新闻真实的电视法治新闻类节目，不但要追求新闻价值，还要追求公平正义，揭露违法犯罪行为，关注执法、司法活动，倡导法律的功能和意义。因此要排除过于感性的内容，进行理性的锤炼，这是对电视法治新闻类节目的要求。

完善法治话语还要求节目能够准确、熟练地运用法言法语，注重法律的细节。建议主持人和其他节目制作人员都能够熟悉法律的相关规定，在洞悉法律知识的基础上为受众答疑解惑。从这个角度看，这是更为宏观意义的公平的实现。

三、完善表达方式　客观呈现女性形象

在娱乐化时代，媒体更应该坚定立场，不能放弃对客观真实的追求。电视法治新闻类节目对女性的呈现，并非是完全现实生活的再现，而是加入了媒介主观立场，其传播内容并非绝对正确，甚至会有不少的谬误，其对女性形象呈现时所带有的明显意识形态暗示，将女性形象被固化为特定的类型，常与物质失败、无知愚昧等一些具有评判性的词汇联系在一起，贬低女性的社会价值。为避免以上问题，建议电视法治新闻类节目站在客观的立场上，完善表达方式，准确地呈现女性形象。

首先，在报道素材的选择上，电视法治新闻类节目应摒弃以往选择上的局限，多层次展现女性形象，避免女性形象的片面化。如在案件选择方面，除了刑事案件，还有大量的民事和行政案件，尤其是行政案件，很大程度上体现了公民的法律意识的提高和对政府相关部门的监督，具有正面意义。当今中国有非常丰富和多元的女性形象，她们在观念、行为模式上也有很大的个体差异，与节目中呈现的类型并不符，节目应该立足社会现实情况，及时关注女性的发展。与十年前相比，女性的主体意识和权利意识已经有了较为明显的提高，对此，电视法治新闻类节目应该有所体现，不能视而不见，固守原有的表达方式和节目制作手段，而要及时调整选题的范围和丰富被报道对象的类型，这样其所呈现的女性形象才真实、完整。

其次，建议采取客观冷静的表达方式。目前，电视法治新闻类节目的表达方式常常在纪实与"变形"之间摇摆。一方面，在拍摄方式上还是遵从节目的性质与特点，力图还原真实的女性形象，与其他非新闻类节目相区分；另一方面，通过特殊的拍摄手段表达主观倾向而导致女性形象的"变形"，如使用评判性的拍摄角度、对节目中的女性进行主观评价等。这样的左右摇摆状态，使电视法治新闻类节目在内容呈现上非常矛盾，理性与感性不能兼顾。

对此，电视法治新闻类节目应尽量使用一些客观的拍摄方式，如构图上简单、稳重，多使用平摄和正面拍摄，运用静态镜头表达女性当事人情绪，减少主

观评判等，用平实的方式体现出对被拍摄对象的关注与尊重，增强受众对这些女性命运的关注。

最后，建议平衡报道。电视法治新闻类节目经常给予案件一方足够的话语空间，但却欠缺另一方的声音。如《受伤的女人》这期节目，在内容和表现形式上给足了对女性受害者形象的描述空间，但却始终欠缺对男性施害人的采访，使新闻报道内容稍显片面和失衡，使案件中男女当事人形象的呈现有不均等的现象。

综上，女性形象呈现中的失范行为不仅体现了电视法治新闻类节目自身的问题，而且体现了更深层次的社会问题。在节目中，女性被放入既定的模板，形象刻画片面而又苍白。女性生存的真实状况没有得到应有的反映，对此，电视法治新闻类节目要有所警觉，摒除其在性别偏见、刻板印象等方面的问题，转换观念，采取平衡有效、客观理性的议程设置，进行舆论引导和制定传播策略，减少媒介呈现的倾向性偏差，有效引导受众正确看待节目中的女性形象，避免形成视觉恐慌和认知误区。当然，除了电视法治新闻类节目，全社会都应该增强性别平等的观念，避免性别偏见，女性自身也应该提高主题意识，在社会、媒介、女性三者的共同作用下，营造和谐的两性关系。

结论与思考

结论与思考

在此，针对本书的研究问题进行简明的归纳和整理，并尝试对未来可能的研究方向进行一定的学理展望。

一、研究脉络与结论

本书对女性形象研究寻找一个新的研究视角，探讨电视法治新闻类节目中的女性形象呈现。研究从广播电视学、传播学等理论视角展开，分析电视法治新闻类节目媒介生产和受众认知中的女性形象，探讨客观现实、媒介现实和受众现实三者之间的互动关系，阐释电视法治新闻类节目媒介生产中的存在问题，并思考媒介生产失范背后的原因和提出相关的建议，这是本研究的基本脉络。

在此基本脉络之下，运用描述性统计、文本分析等多种方法对节目文本进行整理和分析，从中观、微观和宏观三个维度思考电视法治新闻类节目呈现女性形象的角度、呈现的具体形象以及呈现的宏观倾向。宏观框架是在中观、微观框架分析的基础上结合具体的描述性统计结果加以确定的，代表着节目的立场，对受众认知的研究与其相对应来分析框架效果。以下是对全文的总结以及对研究问题的回应。

（一）选题确定了女性形象的基本面貌

电视法治新闻类节目中的女性形象呈现角度，是女性形象的出场视角。借助于呈现角度的框架，有助于清晰地认识节目中的女性形象。

本书选择了代表性电视法治新闻类节目《今日说法》《法治在线》《法治进行时》为例，从案件选择、涉案角色、人口统计、出镜方式、声音呈现五个角度展开分析。通过描述性统计发现，在女性当事人形象的呈现上，电视法治新闻类节目有一定的偏好，所涉及的案件大多是刑事案件，并且主要是金钱和情感纠葛，这些女性以受害人角色为主，常处于弱势地位，选择的女性主要集中于中青年阶段，职业分布低层级化，在节目中，她们大都不会正面面对镜头，而是选择了隐蔽身份。相比女性当事人，其他女性形象的呈现要更为直接，没有太多的偏见和刻板印象。

节目中女性出场的背景决定了她们形象的基本面貌。呈现出什么样的形象并不是偶然因素，从节目选取题材之日起这些形象已经存在了，然后把她们放在既有的模板里。媒体对女性再现方式的选择是意识形态运作的产物，而节目亦是意识形态加工后的产品。电视法治新闻类节目制作者对题材选择的习惯和思维定式阻碍了女性形象的多元呈现。

（二）不同角色的女性形象被固化

电视法治新闻类节目通过综合电视画面、文字、声音的视听符号系统，呈现出了不同角色的女性形象。这些形象体现了节目制作者的主观立场，有较为固定的角色模板和角色特征。

根据女性涉案角色不同，电视法治新闻类节目中的女性主要分为女性受害者角色、女性施害者角色、其他女性当事人角色、女性执法者角色、女主持人角色和女专家角色，这些角色的女性形象存在差异。其中，女性当事人角色在节目重要性和数量上占了绝对的优势，是电视法治新闻类节目重点呈现的形象。不同角色的女性形象有与之相对应的特征。总结发现，"草率""拜金""柔弱""冷血""冲动""霸道""善良""计较""专业"是电视法治新闻类节目给这些角色赋予的关键人物特征，女性被类型化地呈现出来。残忍、虚荣的女性施害人与柔弱、单纯的女性受害人往往形成一组强弱对比形象，而热心勇敢的女性楷模、爱岗敬业的女性精英与女性当事人之间又形成了一组正负对比形象。节目对人物的评价主要采用二分法，非正则邪、非强则弱，是较为简单化的分类体系。

可见，虽然如今的女性形象已经日渐多元化，但是电视法治新闻类节目还是没有脱离刻板印象的影子，以固定的模式来呈现不同角色的女性形象，二分法下的平面化的女性形象与现实生活的女性并不匹配。尤其是作为受害人角色的女大学生形象，侧重呈现她们弱势、负面的特征，与现实对比，显得有些偏离实际。

（三）弱势、负面的女性形象逐渐增多

电视法治新闻类节目在呈现女性形象时是有主观倾向的，蕴含着媒体的价值取向和主观评判。节目对女性当事人具有贬抑的倾向，具体体现在女性当事人弱势形象非常突出，多为受害者角色。而对于其他女性，节目的倾向性并不太明显，较为中立。

从时间发展的脉络来看，2009年至2018年电视法治新闻类节目中的女性形象发生了一些变化。刑事案件增多、女性受害者数量上升、女性施害者的数量下降，共同导致了女性弱势形象的提升、中性形象下降。年龄越来越集中于中青年女性，因对中青年女性当事人的报道角度以负面为主，所以间接导致了负面女性形象的数量增多。

可见，近十年电视法治新闻类节目对女性形象的呈现朝着弱势和负面的方向发展。随着媒体市场竞争的加剧，电视法治新闻类节目通过增加刑事案件比例和女性受害人形象来吸引眼球，以提高收视率，这反映了节目在一定程度上存在偏离客观中立轨道的倾向。

（四）不同节目呈现的女性形象存在共性与差异

本书对《今日说法》《法治在线》《法治进行时》进行了多方位的比对，三者在共性的基础上存在差异。三档节目都倾向于选择刑事案件与女性受害者角色，其中《法治在线》节目最为明显。鉴于电视法治资讯节目与电视法治专题节目在时效上和节目深度的不同要求，其所呈现的女性角色各有侧重。以《法治在线》《法治进行时》为代表的电视法治资讯节目，除女性当事人外，女记者出镜较多，也有众多来自新闻现场的其他女性形象，而以《今日说法》为代表的电视法治专题节目，女性专家出镜较多，侧重于理性分析，节目中的其他女性形象不如电视法治资讯节目丰富，重点呈现女性当事人形象。

（五）多数受众认同节目所呈现的女性形象

电视法治新闻类节目对女性的态度、对女性的立场通过节目的传播无形中传递给受众。媒介呈现的内容要通过受众的认可形成完整意义上的文本解码。通过对受众的访谈和问卷调查，研究发现，受众对女性形象的认知与节目的呈现结果非常相近，节目的呈现倾向潜移默化地影响了大部分受众。

受众对文本的解码具有主动性，所以对节目所呈现的女性形象并非全盘接受，而是基于自身的经验对女性形象分不同的角度进行解读，有的认知结果甚至与电视法治新闻类节目呈现的形象相反，并将其与现实生活中的女性形象进行区分。但随着节目的重复性刺激，受众的认知最终与节目趋同，确立起与节目相近的认知方式。所以，多数受众仍以媒体所呈现的女性形象为蓝本进行文本解读。

受众对文本中女性形象的解读也是以弱势形象为主，但是在正负方面上，加大了节目的倾向程度，对女性形象的理解更为负面，方向略微偏离，这是由受众的看客心理以及知觉者认知方式、社会环境等共同影响的，而电视法治新闻类节目制作者对于以上传播效果，并没有充分的认识。

（六）呈现方式具有内在的矛盾性

电视法治新闻类节目文本处理一方面要突出节目效果，另一方面还要平衡其作为新闻节目的要求，所以在女性形象的呈现上在真实与"变形"之间摇摆，充满矛盾。一方面，为提高收视率，采取各种吸引受众眼球的做法；另一方面，又要保持客观拍摄的视角，不能偏离实际，在内容和形式上不能过于娱乐化。

在客观报道的大方向上，电视法治新闻类节目的生产还是存在有悖新闻的客观真实性的地方：对女性进行类型化、标签化处理，赋予这些形象一定的负面意义，以满足受众的心理期待；对节目中的女性进行道德判断和价值指向；通过特殊拍摄手法、音乐、悬念设置、真人情景再现等方式刻意增强受众的感官主义体验。以上的节目生产和表现方式与新闻的真实性存在一定的冲突，与其公正客观的立场和平衡、纪实的拍摄手法之间存在矛盾。

电视法治新闻类节目的这种左右摇摆的矛盾态度，从某种意义来说，是节目在电视市场话语与新闻话语之间的摇摆不定，这也是当今新闻媒体所普遍面临的困境。

（七）多重原因导致节目呈现行为失范

电视法治新闻类节目在呈现女性形象时行为失范是由多重原因造成的，包括意识形态与文化原因、媒体竞争的原因，也包括女性自身、节目制作者的原因。

男性主权文化与男性中心观念的存在是其中最深层的原因。几千年来，男权文化植根于生活中的方方面面，在男性主权的社会文化心理暗示下，媒体对女性所采取的视角必然也带着男权视角，导致媒介过度消费女性。对此，电视法治节目制作主体常常毫无觉察，在惯性之下使用男权视角。男权文化的影响之一就是带来对女性的性别成见，媒介用贴"标签"的方式对女性进行刻板化呈现，将女性居于形象体系的特定位置，作为受众"凝视"的对象，从社会性别角度而言，是对女性的一种性别歧视。

媒介竞争环境下，媒体生产者屈从于市场压力，满足受众的需求成为媒体生产的原动力。在大众娱乐化浪潮下，受众的需求是娱乐性的、刺激性的内容，这促使节目制作主体生产出更多"受欢迎"的女性形象。媒介市场激烈竞争与娱乐化浪潮的双重夹击导致电视法治新闻类节目对女性形象的"变形"，偏离客观真实。尽管电视媒体对此具有不可推卸的责任，但女性群体的普遍沉默也在无形中助长了这种不良风气，女性媒介话语缺失间接为女性刻板化形象呈现提供了空间。女性群体对女性话语权漫不经心的态度，为媒体在一定程度上曲解女性形象间接提供了空间。

电视法治新闻类节目产生于普法宣传的大背景，功能和意义在于推进国家法治建设和提高公民法律意识。精英媒体工作者是民众法治精神的启蒙者，在节目中他们作为法律知识的传递者和案件真相的全知者，在话语表达中充满了指导色彩，他们的关注重心是新闻价值和教育意义，把负面的、弱势的女性形象作为范例，可以促使受众尤其是女性受众增强防范意识，提高法律素养，这样的启蒙命题下，女性形象多为弱势和受害者并不意外。

总之，目前电视法治新闻类节目所呈现的女性形象仍是较为片面的女性形象，与现实生活的女性形象并不完全匹配，存在一定的偏颇。这些形象一方面供人们消费之需，满足看者的心态，另一方面用来指导现实生活，是公民避免陷入法律雷区的教科书。可见，仍存在女性形象被贬抑的情况，性别公正的实现任重道远。对此，没有深层次社会文化和思想观念的改革，就不会有太大的改变。对电视法治新闻类节目来说，还有一些可操作的对策，在观念上应尽量避免性别偏见，关注女性权利，增加女性话语权，同时要增强法治观念，完善节目的法治话语，有利于客观地展现女性形象。

二、对研究的思考

（一）肯定进步，女性形象研究有待细化

虽然本书基于批判视角开展研究，但还要客观看待女性地位得以提升的社会现实。近些年，无论国家、社会还是媒体，都源源不断地为两性平等提供政策支持、舆论支持，避免产生激烈的性别冲突，产生消极的社会效应。电视法治新闻类节目在制作和传播方面已有长足的进步，对于女性当事人的屏幕形象越来越慎重，不轻易曝光隐私，体现出对女性的尊重。与此同时，女性自身也提高了女性主体意识，逐渐跳出传统文化观念的胁迫，规避舆论的"规训"，寻找自身的主体视角，甄别和去除有关性别偏见与性别歧视的内容、观念。女性地位无论是在工作领域还是社会生活领域都比十年前有很大的提升。所以，本书所指出的问题更多的是对现有状况的完善，以批判的形式推动进步。

值得商讨的是，有人认为女性主义研究具有伪命题的特点，因为现在的性别划分为男性和女性，认为女性主义研究大可不必，或即使进行女性研究，也应对男性和女性加以对比进行。对此，笔者持不同的看法。性别研究可以反映不同的社会理念和价值观，也可以进一步探讨社会关系、社会制度等根源性问题，是政治经济和社会文化分析的重要工具。女人不是一个固定的现实，身体只是一个场所，研究女性主义并不意味着将生物性别与社会性别对立，而是关注女性自由的方式（Moi，1999）。任何一种分类形式都有形成新的等级意识和极权统治的危险，但本书并不是要给女性压倒男性式的赋权，也不是在主张男女平等的舞台上毫无根据地大声鼓与呼。虽然女性主义天然的批判性视角，会引起人们矫枉过正

的顾虑与风险，造成对男性群体的不公平对待。但是这种担忧还不具备现实基础，男女平权还有很长一段路去走，而且女性主义理论有多个流派和观点，如生态女性主义相比激进女性主义更倾向男女的和谐相处。笔者认为，立足于女性主义视角的研究有助于了解女性的生存状况、揭示性别不对等问题。我国的女性主义研究近些年也得以发展，研究的学者越来越多，研究的视角更为开阔，除了对传统经典女性主义的反思，还有对后现代主义女性主义的进一步解读，涉及女性权利、女性形象、女性话语等多个方面，每年都有女性主义研究的各种学术会议召开，学术交流活跃，也涌现了大量优秀的学术成果。

笔者认为，女性主义研究还有较大的提升空间，很多领域可以细化。例如，有必要开展女性内部的分层研究。以往对女性主义的研究都是从整体上探讨其发展状况，站在与男性相区别的立场上进行思考，而较少考虑女性内部的群体分层、分类和研究框架分野。传统的社会分层研究忽视性别视角，在传统的阶层研究中主要以家庭进行社会分层，而且主要以男性户主的地位来决定分层，导致女性在社会分层中处于缺失的地位。正如英国社会学家吉登斯（2003）指出的，有关社会分层的研究一直存在女性性别缺失。而女性内部的差异与分化是客观存在的现实，女性群体按照年龄、身份、受教育程度、收入水平、居住地等存在多个群体或层级。这些女性群体的差异在某些情况下甚至超过了男女之间的差异。女性群体内部就有着天然的鸿沟，这也是女性主义研究不能回避的问题。本书中也指出，在电视法治新闻类节目中，女性年龄、身份、受教育程度、职业的不同，女性形象也存在差异。

另外，研究发现，职业女性形象有助于弱化性别特征。本书中有一部分女性形象是职业女性形象，她们的身份是女性执法者、女主持人和女嘉宾等，其职业形象是否会对其性别特征造成冲击，即这些女性形象在受众眼中是否具备女性气质，带着这个疑问，笔者在问卷调查中进行了相关问题设置。调查结果回答了笔者的疑问：认为这些女性形象具有女性气质的与没有女性气质的被访者数量基本一致，相比对女性当事人的调查，这个数据较为平衡。可见，女性的职业形象对其性别特征造成了一定程度的弱化。当她们以职业女性身份出现时，受众会更在乎她们的工作是什么，她们的观点是什么，她们怎么做，而非是一名女性。这说明如果女性能够充分利用媒介话语权来展现女性真实的职业面貌和身心健康的精神风貌，是利于塑造更为客观平衡的女性媒体形象的。所以也建议女性对自身所处的社会环境和生活场景有所察觉，寻找自己的人生目标，确立正确的人生观，找到自身价值所在，逐渐改变大众媒介意识形态操控的局面，利用媒介呈现完善的女性形象。

（二）进行创新，电视法治新闻类节目任重道远

电视法治新闻类节目拥有相对稳定的生产模式和传播模式，是目前一个相对来说比较便捷的、可以用来认识和感知社会法律现实的节目形态，三十余年来节目的成就有目共睹。近些年随着网络媒体的扩张，电视媒体的市场空间被大量挤占，也迫使电视法治新闻类节目进行改变。2009—2018 年，电视法治新闻类节目呈现了越来越多的弱势的、负面的女性形象，在男女平权这条路上尚有层层的阻力，任重道远。

对于某些电视法治新闻类节目的"自我放逐"，受众是有觉察力的。虽然在短时间内提高了收视率，但长此以往节目的公信力会受损。新媒体的发展使传播主体和方式日益多元化，缩短了从信息源发布到信息传播的路径和时间，方便快捷，但互联网的传播方式与特点决定其还存在公信力的问题，网络谣言、网络暴力高发，如果对一些重案要案舆论引导不当，就会激发更多的社会问题。对电视法治新闻类节目而言，公信力和权威性就是其明显的优势，切不可轻言放弃，这也是其功能与使命。

随着网络讨论空间的扩展，受众对节目解读的能力提升，而电视法治新闻类节目中非正即邪、非强即弱的单线思维模式，在部分年轻受众看来已经过时，所以对节目选择不接触、不理解与不记忆。任何一个案件的发生，往往是多种因素共同决定的，任何一个涉案当事人，都有不同的性格侧面。节目如果没有剖析当事人心路历程和复杂情感，受众也无法感同身受，引以为戒。因此，节目需要更多地展现案发原因的复杂性以及人物性格的多面性，通过更加精细的构思，来吸引观众。这是一个内容为王的时代，只有做好节目实质性内容，才有长足的发展

空间。不过目前电视法治新闻类节目似乎并没有充分意识到这个问题，而是从技术上、传播渠道等方面寻找原因，进行形式的创新，但内容还是没有脱离原有的模式。对此，电视媒体要以实质的内容创新带动发展。

（三）追求平等，完善节目法治话语

电视法治新闻类节目作为国家法律的宣传者、社会法治环境的监督者，应当肩负起社会责任，意识到社会对女性的性别偏见和不公平对待，反思自身对女性形象呈现的刻板化、类型化问题。所以在此期望电视法治节目制作单位能及时审视自身，对社会文化中隐性存在的男女不平等现象有所警觉，尊重女性，公平客观地呈现女性形象，并充分利用自身优势，通过策划女性专题报道或制作特别节目，来强化男女平等观念，对受众进行正确的引导，以呈现更为客观、平衡的女性形象。

媒体的引导要依托于话语的表达。媒体是社会的产物，其话语方式是多方面决定的，政治话语、经济话语、文化话语等一起决定了节目的话语风格。电视法治新闻类节目杂糅了社会主义国家意识形态、市场经济发展以及消费文化的各个因素，对节目中的女性既有传统男权视角的审视，也有公平正义追求下的权衡，还有娱乐至死下的消费主义。对电视法治新闻类节目而言，这种杂糅的话语体系应该统一在法治话语体系之下，以法治话语为核心，不能僭越法治的要求。

电视法治新闻类节目涉及对公民权利与义务的探讨，是人们参与社会的重要平台，其话语表达是法治社会建设所必需的媒介介质，应含有丰富的法治信息量。节目选取的案件或内容信息量越大，所反映的问题就越深刻，甚至有时会远超节目制作者本身所力图传达和表现的范围，对我国民主法治进程有着深刻的影响。通过电视法治新闻类节目，公民可以积极主动参与到公共管理事务中，参与法治话语表达，政府也应该创造条件帮助公民表达诉求。电视法治新闻类节目有待成为一个更为开放的媒介平台，鼓励公民积极参与法律实践，以推动我国法治社会建设和公平体系的建立。

参考文献

参考文献

一、著作类

（一）国外著作

[1] L. VAN ZOONEN. 女性主义媒介研究 [M]. 曹晋, 曹茂, 译. 桂林：广西师范大学出版社, 2007.

[2] 伊丽莎白·赖特, 常莹, 等. 拉康与后女性主义 [M]. 王文华, 译. 北京：北京大学出版社, 2005.

[3] 芭芭拉·阿内尔. 政治学与女性主义 [M]. 郭夏娟, 译. 北京：东方出版社, 2005.

[4] 艾莉森·利·布朗. 福柯 [M]. 聂保平, 译. 北京：中华书局, 2014.

[5] 玛丽·沃斯通克拉夫特等. 为女权辩护：关于政治及道德问题的批判 [M]. 常莹, 等译. 北京：中信出版社, 2016.

[6] 弗里丹. 女性的奥秘 [M]. 程锡麟, 等译. 广州：广东经济出版社, 2005.

[7] 西蒙娜·德·波伏娃. 第二性 [M]. 陶铁柱, 译. 北京：中国书籍出版社, 1998.

[8] 杰梅茵·格里尔. 女太监 [M]. 欧阳昱, 译. 上海：上海文艺出版社, 2011.

[9] 凯特·米利特. 性政治 [M]. 钱良明, 译. 北京：社会科学文献出版社, 1999.

[10] 尼古拉斯·阿伯克龙比. 电视与社会 [M]. 张永喜, 译. 南京：南京大学出版社, 2002.

[11] 隆·莱博. 思考电视 [M]. 葛忠明, 译. 北京：中华书局, 2005.

[12] 索尼娅·利文斯通. 理解电视：受众解读的心理学 [M]. 龙耘, 译. 北京：新华出版社, 2006.

[13] 皮埃尔·布尔迪厄. 关于电视 [M]. 许钧, 译. 沈阳：辽宁教育出版社, 2000.

［14］罗伯特·C.艾伦. 重组话语频道：电视与当代批判理论［M］. 牟岭，译. 北京：北京大学出版社，2008.

［15］凡迪克. 作为话语的新闻［M］. 曾庆香，译. 北京：华夏出版社，2003.

［16］马歇尔·麦克卢汉. 理解媒介：论人的延伸［M］. 何道宽，译. 北京：商务印书馆，2000.

［17］丹尼斯·麦奎尔. 大众传播理论［M］. 崔保国，李琨，译. 北京：清华大学出版社，2006.

［18］沃尔特·李普曼. 舆论学［M］. 林珊，译. 北京：华夏出版社，1989.

［19］尼尔·波兹曼. 娱乐至死［M］. 章艳，译. 桂林：广西师范大学出版社，2004.

［20］斯图尔特·霍尔. 表征：文化表象与意指实践［M］. 徐亮，陆兴华，译. 北京：商务印书馆，2003.

［21］苏珊·朗格. 情感与形式［M］. 刘大基，等译. 北京：中国社会科学出版社，1986.

［22］沃纳·塞弗林，小詹姆斯·坦卡德. 传播理论：起源、方法与应用［M］. 郭镇之，译. 北京：华夏出版社，2000.

［23］麦克切斯尼. 富媒体 穷民主：不确定时代的传播政治［M］. 谢岳，译. 北京：新华出版社，2004.

［24］格雷姆·伯顿. 媒体与社会：批判的视角［M］. 史安斌，译. 北京：清华大学出版社，2007.

［25］康德. 历史理性批判文集［M］. 何兆武，译. 北京：商务印书馆，1991.

［26］约翰·菲斯克. 解读大众文化［M］. 杨全强，译. 南京：南京大学出版社，2006.

［27］霍尔. 文化研究读本［M］. 罗钢，刘象愚，译. 北京：中国社会科学出版社，2000.

［28］格兰·G.斯帕克斯. 媒介效果研究概论［M］. 何朝阳，王希华，译. 北京：北京大学出版社，2004.

［29］伍多·库卡茨. 质性文本分析：方法、实践与软件使用指南［M］. 朱志勇，范晓慧，译. 重庆：重庆大学出版社，2017.

［30］约翰·费斯克. 理解大众文化［M］. 王晓珏，译. 北京：中央编译出版社，2001.

［31］丽萨·泰勒，安德鲁·威利斯. 媒介研究：文本、机构与受众［M］. 吴靖，黄佩，译. 北京：北京大学出版社，2005.

［32］卡罗琳·凯奇. 杂志封面女郎：美国大众媒介中视觉刻板形象的起源［M］. 曾妮，

　　　译. 天津：天津人民出版社，2006.

[33] 安东尼·吉登斯. 社会学 [M]. 赵旭东，马戎，等译. 北京：北京大学出版社，2003.

[34] 奥利弗·博伊德·巴雷特，克里斯·纽博尔德. 媒介研究的进路：经典文献读本 [M]. 汪凯，刘晓红，译. 北京：新华出版社，2004.

[35] 弗·杰姆逊. 后现代主义与文化理论 [M]. 唐小兵，译. 北京：北京大学出版社，2005.

[36] 麦克·费瑟斯通. 消费文化与后现代主义 [M]. 刘精明，译. 南京：译林出版社，2000.

[37] 约翰·费斯克，等. 关键概念传播与文化研究辞典 [M]. 李彬，译. 北京：新华出版社，2004.

[38] 彼得斯. 交流的无奈：传播思想史 [M]. 何道宽，译. 北京：华夏出版社，2003.

[39] 约翰·洛克. 政府论 [M]. 瞿菊农，叶启芳，译. 北京：商务印书馆，1982.

[40] 朱利安·西沃卡. 肥皂剧、性和香烟：美国广告200年经典范例 [M]. 周向民，等译. 北京：光明日报出版社，2005.

（二）国内著作

[1] 张锦华. 媒介文化、意识形态与女性理论与实务 [M]. 台北：正中书局，1994.

[2] 林芳玫. 女性与媒体再现：女性主义与社会建构论的观点 [M]. 台北：巨流图书出版公司，2003.

[3] 臧国仁. 新闻媒体与消息来源：媒介框架与真实建构之论述 [M]. 台北：三民书局，1999.

[4] 李琦. 传媒与性别：女性媒介传播社会学阐释 [M]. 长沙：湖南师范大学出版社，2008.

[5] 夏征农. 辞海 [M]. 上海：上海辞书出版社，1989.

[6] 卜卫. 媒介与性别 [M]. 南京：江苏人民出版社，2001.

[7] 刘利群. 社会性别与媒介传播 [M]. 北京：中国传媒大学出版社，2004.

[8] 刘利群，张敬婕. 媒介与女性研究教程 [M]. 北京：中国广播电视出版社，2013.

[9] 曹剑波，宋建丽. 女性主义哲学 [M]. 厦门：厦门大学出版社，2013.

[10] 甘惜分. 新闻学大辞典 [M]. 北京：中国人民大学出版社，1993.

[11] 赵玉明，王福顺. 广播电视辞典 [M]. 北京：中国传媒大学出版社，1999.

[12] 李银河. 女性主义 [M]. 济南：山东人民出版社，2000.

[13] 李银河. 妇女：最漫长的革命 [M]. 北京：中国妇女出版社，2007.

[14] 陈卫星，胡正荣. 全球化背景下的广播电视 [M]. 北京：北京广播学院出版社，2001.

[15] 常江. 中国电视史：1958—2008 [M]. 北京：北京大学出版社，2018.

[16] 郭镇之. 中国电视史 [M]. 北京：文化艺术出版社，1998.

[17] 罗钢，王中忱. 消费文化读本 [M]. 北京：中国社会科学出版社，2003.

[18] 欧阳宏生. 电视文化学 [M]. 成都：四川大学出版社，2006.

[19] 李良荣. 新闻学概论 [M]. 上海：复旦大学出版社，2001.

[20] 杨伟光. 中国电视论纲 [M]. 北京：中国广播电视出版社，1998.

[21] 陈龙. 在媒介与大众之间：电视文化论 [M]. 北京：学林出版社，2001.

[22] 曹晋. 媒介与社会性别研究：理论与实例 [M]. 北京：清华大学出版社，2015.

[23] 王琴. 女性职业与近代城市社会 [M]. 北京：中国社会出版社，2010.

[24] 张凤. 文本分析的符号学视角 [M]. 哈尔滨：黑龙江人民出版社，2008.

[25] 李立. 民族志理论探究与文本分析 [M]. 北京：人民出版社，2017.

[26] 肖伟. 新闻框架论：传播主体的架构与被架构 [M]. 北京：中国人民大学出版社，2016.

[27] 漆亚林. 中国电视剧农村女性形象研究 [M]. 北京：中国社会科学出版社，2016.

[28] 李敏.《纽约时报》的中国女性形象研究 [M]. 北京：人民出版社，2015.

[29] 罗列. 女性形象与女权话语 [M]. 成都：四川辞书出版社，2008.

[30] 朱红强. 电视新闻主播话语中的立场与评价 [M]. 北京：世界图书出版公司，2018.

[31] 胡智锋. 电视受众审美研究 [M]. 北京：北京师范大学出版社，2010.

[32] 高红波. 电视媒介融合论 [M]. 北京：社会科学文献出版社，2018.

[33] 胡钰. 大众传播效果问题与对策 [M]. 北京：新华出版社，2000.

[34] 黄匡宇. 电视新闻语言学 [M]. 北京：中国广播电视出版社，2000.

[35] 杨晓宏，李兆义. 电视节目制作概论 [M]. 北京：北京大学出版社，2015.

[36] 石长顺. 电视话语的重构 [M]. 武汉：华中科技大学出版社，2010.

[37] 孟建. 图像时代：视觉文化传播的理论诠释 [M]. 上海：复旦大学出版社，2005.

[38] 刘建明. 媒介批评通论 [M]. 北京：中国人民大学出版社，2001.

[39] 杨保军. 新闻真实论 [M]. 北京：中国人民大学出版社，2006.

[40] 戴元光. 传播学研究：理论与方法 [M]. 上海：复旦大学出版社，2004.

[41] 吴晓英. 科学、文化与性别：女性主义的诠释 [M]. 北京：中国社会科学出版社，2000.

［42］石长顺. 电视文本解析［M］. 武汉：武汉大学出版社，2015.

［43］王释. 电视编导基础［M］. 北京：北京师范大学出版集团，2011.

［44］欧阳照. 电视新闻的叙事学研究［M］. 重庆：重庆大学出版社，2010.

［45］王金玲. 中国妇女发展报告［M］. 北京：社会科学文献出版社，2014.

［46］常江. 影视制作基础［M］. 北京：北京大学出版社，2013.

［47］曾庆香. 新闻叙事学［M］. 北京：中国电视出版社，2005.

［48］叶子. 电视新闻学［M］. 北京：北京广播学院出版社，1997.

［49］黄旦. 传者图像：新闻专业主义的建构与消解［M］. 上海：复旦大学出版社，2005.

［50］陈晓明. 解构的踪迹：历史、话语与主体［M］. 北京：中国社会科学出版社，1994.

［51］王庚年，尹力. 见证中国法治进程［M］. 北京：中国人民公安大学出版社，2002.

［52］苏媛. 中国电视法制节目现状与发展研究［M］. 北京：中国社会科学出版，2012.

［53］胡智锋. 电视法制节目：特质、创作与开发［M］. 北京：中国广播电视出版社，2003.

［54］游洁，郑蔚. 电视法制节目新论［M］. 北京：中国广播电视出版社，2007.

［55］杨保军. 新闻价值论［M］. 北京：中国人民大学出版社，2003.

［56］张敬婕. 性别与传播：文化研究的理路与视野［M］. 北京：中国传媒大学出版社，2012.

［57］鲍晓兰. 西方女性主义研究评介［M］. 北京：生活·读书·新知三联书店，1995.

［58］欧阳宏生. 电视批评：理论·方法·实践［M］. 成都：四川大学出版社，2007.

［59］陈阳. 协商：女性新闻的碎片［M］. 西安：陕西人民出版社，2006.

［60］蔡骐，蔡雯. 媒介竞争与媒介文化［M］. 上海：复旦大学出版社，2007.

［61］郑春晔. 领导者公共形象与大众媒介互动关系研究［M］. 北京：中国社会科学出版社，2014.

［62］薛亚青，解洪科，牛霞玲. 电视新闻话语研究［M］. 济南：山东人民出版社，2017.

［63］刘利群. 中国媒介与女性发展报告2013—2014［M］. 北京：社会科学文献出版社，2015.

［64］刘利群. 中国媒介与女性发展报告2015—2016［M］. 北京：社会科学文献出版社，2017.

［65］佟新. 社会性别研究导论［M］. 北京：北京大学出版社，2011.

［66］魏国英，马忆南. 亚洲女性论坛报告：性别平等与女性发展［M］. 北京：北京大学出版社，2013.

［67］贺建平. 西方媒介权力批判［M］. 重庆：重庆出版社，2004.

［68］贺艳. 媒介表征与城市形象的建构：以重庆为例［M］. 北京：中国传媒大学出版社，2016.

［69］佟心. 社会性别研究导论［M］. 北京：北京大学出版社，2005.

［70］佐斌. 刻板印象的内容与形态［M］. 武汉：华中师范大学出版社，2015.

［71］董小玉. 改革开放以来"农民工"媒介形象流变研究［M］. 北京：人民出版社，2014.

［72］栾轶玫. 媒介形象学导论［M］. 北京：中国人民大学出版社，2007.

［73］宣宝剑. 媒介形象［M］. 北京：中国传媒大学出版社，2009.

［74］邢勇. 镜像·重塑·嬗变［M］. 郑州：河南大学出版社，2013.

［75］陈瑛. 媒介女性身体形象的视觉传播研究［M］. 武汉：华中科技大学出版社，2017.

［76］辛欢等. 动画剧本写作［M］. 北京：北京师范大学出版社，2012.

［77］俞可平. 治理与善治［M］. 北京：社会科学文献出版社，2000.

［78］朱颖. 守望正义：法治视野下的犯罪新闻报道［M］. 北京：人民出版社，2008.

［79］邢虹文. 电视、受众与认同：基于上海电视媒介的实证研究［M］. 上海：上海交通大学出版社，2013.

［80］谢远扬. 个人信息的私法保护出版项［M］. 北京：中国法制出版社，2016.

［81］李敏. 纽约时报的中国女性形象研究2001—2010年［M］. 北京：人民出版社，2015.

［82］王玲宁. 社会学视野下的媒介暴力效果研究［M］. 上海：学林出版社，2009.

［83］李彬. 符号透视：传播内容的本体诠释［M］. 上海：复旦大学出版社，2003.

［84］吴玉玲. 理念与实践：电视法制新闻生产的多维考察［M］. 北京：中国传媒大学出版社，2012.

［85］吴红雨. 解读电视受众：多元化需求与大众化电视［M］. 杭州：浙江大学出版社，2009.

［86］张康之. 合作的社会及其治理［M］. 上海：上海人民出版社，2014.

［87］刘霓. 西方女性学：起源、内涵与发展［M］. 北京：社会科学文献出版社，2001.

［88］金一虹，刘伯红. 世纪之交的中国妇女与发展：理论、经济、文化和健康［M］. 南京：南京大学出版社，1998.

［89］潘知常，林玮. 传媒批判理论［M］. 北京：新华出版社，2002.

［90］宋素红. 女性媒介：历史与传统［M］. 北京：中国传媒大学出版社，2006.

［91］沈奕斐. 被建构的女性：当代性别理论［M］. 上海：上海人民出版社，2005.

［92］王政，杜芳琴. 社会性别研究选译［M］. 北京：生活·读书·新知三联书店，1998.

［93］王岳川. 后现代主义文化研究［M］. 北京：北京大学出版社，1992.

［94］赵树琴. 女性文化学［M］. 桂林：广西师范大学出版社，2006.

［95］张军华. 影像　话语　文本：叙事分析视野中电视新闻传播［M］. 长沙：湖南师范大学出版社，2012.

［96］张宝明. 启蒙中国：代知识精英的思想苦旅［M］. 北京：中国社会科学出版社，2015.

二、论文类

（一）期刊论文

［1］王波. 颠覆与重构之间——对当代中国女性主义传媒批评的反思［J］. 新闻与传播研究，2006（2）：66-70.

［2］曹晋. 媒介与社会性别研究的理论建构［J］. 南京大学学报（哲学. 人文科学. 社会科学版），2008（4）：50-59.

［3］王泰俐. 电视新闻节目"感官主义"之初探研究［J］. 新闻学研究，2004（81）：1-41.

［4］张斌. 新闻生产与社会建构——论美国媒介社会学研究中的建构论取向［J］. 现代传播（中国传媒大学学报），2011（1）：23-27.

［5］李爱晖. 数字化背景下建构媒介认同的意义、路径及可能性［J］. 当代传播，2015（5）：98-100.

［6］卢敏. 大众传播中的女性形象研究综述及对女性主义中国化的思考［J］. 山东女子学院学报，2019（1）：81-89.

［7］申启武. 缺失与建构——关于广播媒介批评问题的一些思考［J］. 现代传播（中国传媒大学学报），2011（7）：76-79.

［8］张健. 复合焦点叙事视角的形成与得失——新闻生产社会学视野中的《法治在线》［J］. 中国电视，2006（10）：26-29.

［9］周娟. 媒介拟态消费环境的意义建构机制研究［J］. 当代传播，2012（1）：52-54.

［10］黄良奇. 媒介在娱乐化场域中对女性形象的建构［J］. 中国广播电视学刊，2009（05）：49-50.

［11］麦尚文. 新时期中国典型人物"媒介形象"的变迁与突破［J］. 新闻大学，2006（02）：70-75.

［12］夏倩芳，张明新. 新闻框架与固定成见：1979—2005年中国大陆主流报纸新闻中的党员形象与精英形象［J］. 新闻与传播研究，2007（02）：29-41.

［13］刘琼. 媒介话语分析再审视——以甘姆森建构主义为路径［J］. 新闻与写作，2015
（05）：92-97.

［14］吴予敏. 论媒介形象及其生产特征［J］. 国际新闻界，2007（11）：51-55.

［15］王朋进. "媒介形象"研究的理论背景、历史脉络和发展趋势［J］. 国际新闻界，
2010（6）：123-128.

［16］於红梅. 批判地审视媒介文化研究——基于 2009—2010 年媒介文化研究的评述
［J］. 新闻大学，2011（2）：137-144.

［17］刘可心. 女性主义视域下中国法制电视节目中的女性形象分析［J］. 新闻研究导刊，
2016（7）：125-126.

［18］王宝卿. 专业主义——再论法制类节目的方向与出路［J］. 电视研究，2016（7）：
100-102.

［19］贺建平. 女性视角下的大众传媒——西方女性主义媒介批判综述［J］. 西南政法大
学学报，2003（3）：30-39.

［20］聂艳梅. 媒介变化中女性广告形象的呈现形态与社会意义［J］. 上海师范大学学报，
2018（1）：92-99.

［21］许家彪，韩青. 文化霸权视阈下女性形象的媒介建构——以 20 世纪 90 年代以来内
地热播女性本土剧为例［J］. 陕西师范大学学报，2012（6）：21-29.

［22］卜卫. 广告与女性意识［J］. 妇女研究论丛，1997（1）：4.

［23］韩敏. 新中国对家庭和家庭妇女的媒介建构研究［J］. 理论月刊，2016（12）：138-144.

［24］包相杰. 国内女性电视节目的创新发展方式解析［J］. 科技传播，2014（23）：196-197.

［25］卢惠民. 传媒形象与传播者形象［J］. 南京政治学院报，1999（5）：88-91.

［26］徐玲，杜学元. 解析女性媒介形象的符号暴力［J］. 社会科学论坛，2010（3）：30-33.

［27］董天策，王慧超. "剩女"媒介形象是反映现实还是人为建构？——新浪网 2011—
2015 年"剩女"报道研究［J］. 新闻界，2017（11）：27-34.

［28］叶兵，蒋兆雷. 女大学生媒介形象丑化调查与研究［J］. 北京青年政治学院学报，
2007（4）：17-21.

［29］陈丽丹，等. 电视法治节目中女大学生媒介形象的特点、问题与改进［J］. 中国记
者，2018（3）：59-61.

［30］胡特. 互联网信息特点浅析——以网络女大学生形象建构为例［J］. 新闻爱好者 2009
（3）：19.

［31］韩坤. 标签理论的辩证分析新视角——以标签理论对青少年犯罪的影响为例［J］.

青年与社会，2014（18）：264.

［32］李红涛，乔同舟. 污名化与贴标签：农民工群体的媒介形象［J/OL］. 二十一世纪，2005，7（40）：1.［2017-03-04］. http://www.cuhk.edu.hk/ics/21c/media/online/0504091.pdf.

［33］李有军. 解构抑或建构？——新媒体视阈女性形象表征探微［J］. 渭南师范学院学报，2016（8）：75-80.

［34］林升梁. 消费者对广告中女性形象的反应［J］. 福建师范大学学报，2012（1）：137-144.

［35］李立文. 当下青年女性形象分析——以《中国妇女报》抽样的报道为例［J］. 南昌航空工业学院学报，2007（1）：66-69.

［36］陈飞强. 稳定与变化：女性媒介中的女性形象——对《中国妇女报》女性人物的分析［J］. 中华女子学院学报，2013（1）：52-59.

［37］郭婷. 女大学生的媒介形象塑造误区及对策［J］. 新闻世界，2010（8）：188-189.

［38］施笑梅. 女性主义视阈下中国女性形象的变化［J］. 科教文汇上旬刊，2018（2）：151-152，155.

［39］王平. 试论电视对农法制节目的普法宗旨［J］. 东南传播，2011（9）：56-59.

［40］郭艳辰. 我国法制类电视节目的现状与未来［J］. 科技传播，2016（8）：80，151.

［41］王金玲. 社会学视野下的女性研究：十五年来的建构与发展［J］. 社会学研究，2000（1）：51-64.

［42］陈一愚. 论媒介文化的主体建构功能［J］. 社会科学，2015（9）：175-183.

［43］王宝卿. 专业主义——再论法制类节目的方向与出路［J］. 电视研究，2016（7）：100-102.

［44］孟祥武，张永龙. 现代传媒对女性运动员性别角色与身体形象的构建［J］. 体育与科学，2014（3）：88-91.

［45］赵洁薇，伏荣丽. 符号权力视角下广告中的美女形象［J］. 玉溪师范学院学报，2018（3）：111-116.

［46］章东轶，王铁波. 美女文化与电视中的女性形象建构［J］. 杭州师范学院学报，2003（2）：64-68.

［47］刘亚平. 从视觉文化分析电视广告中的女性形象［J］. 青年记者，2012（5）：22-23.

［48］柴鹏举. 电视广告中的女性形象建构［J］. 当代电视，2015（4）：78-79.

［49］李琦. 从"野蛮女友"电视广告看女性形象的篡改与构建［J］. 新闻界，2006

（6）：87-88.

［50］宋伟林. 观众为何爱看法制节目——从《法系人间》栏目的内容分析看法制节目特征 ［J］. 广西大学学报（哲学社会科学版），2000（6）：37-38.

［51］张君明. 电视法制节目的故事化和传播创新 ［J］. 中国广播电视学刊，2017（6）：68-70.

［52］何欣蕾. 电视法制节目收视分析调查 ［J］. 声屏世界，2016（12）：22-24.

［53］范愉. 中国电视法制节目研究 ［J］. 人大法律评论，2004（1）：92-128.

［54］秦怡. 电视法制节目编导的法律与文化意识权衡初探 ［J］. 当代电视，2015（8）：101-105.

［55］陈坤. 我国电视法制节目的现存问题及对策分析 ［J］. 当代电视，2016（7）：60，70.

［56］张亚玲. 电视法制节目的普法实效 ［J］. 电视研究，2016（A1）：27-30.

［57］张国群. 法制节目主持人魅力素养刍议 ［J］. 电视研究，2015（A1）：166-167.

［58］丛梅. 犯罪主体性别构成调查报告 ［J］. 中国刑事法杂志，2004（3）：92-101.

［59］谢静. 媒介受众的批判意识建构——以大学生对于客观性原则的反思性征用为例 ［J］. 新闻大学，2007（3）：27，36-45.

［60］贺建平. 理解与解释：新闻文本的诠释学意义 ［J］. 社会科学研究，2006（3）：191-195.

［61］张力. 传媒全球化语境下的媒介话语批判 ［J］. 武汉理工大学学报，2014（3）：345-349

［62］杨小青. 社会性别视野下的现代文学教学 ［J］. 重庆教育学院学报，2012（7）：132-134.

［63］王明忠，范翠英，周宗奎. 儿童歧视知觉模型述评 ［J］. 心理学探析，2012（4）：303-309.

（二）博士论文

［1］唐俊. 电视新闻市场竞争研究 ［D］. 上海：复旦大学，2008.

［2］马琳. 电视剧传播框架中的女性形象建构与身份认同 ［D］. 上海：华东师范大学，2008.

［3］胡西伟. 当代中国大学形象的媒介呈现与重建 ［D］. 武汉：武汉大学，2013.

［4］严亚. 新媒体时代大学生媒介形象自我建构研究 ［D］. 重庆：西南大学，2015.

［5］江根源. 媒介建构现实：理论溯源、建构模式及相关机制 ［D］. 杭州：浙江大学，2013.

［6］王平. 电视法制信息传播与农民法律意识培育研究 ［D］. 南京：南京师范大学，2014.

三、外文类参考文献

［1］ BENNETT T, GAINES J. Believing What You Hear: The Impact of Aging Stereotypes Upon the Old ［J］. Educational Gerontology, 2010, 36 (5): 435-445.

［2］ BERGER and LUCKMAN. The Social Construction of Reality ［M］. New York: Doubleday & Company, 1966.

［3］ DAVID GRADDOL. Describing Language ［M］. Maidenhead: Open University Press, 1994.

［4］ ZHONGDONG PAN, GERALD KOSICKI. Framing Analysis: An Approach to News Discourse ［J］. Political Communication, 1993, 10 (1): 55-75.

［5］ E. GOFFMAN. Framing Analysis: An Essay on the Organization of Experience ［M］. New York: Harper and Row, 1974.

［6］ MICHEL FOUCAULT. The History of Sexuality, Translated by Robert Hurley ［M］. New York: Vintage, 1980.

［7］ GAYE TUCHMAN, Arlene Kaplan Daniels, James Benet et al. Hearth and Home. Images of Women in the Mass Media ［M］. New York: Oxford University Press, 1978.

［8］ SANDRA HARDING. The Science Question in Feminism, Ithaca ［M］. New York: Cornell University Press, 1986.

［9］ JACQUELINE JONES. Labor of Lave, Labor of Sorrow: Black Women, Work, and the Family from Slavery to the Present ［M］. New York: Basic Books Inc, 1985.

［10］ JACQUELYN DOWD HALL. Revolt against Chivalry: Jessie Daniel Ames and the Women's Campaign against Lynching ［M］. New York: Columbia University Press, 1993.

［11］ JOAN W. SCOTT. Gender: A Useful Category of Historical Analysis ［J］. American Historical Review, 1986, 12: 91.

［12］ LINDA K. KERBER, JUNE SHERRON DE HART. Women's America: Refocusing the Past ［M］. New York: Oxford University Press, 2000.

［13］ OLE R. HOLSTI. Content Analysis for the Social Sciences and Humanities ［M］. Don Mills: Addison-Wesley Publishing Company, 1969.

［14］ PHILIP S. FONNER. Women and the American Labor Movement: From World War I to the Present ［M］. New York: The Free Press, 1980.

［15］ PIERRE BOURDIEU. Masculine Domination, Stanford ［M］. Stanford: Stanford University Press, 2001.

［16］ RUSSELL NEUMAN, etc. Common Knowledge: News and the Construction of Political Meaning ［M］. The University of Chicago Press, 1992.

［17］ SUSAN FISKE, SHELLEY TAYLOR. Social cognition ［M］. New York: McGraw Hill, 1991.

［18］ TRENAMAN J, MCQUAIL D. Television and the Political Image ［M］. London: Methuen, 1961.

［19］ GAMSON W. A. News Framing ［J］. American Behavioral Scientist, 1989, 33 （2）: 157-161.

［20］ TANKARD J W. The Empirical Approach to the Study of Media Framing ［J］. Framing Public Life: Perspectives on Media and Our Understanding of the Social World, 2001: 95-106.

附　录

附　录

附录一　电视法治新闻类节目女性形象呈现角度、呈现倾向编码表和编码指南

一、编码表

以 2009 年 1 月 1 日—2018 年 6 月 30 日为时间段，从《今日说法》《法治进行时》《法治在线》三档节目中每年的每月随机抽取一期涉及女性的节目，共 342 期，其中《今日说法》《法治进行时》《法治在线》各 114 期，以每期节目为一个分析单位。

序号	编码类别	编码内容
1	样本来源	1＝《今日说法》，2＝《法治在线》，3＝《法治进行时》
2	涉案类型	1＝刑事案件（社会治安），2＝民事案件，3＝行政案件，4＝其他
3	案件主题	1＝故意杀伤，2＝性侵，3＝毒品犯罪，4＝抢劫，5＝拐卖妇女儿童，6＝盗窃，7＝诈骗，8＝家庭纠纷，9＝经济纠纷，10＝自杀，11＝其他（交通事故、意外、卖淫、整容、侵权等）
4	案发原因	1＝经济，2＝情感，3＝生理，4＝意外，5＝其他
5	涉案角色	1＝施害者，2＝受害者，3＝其他
6	女性年龄	1＝18 岁以下，2＝18~40 岁，3＝41~65 岁，4＝66 岁及以上
7	女性职业	1＝公职人员，2＝专业技术人员，3＝企业人员，4＝商业服务人员，5＝自由职业，6＝农村务农人员，7＝学生，8＝无业，9＝其他，10＝没有说明

续表

序号	编码类别	编码内容
8	出镜方式（核心画面）	1＝本人正面出镜，2＝本人面部遮挡出镜，3＝照片、个人生前录像，4＝监控录像，5＝其他
9	声音呈现	1＝原声，2＝变声，3＝无声音
10	强弱倾向（通过角色和评价）	1＝强势，2＝弱势，3＝中性
11	正负倾向（通过角色和评价）	1＝正面，2＝负面，3＝中性

二、编码指南

本编码指南共有 11 个类目，其中类目 1～9 为呈现角度类目，10～11 是呈现倾向类目，具体编码情况如下：

（一）样本来源

1＝《今日说法》，2＝《法治在线》，3＝《法治进行时》

（二）涉案类型

1＝刑事案件，2＝民事案件，3＝行政案件，4＝其他

划分依据：

1＝刑事案件（刑事案件是指犯罪嫌疑人或者被告人被控涉嫌侵犯了刑法所保护的社会关系，国家为了追究犯罪嫌疑人或者被告人的刑事责任而进行立案侦查、审判并给予刑事制裁（如罚金、有期徒刑、死刑、剥夺政治权利等）的案件。在此指电视法治节目报道的涉及侵犯刑法所保护的社会关系、构成犯罪并给予审判的案件，例如故意杀人、故意伤害、强奸等。）

例如：《最黑暗的梦境》（《今日说法》2014 年 6 月 14 日）

《女大学生之死》（《法治在线》2015 年 8 月 14 日）

《单身女深夜回家，遭抢劫噩梦惊魂》（《法治进行时》2015 年 6 月 16 日）

2＝民事案件（民事案件是指具有平等法律地位的民事主体之间的争议，当事人无法协商解决，遂请求国家司法机关受理，对民事权利和义务进行判断的案件，常见的有合同纠纷、债权纠纷、物权纠纷、婚姻家庭方面的案件。在此指电视法治节目报道的涉及家庭婚姻纠纷、财产纠纷、仿冒纠纷、诈骗行为等方面的案件。）

例如：《金老太的借条》（《今日说法》2017 年 1 月 9 日）

《投资"房财"两空，债主登门叫骂》（《法治进行时》2017 年 2 月 12 日）

《养女的困局》（《法治在线》2012 年 1 月 9 日）

3＝行政案件（行政案件是指公民、法人或者其他组织认为国家行政机关的行政行为违法或不当，侵犯其合法权益时，依照《行政诉讼法》规定的程序提出起诉，由人民法院立案处理的行政争议案件。在此指电视法治节目报道的涉及的民告官案件。）

例如：《我怎么成了"钉子户"》（《今日说法》2016 年 4 月 19 日）

4＝其他（不能归类到上述 3 类的案件。包括法律公益行动、慈善活动、见义勇为、对警务工作人员进行表彰、对法官的专访、对法医等职业工作的介绍等。）

例如：《女法医》（《法治进行时》2011 年 6 月 7 日）

《被堵塞的生命通道》（《法治在线》2012 年 12 月 11 日）

《"铁警高铁上支招，讲解旅途七问题"》（《法治进行时》2015 年 2 月 11 日）

三、案件主题

1＝故意杀伤，2＝性侵，3＝毒品犯罪，4＝抢劫，5＝拐卖妇女儿童，6＝盗窃，7＝诈骗，8＝家庭纠纷，9＝经济纠纷，10＝自杀，11＝其他（交通事故、意外、卖淫、整容、侵权等）

划分依据：

本题为单选，由于同一案件中可能兼有两种甚至以上的主题，为了研究需要，选择案例中最为重要的主题，达到编码表中有关女性的议题完全互斥。主要根据以下几个规则选择最突出的主题：（1）重点看女性在案件中扮演的角色和案件的审判结果来确定主题；（2）如果女性同时涉及两个主题，如盗窃＋婚外情，则根据节目的倾向程度进行确定；（3）若所判断的主题没有在类目中明确表述，则将其编为"其他"。具体分类如下：

1＝故意杀伤（指故意杀人、故意伤害等犯罪主题。）

例如：《不能不说的秘密》（《今日说法》2016 年 5 月 24 日）

2＝性侵、性骚扰（性侵是指加害者以威胁、暴力、金钱或甜言蜜语，引诱胁迫他人与其发生性关系，并在性方面造成对受害人的伤害的行为。性骚扰行为是以带性暗示的言语动作，通常情况下加害者肢体碰触受害者性别特征部位，使受害者感到难堪，侵害了其人格尊严。）

例如：《少女的厄运》（《法治在线》2015 年 6 月 8 日）

3＝毒品犯罪（指女性参与制造毒品、贩卖毒品和吸食毒品的犯罪行为。）

例如：《18 岁少女"成长的代价"》（《法治在线》2015 年 4 月 4 日）

《情侣贩毒，梦想成空》（《法治进行时》2010 年 11 月 12 日）

4＝抢劫（抢劫是以非法占有为目的，对财物的所有人或者保管人当场使用暴力、胁迫或其他方法，强行将公私财物抢走的行为。）

例如：《单身女夜半惊魂　神秘人尾随作案》（《法治进行时》2012 年 1 月 4 日）

5＝拐卖妇女儿童（是指以出卖为目的，拐骗、绑架、收买、贩卖、施诈、接送、中转妇女、儿童的行为。）

例如：《狠心的母亲》（《今日说法》2016 年 7 月 14 日）

6＝盗窃（指有认知他人财物的能力，而故意未经同意取走他人财产。包括女性主动偷窃以及被偷窃。）

例如：《美女盗窃　自毁前程》（《法治进行时》2010 年 5 月 18 日）

7＝诈骗（指在法治节目中主要表现骗钱、骗色等诈骗行为。包括女性主动诈骗及受骗。）

例如：《男子编造多重身份，专门诱骗女孩》（《今日说法》2014 年 12 月 1 日）

8＝家庭纠纷（家庭纠纷内容比较复杂，常包括离婚诉讼纠纷、遗产继承纠纷、遗赠扶养纠纷、房屋产权纠纷等。婚外情是常见的家庭纠纷之一。女性在这一主题中表现为被包养、当情妇、当小三。）

例如：《女大学生的创业之路》（《法治在线》2015 年 8 月 20 日）

9＝经济纠纷（经济纠纷是指市场经济主体之间因经济权利和经济义务的矛盾而引起的权益争议，包括中等主体之间涉及经济内容的纠纷和公民、法人或者其他组织作为行政管理相对人与行政机关之间因行政管理所发生的涉及经济内容的纠纷。常见的有民事合同、民间借贷等方面的纠纷。）

例如：《金老太的借条》（《今日说法》2017 年 1 月 9 日）

10＝自杀（指在外因和内因的作用下，蓄意、自愿采取各种手段结束自己生命的行为。）

例如：《欲跳楼险象丛生　历经生死道原委》（《法治在线》2011 年 5 月 14 日）

11＝其他（指不能划分到上述 10 类的案件主题，包括交通事故、意外、卖淫、整容、侵权等。）

例如：《"外围女"落网记》（《法治在线》2016 年 1 月 6 日）

注意：案件主题对犯罪主体没有限定，女性既可以是施害一方也可以是被害一方。

四、案发原因

1＝经济，2＝情感冲突，3＝生理，4＝意外，5＝其他

划分依据：

1＝经济（经济原因是指通过合法或者非法的途径获得金钱和财富的动因，或者人们之间的金钱和财物往来出现了矛盾等情况。通过不正当手段设法获取钱财，包括盗窃、抢劫、

卖淫、销售假冒伪劣产品等，常见的案例有盗窃、抢劫、卖淫、销售假冒伪劣产品等）。

例如：《美女盗窃　自毁前程》（《法治进行时》2010年5月18日）

2＝情感冲突（情感原因多指人和人相处时的一系列正负心理感受，以负面感受为主，如失恋心理、矛盾心理、嫉妒心理、复仇心理、戏谑心理、好奇心理等，男女两性情感矛盾比较常见。）

例如：《欲跳楼险象丛生　历经生死道原委》（《法治在线》2011年5月14日）

3＝生理（生理原因是指因客观的身体原因所导致的法律纠纷，如精神病人引发的案件，或者因为性变态而引发的强奸或性骚扰行为等。常见的有精神病人侵权、强奸、性骚扰等。）

例如：《女子歌厅被打　醉汉撒野被拘》（《法治进行时》2012年10月24日）《重庆搭错车女生遭司机杀害》（《法治进行时》2014年8月21日）

4＝意外（意外原因包括突然的疾病去世、意外行为、自然灾害、社会异常事件等。）

例如：《平安119，小小香烟头暗藏大隐患》（《法治在线》2016年11月28日）

5＝其他（其他原因是不能归类到上述4类的原因，作为兜底，把不是非常主要但是没有穷尽的原因包含进去，包括国家法律、政策的需要，市场秩序调整，执行公务等。）

例如：《中秋节以案说法，老年人防骗须知》（《法治进行时》2016年9月16日）

五、涉案角色

1＝施害者，2＝受害者，3＝其他

划分依据：本题为单选题，主要根据从主动和被动的角度进行划分，女性在法治节目报道的案件中，是否受到伤害以及是否对他人造成伤害来进行判定。

1＝施害者（指女性在法治节目报道的案例中，主动通过某种手段或方式对他人造成伤害。）

例如：《狠心的母亲》（《今日说法》2016年7月14日）

2＝受害者（指女性在法治节目报道的案例中，受到来自他人不同程度的伤害。）

例如：《女大学生之死》（《法治在线》2015年8月14日）

3＝其他（其他角色即在案件中并没有处于主动或被动的位置，但是却成为案件的核心人物，如见义勇为行为中的女性当事人、依法履行公务的女性国家工作人员等。）

例如：《女法医》（《法治进行时》2011年6月7日）

六、女性年龄

1＝18岁以下，2＝18~40岁，3＝41~65岁，4＝66岁及以上

划分依据：年龄层级。

七、女性职业

1＝公职人员，2＝专业技术人员，3＝企业人员，4＝商业服务，5＝自由职业，6＝务农，7＝学生，8＝无业，9＝其他，10＝没有说明

划分依据：常见的职业领域统计。

八、出镜方式（核心画面）

1＝本人正面出镜，2＝本人面部遮挡出镜，3＝照片、个人生前录像，4＝警方监控录像，5＝其他

划分依据：从画面被拍摄主体、拍摄景别、拍摄角度、拍摄时间长度等方面先选择核心镜头，只在一个样本中选取一个核心镜头，再分析其核心画面中人物的出镜方式，对其他画面和辅助性的出镜方式进行排除。

出镜是指案件中的女性当事人出现在镜头面前，面对受众。不过根据案件的不同特点以及女性当事人的不同状况，记者拍摄女性和节目播出时对女性个人所采用不同呈现方式。

1＝本人正面出镜：女性正面面对镜头，长相、五官看得一清二楚，无任何遮挡。

例如：《"外围女"落网记》（《法治在线》2016 年 1 月 6 日）

2＝本人面部遮挡出镜：对女性的面部采取打马赛克、物体遮挡，或只拍摄其背影的方式呈现。

例如：《撞人，还是讹人》（《今日说法》2015 年 10 月 30 日）

3＝照片、个人生前录像：未采访到本人或者女性当事人已死亡，节目只播放了女性的照片或生前录像。

例如：《中传女生被害案始末细节》（《法治进行时》2016 年 12 月 31 日）

4＝警方监控录像：没有女性当事人的个人面貌特征资料，只有通过警方监控录像看到其大致的轮廓和行为。

例如：《重庆搭错车女生遭司机杀害》（《法治进行时》2014 年 8 月 21 日）

5＝其他：指不能划归到上述 4 类的类型，如非正常拍摄，或者是女性没有出镜的情况。

九、声音呈现

1＝原声　　2＝变声　　3＝无声音

划分依据：

选择最主要的声音呈现方式，一般来说，一个案件里同一女性的声音呈现方式是一致

的。分析这一元素可以考察电视法治新闻类节目是否出于对当事人隐私的保护对声音进行了处理。

1＝原声：采用女性本来的声音，未作处理。

例如：《"房虫"行骗 逃亡老挝》（《法治进行时》2011 年 4 月 8 日）

2＝变声：对女性的声音采用后期处理的方式。

例如：《半径 5 公里》（《今日说法》2016 年 4 月 11 日）

3＝无声音：因女性被害、没有接受采访或其他原因，节目中没有采访女性的片断。

例如：《"大姐大"的覆亡之路》（《法治在线》2009 年 10 月 16 日）。

十、女性强弱倾向（通过角色和评价）

1＝强势，2＝弱势，3＝中性

划分依据：

①女性在案件中的身份。如一般来说，施害者比受害者强势。

②女性的语言、表情和肢体动作。例如，强势的女性使用必须、马上等词语，缺乏一定的控制情绪，强迫他人作出某种行为；弱势的女性更多采用可能、也许等副词，语言、神态、动作表现出对他人的顺从等。

③解说词描述女性的词语和语句。例如，强势的词语有坚强、强迫等；弱势的词语有单纯，易骗，无自我保护意识等。

④主持人或其他人对女性的描述和评价。判断采用了强势还是弱势的词语。

在综合这四个维度的基础上，把女性分为强势、弱势和中性三种情况。

1＝强势：①女性角色是施害者或者主导者；②女性在案件中表现出强烈的控制欲，以自己的意愿来强制别人行动，性格硬朗果敢，敢说敢做。

例如：《"生子"协议》（《今日说法》2017 年 4 月 23 日）

2＝弱势：①女性角色是受害人或者被动服从者；②单纯无主见，优柔寡断，心理脆弱，易受伤害，没有防卫意识。

例如：《女孩为何乘黑车频频失联遭不测》（《法治进行时》2014 年 11 月 24 日）

3＝中性：角色中立，解说词无表现其性格特征、心理状态的描述，主持人没有鲜明的评价，报道或描述时语气中性或间杂着正面、负面或其他两种以上不同的语气，无法判断其偏向，就归入中性。

例如：《空姐为何被五星酒店"拉黑"》（《法治在线》2012 年 8 月 16 日）

十一、女性正负倾向（通过角色和评价）

1＝正面，2＝负面，3＝中性

划分依据：

①女性的身份。如一般来说，施害者是负面的。

②女性语言、表情、动作。如是否有不雅或有悖于社会善良风俗的言行，在价值观方面是否有问题，是否给他人造成了损失等（例如，正面的女性形象包括积极乐观、坚强善良，睿智勇敢，遵守公共利益，尊重他人，客观中立等；负面的女性形象包括了悲观懦弱、茫然无知、冲动自私，行为和态度不端，也可能不遵守社会公德，违法乱纪，欺凌他人，会对他人和社会带来负面效果等）。

③解说词描述女性的描述和评价。例如，正面词语有：乐观、独立、上进等；负面词语有：不思进取、急功近利、工于心计等。

④主持人或其他人对女性的描述和评价。

1＝正面：①女性未对他人造成伤害；

②性格独立，有主见，乐观，积极向上。

例如：《中传女生被害案始末细节》（《法治进行时》2016 年 12 月 31 日）

2＝负面：①女性对他人造成伤害或损失；

②女性有不良嗜好，品行不端；

③性格偏激，感性冲动，采取报复行动，急功近利；

④通过不正当手段（卖淫、售假）挣钱，不思进取，不务正业，工于心计。

例如：《女性坠亡之谜》（《法治在线》2016 年 1 月 11 日）

3＝中性：角色中立，解说词无表现其性格特征、心理状态的描述，主持人没有鲜明的评价，报道或描述时语气中性或间杂着正面、负面或其他两种以上不同的语气，无法判断其偏向，就归入中性。

例如：《"领导"来电》（《今日说法》2018 年 3 月 23 日）

附录二　电视法治新闻类节目女大学生形象
呈现角度、倾向编码表

以 2009 年 1 月 1 日—2018 年 6 月 30 日为时间段，从《今日说法》《法治进行时》《法治在线》三档节目中找出女大学生为案件当事人的所有节目，共 216 期，其中《今日说法》78 期，《法治进行时》57 期，《法治在线》81 期，以每期节目为一个分析单位。

以下为具体的类目建构：

序号	编码类别	编码内容
1	样本来源	1＝《今日说法》，2＝《法治在线》，3＝《法治进行时》
2	涉案类型	1＝刑事案件（社会治安），2＝民事案件，3＝行政案件，4＝其他
3	案件主题	1＝故意杀伤，2＝性侵，3＝毒品犯罪，4＝抢劫，5＝拐卖妇女儿童，6＝盗窃，7＝诈骗，8＝家庭纠纷，9＝经济纠纷，10＝自杀，11＝其他（交通事故、意外、卖淫、整容、侵权等）
4	女大学生涉案角色	1＝施害者，2＝受害者，3＝其他
5	出镜方式（核心画面）	1＝本人正面出镜，2＝本人面部遮挡出镜，3＝照片、个人生前录像，4＝监控录像，5＝其他
6	景别（核心镜头）	1＝远景，2＝全景，3＝中景，4＝近景，5＝特写，6＝其他（照片、个人生前录像、监控录像以及无画面的情况）
7	拍摄高度（核心画面）	1＝平摄，2＝俯摄，3＝仰摄　4＝顶摄　5＝其他
8	拍摄方向（核心画面）	1＝正面，2＝侧面，3＝斜侧面　4＝背面　5＝其他
9	声音呈现	1＝原声，2＝变声，3＝无声音
10	形象强弱倾向（通过角色和评价）	1＝强势，2＝弱势，3＝中性
11	形象正负倾向（通过角色和评价）	1＝正面，2＝负面，3＝中性

共有 11 个类目，其中类目 1~9 为呈现角度类目，本编码表的编码指南参照电视法治新闻类节目女性形象编码指南。

附录三 受众访谈信息总表

接受访谈的电视法治新闻类节目受众简况表（基本信息截至 2018 年 7 月）

编号	年龄（岁）	性别	学历	所在单位、职业	访谈时间
F1	23	女	本科	浙江省宁波市某广告公司职员	2017. 8. 18
F2	43	男	硕士	北京市政府公务员	2017. 10. 8
F3	51	男	高中	申通快递公司重庆地快递员	2017. 10. 29
F4	58	女	高中	家庭主妇	2017. 11. 2
F5	51	女	本科	重庆弹子石小学教师	2017. 11. 5
F6	42	男	本科	广东电视台记者	2017. 11. 8
F7	68	女	小学	无业	2017. 11. 12
F8	28	女	本科	重庆百君律所律师	2017. 11. 30
F9	74	女	小学	重庆钟表厂退休职工	2017. 12. 5
F10	72	男	专科	重庆江北区政府退休职工	2017. 12. 5
F11	18	男	高中	重庆市两江中学高中生	2017. 12. 6
F12	36	女	本科	重庆传媒影视广告公司员工	2017. 12. 23
F13	55	女	初中	重庆渝北区个体摊贩	2017. 12. 23
F14	46	女	硕士	江苏省徐州市第 907 医院职工	2018. 1. 7
F15	35	女	本科	四川岳池县人民检察院书记员	2018. 1. 15
F16	37	男	本科	呼伦贝尔市铁路公安处职工	2018. 1. 26
F17	34	女	专科	内蒙古呼伦贝尔农垦医院职工	2018. 1. 27
F18	69	女	专科	通辽市扎区工行退休职工	2018. 1. 28
F19	44	女	高中	家庭主妇	2018. 2. 9
F20	49	女	硕士	辽宁大学教师	2018. 2. 12
F21	35	男	本科	沈阳中世风华文化传媒公司职员	2018. 2. 12
F22	48	女	高中	中国国际航空公司职工	2018. 2. 22
F23	56	男	高中	重庆长安汽车厂员工	2018. 3. 1
F24	55	男	高中	重庆出租车司机	2018. 3. 21
F25	70	男	专科	重棉二厂退休职工	2018. 3. 23
F26	68	男	专科	四川大学后勤处退休职工	2018. 4. 2

续表

编号	年龄（岁）	性别	学历	所在单位、职业	访谈时间
F27	32	女	本科	成都美联英语培训学校员工	2018. 4. 2
F28	23	女	研究生	中国政法大学法学院研究生	2018. 4. 3
F29	24	男	本科	重庆科技学院安全工程学院学生	2018. 4. 5
F30	65	女	初中	无业	2018. 4. 5
F31	63	男	初中	个体摊贩	2018. 4. 5
F32	36	男	硕士	中铁二院重庆勘察设计院职工	2018. 4. 8
F33	85	男	小学	无业	2018. 4. 10
F34	24	女	研究生	新疆财经大学新闻与传媒学院研究生	2018. 4. 12
F35	22	女	本科	重庆文理学院工程学院学生	2018. 4. 12
F36	25	男	研究生	沈阳工业大学机械工程学院研究生	2018. 4. 25
F37	62	男	小学	重庆市白市驿镇太慈村农民	2018. 5. 17
F38	53	女	高中	重庆重百超市职工	2018. 6. 24
F39	75	女	小学	无业	2018. 6. 31
F40	71	男	专科	吉林长春市小学退休职工	2018. 7. 16

附录四 对受众关于电视法治新闻类节目的调查问卷

您好，我们正在进行一项关于电视法治新闻类节目中女性形象问题的调查，您的反馈将是本研究中的重要依据。此次问卷填写仅需要 3 分钟，真心感谢您付出时间。我们在此郑重承诺，内容仅作学习、研究之用，我们将会对您的信息严格保密。

1. 您的性别是：［单选题］［必答题］

○男　　　　　　　○女

2. 您的年龄阶段属于：［单选题］［必答题］

○18 岁以下

○18~40 岁

○41~65 岁

○66 岁及以上

3. 您的学历是：［单选题］［必答题］

○小学及以下

○初中

○高中

○大专

○大学

○研究生及以上

4. 您的职业是：［单选题］［必答题］

○在校学生

○公务员

○事业单位人员

○国企员工

○私企员工

○自由职业

○退休

○无业

○其他＿＿＿＿＿＿＿＿

5. 您的现居住地是：［单选题］［必答题］

○城镇　　　　　　　　○农村

6. 您觉得在法治新闻类节目中，哪种女性形象居多？［单选题］［必答题］

○正面

○负面

○处于中间

○没明显感觉

7. 您觉得女性在法治新闻类节目中是强势形象居多还是弱势形象居多？［单选题］
［必答题］

○强势

○弱势

○处于中间

○没明显感觉

8. 根据您的经验，您觉得近二十年来，电视法治新闻类节目中的女性形象有没有发生变化？［单选题］［必答题］

○有，形象越来越多元丰富

○没有，形象单一保持不变

○没明显感觉

9. 从社会地位来看，您觉得男女实现平等了吗？［单选题］［必答题］

○是的，平等

○不平等，男性高于女性

○不平等，女性高于男性

○不清楚

10. 从法治新闻类节目的报道量来看，男女是否平等？［单选题］［必答题］

○是的，平等

○不平等，男性高于女性

○不平等，女性高于男性

○不清楚

11. 从法治新闻类节目的报道倾向来看，男女是否平等？［单选题］［必答题］

○是的，平等

○不平等，男性高于女性

○不平等，女性高于男性

○不清楚

12. 您觉得电视中呈现的女性形象跟您身边的女性形象是否相符？［单选题］［必答题］

○相符　　　　　　　○不相符　　　　　　　○不清楚

13. 如果不相符，您觉得媒体这样呈现的原因是什么？［多选题］［必答题］

□吸引受众

□获取经济利益

□媒体立场不同

□新闻素材限制

□不清楚

□其他＿＿＿＿＿＿

14. 您觉得节目中对女性的报道有没有倾向性？［单选题］［必答题］

○有，正面报道居多

○有，负面报道居多

○没有倾向性

○不清楚

15. 您觉得这种倾向性对您对女性的看法有影响吗？［单选题］［必答题］

○有　　　　　　　○没有　　　　　　　○不清楚

16. 您觉得关于女性的案例呈现手法是怎样的？［多选题］［必答题］

□客观

□夸张

□虚拟

□煽情

□没明显感觉

□其他＿＿＿＿＿＿

附录五 对电视法治节目制作单位的调查问卷

各位专家：

您好！我们正在进行一项关于电视法治节目的调查，您的反馈将成为本研究调查中的重要依据。此次问卷填写需约 5 分钟，真心感谢您付出的时间。我们在此郑重承诺，本次调查不记名，内容仅作学习、研究之用，我们将会对您的信息严格保密！

1. 您所在媒体的法治节目名称是（　　　），创办于（　　　）年。

2. 节目类型：

A. 新闻类　B. 说法类　C. 调解类　D. 栏目剧　E. 纪录片　F. 其他＿＿＿＿＿

3. 受众定位（可多选）：

（1）A. 城镇居民为主　B. 农村居民为主　C. 区分不明显

（2）A. 男性为主　　　　B. 女性为主　　　C. 区分不明显

（3）A. 青年人为主　　　B. 中年人为主　　　C. 老年人为主

　　　D. 区分不明显　　　E. 其他

4. 据您了解，收看法治节目受众的学历层次（可多选）：

A. 小学以下　　B. 小学　　C. 初中　　D. 高中　　E. 大专

F. 大学　　　　G. 研究生及以上　　　H. 学历层次不明显

5. 节目创办之后重大改版次数：

A. 无　　B. 1 次　　C. 2 次　　D. 3 次　　E. 4 次及以上

6. 如果有重大改版，主要原因是（可多选）：

A. 为提高收视率　　B. 为增加广告收入　　C. 国家和地方政策调整

D. 媒体资源整合　　E. 节目人员变动　　F. 其他＿＿＿＿＿

7. 如果节目已开设了网络播出平台或公众号，对提升节目影响力效果：

A. 明显　　　B. 不明显

8. 近 5 年节目收视率状况：

A. 上升　　　B. 持平　　　C. 下降　　　D. 波动

9. 近 5 年的广告收入状况：

A. 上升　　　B. 持平　　　C. 下降　　　D. 波动

10. 您认为节目发展的瓶颈是什么？（可多选）

A. 资金不足　B. 政策支持不足　C. 专业不足　D. 选题不足

E 受众不感兴趣　F. 其他_____

11. 节目设计和制作中是否对女性题材和其他题材做区分？

A. 有　　　　　　B. 无

12. 如涉及女性题材，多集中在哪个或哪些领域？（可多选）

A. 婚姻家庭　　B. 刑事案件　　C. 经济纠纷　　D. 行政纠纷

E. 其他_____

13. 节目中涉及的女性多是什么身份？（可多选）

A. 诉讼中的原告　　B. 被害人　　C. 被告　　D. 律师　　E. 法官

F. 其他_____

14. 针对三八妇女节、国际妇女节、世界家庭日等，是否制作一些了专题节目？

A. 是　　　　　　B. 否

15. 您认为电视法治节目中的女性当事人大都：

A. 处于弱势　　　B. 处于强势　　C. 处于中间地位　　　D. 无明显感觉

16. 您认为电视法治节目中的女性形象大都：

A. 较为正面　　　B. 较为负面　　C. 较为中性　　　　D. 无明显感觉

17. 请您推荐关于电视法治节目收视率、广告及其他情况的网站或数据库：

感谢您的支持！